普通高等教育"十一五"国家级规划教材
普通高等教育"十二五"规划教材

CAIWU GUANLI JINGPIN XILIE

江苏省高校精品教材

财务管理精品系列

现代企业财务管理学

（第三版）

张忠寿　主编
范丽红　袁小霞　副主编

财务管理

立信会计出版社
LIXIN ACCOUNTING PUBLISHING HOUSE

图书在版编目(CIP)数据

现代企业财务管理学 / 张忠寿主编. —3 版. —上海：立信会计出版社，2013.3

普通高等教育“十二五”规划教材. 财务管理精品系列

ISBN 978-7-5429-3833-6

Ⅰ.①现… Ⅱ.①张… Ⅲ.①企业管理－财务管理－高等学校－教材 Ⅳ.①F275

中国版本图书馆 CIP 数据核字(2013)第 052675 号

责任编辑　王斯龙
封面设计　周崇文

现代企业财务管理学(第三版)

出版发行	立信会计出版社		
地　　址	上海市中山西路 2230 号	邮政编码	200235
电　　话	(021)64411389	传　　真	(021)64411325
网　　址	www.lixinaph.com	电子邮箱	lixinaph2019@126.com
网上书店	http://lixin.jd.com		http://lxkjcbs.tmall.com
经　　销	各地新华书店		

印　　刷	上海肖华印务有限公司		
开　　本	787 毫米×960 毫米	1/16	
印　　张	19.75	插　　页	1
字　　数	357 千字		
版　　次	2013 年 3 月第 3 版		
印　　次	2019 年 7 月第 4 次		
印　　数	9301—10400		
书　　号	ISBN 978-7-5429-3833-6/F		
定　　价	34.00 元		

三版修订说明

《现代企业财务管理学》一书再版后，得到了广大读者的充分肯定和部分专家同行的不吝赐教，在此我们深表感谢！

为适应当前我国高等教育改革与发展的形势，满足高校培养应用型本科人才的需要，我们在吸收了国内外财务理论研究与我国企业财务管理实践最新成果的基础上，充分听取了广大读者和专家同行的建议和意见，对本书进行了修订。

本书修订涉及的内容变动较大，主要有第四、第五、第九、第十章；同时，我们对部分章节的习题也作了适当调整。通过修订，旨在使本书的体系结构更合理，内容更新颖和更完善，习题和案例分析更有针对性，更符合财经类应用型本科人才培养目标的实现。

由于我们水平有限，书中难免有不足之处，敬请学界同仁和广大读者批评指正。

编　者

2013 年 3 月

再版说明

《现代企业财务管理学》一书自2005年7月第一次出版发行以来，承蒙广大师生和财务管理爱好者的厚爱，已印刷发行了3次，特别是被教育部列为“十一五”国家级重点规划教材选题，这是对我们莫大的鼓励和鞭策。随着我国新的《企业会计准则》和新的《企业财务通则》的施行，尤其是我国财务管理理论和实践成果的不断涌现，使我们对原来的教材进行修订和再版已成必然。

本书按照2006年12月财政部发布的新的《企业财务通则》的内容，同时兼顾财务管理的方法来安排全书的框架结构。再版后的《现代企业财务管理学》全书共分十一章，第一章现代企业财务管理总论，第二章资金时间价值及风险价值，第三章企业资金筹集管理，第四章资金成本与资本结构，第五章企业项目投资管理，第六章企业证券投资管理，第七章企业营运资金管理，第八章企业收益分配管理，第九章企业财务预算管理，第十章企业财务会计报告分析，第十一章企业财务信息管理。

在本书再版编写过程中，我们力求吸收国内外财务理论最新的成果，特别是能紧扣我国企业财务管理的实践，以新的《企业财务通则》、《企业会计准则》、《公司法》等法律法规为依据，充分体现“以教师为本”、“以学生为本”的原则，既注重财务管理基本理论知识和方法的介绍，又突出对学生实践操作技能特别是财务决策与应用能力的训练和培养；既考虑到本学科理论体系的相对完整性，又能注意避免与《管理会计》、《成本会计》等课程内容的交叉重复；既从目前学生学习的基础出发，又为学生将来继续深造着想。

本书再版的修改和撰写分工如下：第一、第六、第八、第九、第十章由张忠寿执笔；第二、第三、第五由袁小霞执笔；第四、第七、第十一章由范丽红执笔。全书由张忠寿进行总纂、修改和定稿。在再版编写过程中，我们借鉴了国内外专家学者的一些研究成果，并得到了许多专家和同行的帮助与指点，在此一并致谢。

由于时间仓促，水平有限，书中恐有不足之处，敬请学界同仁和广大读者批评指正。

编　者

2008年8月

前　言

中共十六届三中全会作出了关于完善社会主义市场经济体制若干问题的决定，国家在完善国有资产管理体制、市场体系、财税体制、经济法律制度、社会保障体系和深化国有企业改革、金融改革、投资体制改革等方面的经济政策等方面作出了重大调整。这些调整必然对现代企业的发展产生积极而深远的影响，也必然引起企业财务管理的内容、理财环境等方面发生重大变化，进而影响整个财务管理工作。这就迫切要求广大从事财务管理理论研究的工作者，紧跟时代步伐，加大研究力度，及时总结成果，更好地指导我国企业财务管理工作的实践。基于此，我们编写了《现代企业财务管理学》一书。本书介绍了现代企业财务管理的概念、内容、目标、环节及理财环境，重点阐述了资金的时间价值，财务风险的衡量，企业筹资、投资、收益分配及财务预算管理的方法和财务分析方法。

本书按照现代企业财务管理的内容，同时兼顾财务管理的方法来安排框架结构。全书共分十一章，第一章现代企业财务管理总论；第二章资金时间价值及风险价值；第三章企业筹资方式；第四章资金成本与资本结构；第五章企业项目投资管理；第六章企业证券投资管理；第七章企业营运资金管理；第八章企业收益分配管理；第九章企业财务预算管理；第十章企业财务会计报告分析；第十一章企业财务信息管理。

本书为高校经济管理类教材，因此，充分考虑到了这类学生的特点及培养目标。首先，在内容上，既注重对企业财务管理基本理论、方法的介绍，更注重对学生财务决策及职业能力的培养。本书配有财务案例分析，力求理论联系实际，培养学生的运用能力。其次，在方法体系上，既有利于教师的“教”，更有利于学生的“学”。本书每章开始均有学习目的，章后有本章小结、复习思考题、练习题及案例分析题等内容。再次，在内容难易程度上，兼顾了高职高专学生的基础学习，以及将来的继续深造。本书避免了目前一些教材中“内容重复、过全、难度过大、适用性不强”的现象，尽量做到难度适中，适用性强，并为学生毕业后取得会计职称资格打下一定的基础。本书也力求充分吸收国内外最新的财务科研成果，体现了一定的前瞻性。

本书既可以作为高校会计、财务管理、财政、金融、税收、工商管理等相关专业教材，也可以作为成人教育和各种形式的岗位培训教材。

本书由张忠寿提出提纲并总纂、修改和定稿，各章编写分工如下：第一、第五、第六、第七、第八章由张忠寿执笔；第二、第五章由袁小霞执笔；第三章由倪晋执笔；第四、第七章由范丽红执笔；第六、第九章由秦琰旻执笔；第十章由王宏执笔。张忠寿还参与了各章小结和部分章节习题与案例的撰写。在编写过程中，我们参阅了大量的文献资料，借鉴了国内外最新的财务科研成果，并得到了许多专家和同行的帮助和支持，在此一并表示感谢。

由于时间仓促，水平有限，书中难免有不足之处，敬请学界同仁和读者批评指正。

编　　者

2005 年 3 月

目　录

第一章　现代企业财务管理总论

【本章学习目的】 本章主要阐述了企业财务管理的基本理论问题。通过本章学习，要求认识和了解企业财务管理的概念、特点、企业财务活动和财务关系的内容；了解企业财务管理的原则、要素、基本内容和基本要求；正确理解企业财务管理的目标及理财环境；掌握企业利益相关者矛盾的协调方法及财务管理的一般方法。

【本章关键词】 财务活动　财务关系　财务要素　企业价值最大化　理财环境　理财方法

第一节　企业财务管理概述

一、企业财务管理的概念与特点

（一）企业财务管理的概念

在商品经济条件下，社会商品具有使用价值和价值双重属性，是使用价值和价值的有机统一体。所以，企业的生产经营过程也表现为使用价值的生产与交换过程和价值的形成与实现过程。在这个过程中，企业的劳动者利用劳动手段作用于劳动对象，生产出产品并进行交换或出售，使商品的使用价值得以实现；同时，劳动者将生产中消耗掉的生产资料的价值，如材料费、折旧费等，连同其消耗的活劳动价值转移到产品中去，创造出新的价值，并通过商品的出售，最终实现产品的价值。前者表现为物资的运动过程，后者表现为资金的运动过程。

所谓资金，就是企业再生产过程中商品物资的货币表现，其实质就是生产过程中运动着的价值。而资金运动实际上就是在商品物资运动的同时，其价值形态也不断地发生变化，由一种形态向另一种形态的转化。这种运动不仅以资金循环的形式存在，而且伴随着企业再生产过程的不断进行，还表现为一个周而复始的周转过程。

在社会主义市场经济条件下，企业的生产经营过程同样既要以使用价值形式实现，又要以价值形式实现；既要表现为商品物资的运动，又要表现为资金的运动。企业的资金运动，构成了企业生产经营活动的一个独立方面，并具有其特殊的运动规律。这种规律不仅从表面上反映了钱和物的增减变动，而且从实质上还体现出了人与人之间的经济利益关系，这就是企业的财务活动。

所以，企业财务是企业在生产经营过程中客观存在的资金运动及其所体现的经济利益关系。企业财务管理就是利用价值形式对企业的财务活动进行的管理，是企业组织财务活动、处理企业与各方面财务关系的一项综合性管理工作。

（二）企业财务管理的特点

现代企业生产经营活动的复杂性，决定了企业生产经营管理必然包含多方面的内容，如生产管理、劳动管理、质量管理、技术管理、设备管理、销售管理和财务管理等等。这些管理工作相互联系，紧密配合，同时又有各自的分工，有的侧重于信息技术的管理，有的侧重于劳动计量的管理；有的侧重于人力资源的管理，有的侧重于开发创新的管理；有的侧重于使用价值的管理，有的侧重于价值的管理。而财务管理区别于上述其他一些管理工作的特点就在于，它是一种价值管理，主要利用资金、成本、收入和利润等一系列价值指标，运用一些专门的财务方法，来组织各项财务活动，处理不同利益主体间的财务关系。因此，财务管理具有很强的综合性，是一项综合性的管理工作。

企业财务管理与通常所说的“公司理财”不同，“公司理财”仅指企业合理组织财务活动的手段和方法，而财务管理还需要合理地处理和协调企业运行中的各种财务关系。财务管理应当成为企业管理的核心。

二、企业财务活动与财务关系

（一）企业财务活动

企业财务活动是指企业在生产经营过程中，资金的筹集、投放、收回和分配的一系列活动行为。简言之，就是以现金收支为主的企业收支活动，具体包括筹资活动、投资活动、资金营运活动和分配活动四个方面。

1. 筹资活动

企业从开办到每一项生产经营活动的开展，都离不开一定数额的资金。从何种渠道通过何种方式筹集一定量的资金来满足自己的需要，是企业生产经营活动的前提。所以，筹资活动是企业财务活动的起点。

一般而言，企业筹资有两种不同性质的资金来源，一是从投资者处，通过吸收直接投资、发行股票及利用企业内部留存收益转增资本的方式取得，这部分资金形成企业的权益资金；二是从债权人处，通过向银行借款、发行债券、融资租赁和利用商业信用等方式取得，这部分资金形成企业的债务资金。企业筹集的资金，可以是货币资金，也可以是实物资产或无形资产。企业不论通过何种资金来源和方式筹集何种形式的资金，都表现为资金的流入和流出（如借款的偿还、利息和股利的支付等）。这种因资金筹集而形成的资金收支活动，就是企业的筹资活动。而在这一活动中如何考虑筹资的总规模，选择筹资的渠道、方式或筹资工具，合理地确定筹资结构，从而降低筹资成本和风险，是企业财务管理的重要内容。

2. 投资活动

企业取得所筹资金后，必须尽快地根据筹资目的进行投资，以获得最大的经济效益。企业投资有广义和狭义之分。广义投资不仅包括对内投资，还包括对外投资。对内投资是指企业内部通过购买固定资产、无形资产和流动资产等，以满足生产经营活动的需要，最终取得生产经营利润，它通常是指项目投资。对外投资是指投资于企业外部，通过购买其他企业的股票、债券或与其他企业开展联营，以取得投资收益。狭义投资仅指对外投资。无论是对内投资，还是对外投资，企业投资活动也必然引起资金的流入和流出，即：当企业进行投资时，就表现为资金的流出，当企业取得经营利润或投资收益、处置各项投资资产获得收入时，就表现为资金的流入。

企业在投资活动中，如何考虑投资的总规模，选择投资的方向、方式，合理地确定投资结构，从而降低投资成本和风险，取得最大的投资收益，也是企业财务管理的重要内容。

3. 资金营运活动

企业在日常的生产经营活动中，除了正常的投资会引起资金收付外，还会发生一些诸如购买原材料及商品物资、支付工人工资、缴纳税费、取得销售收入等方面引起的资金收付。这种为满足日常经营活动的需要而出现的资金收付，就是企业的资金营运活动。

一般而言，营运资金量的多少，会对企业的风险大小产生一定影响，同时其周转速度的快慢也会影响到企业的经济效益。在一定时期内，企业的营运资金数量越多，风险就越小，但收益率也较低；而资金周转越快，资金的利用效率就越高，企业就可能生产出更多的产品，取得更多的收入，获得更高的经济效益。因为营运资金的周转与生产经营周期具有一致性。

因此，如何保持科学合理的营运资金量，不断加速资金周转，提高资金利用效果，同样是企业财务管理的一项重要内容。

4. 分配活动

企业通过投资活动和资金营运活动，可以取得一定的收入，包括营业收入和投资收益。企业的营业收入首先要补偿生产经营中的各种耗费，缴纳流转税，余下部分成为企业的营业利润。营业利润加上投资净收益和营业外收支净额等，构成了企业的利润总额。利润总额在按规定作相应的调整依法缴纳完企业所得税后，便形成了企业的净利润。净利润也必须根据国家有关规定按一定的分配顺序进行分配。首先是弥补亏损，然后是按规定比例提取公积金，剩余部分才能向投资者分配。

企业的分配活动，影响到各相关主体的利益，特别是对本企业的影响更大。通过分配，一部分资金将留在企业，而另一部分资金则将退出企业。这不仅影响企业的资金规模，而且影响资金结构，从而反过来又影响企业的筹资和投资活动。因此，如何遵循一定的原则，科学合理地确定分配规模和分配形式，确保企业取得最大的和最长远的利益，是企业财务管理的重要内容之一。

企业的筹资、投资、资金营运和分配活动，构成了企业财务活动的完整过程，它们之间相互联系、相互依存。

（二）企业财务关系

企业在筹资、投资、资金营运和分配活动中必然与有关主体发生各种各样的经济利益关系，这种关系就是企业的财务关系。其概括起来，主要体现在以下六个方面。

1. 企业与国家之间的财务关系

国家作为社会的管理者，为了实现其职能，必然凭借政治权力，无偿参与企业的收益分配，同时对企业也要承担社会责任，实施各项财政经济政策。企业应按照国家的税法规定，依法向中央政府和地方政府缴纳各种税款，如流转税、所得税、财产税、资源税和行为税等。所以，企业与国家之间的财务关系就体现为国家参与国民收入分配与再分配所形成的特定分配关系。

2. 企业与投资者、受资者之间的财务关系

企业在财务活动过程中，必然会以受资者或投资者身份出现。当企业向外界吸收投资时，其身份是受资者；当企业向外界投入资金时，其身份是投资者。无论企业作为何种身份出现，其所体现出的财务关系都不外乎为资金所有权性质上的资本收益分配关系。这种关系具体表现为：投资者应按投资合同、章程或协议的规定，严格履行出资义务，承担相应的经济法律责任，并有权参与对受资者的部分经营管理及净利润的分配；受资者则必须接受投资者对其一定程度的控制或影响，同时就其实现的净利润也应按规定比例向投资者进行分配。

3. 企业与债权人、债务人之间的财务关系

企业在财务活动过程中，除了受资者或投资者身份外，还会以债务人或债权人身份出现。这时其所体现出的财务关系应为资金使用权性质上的债务与债权或债权与债务的关系。这种关系具体表现为：债权人应按规定及时出让资金使用权并如期收回本息，而债务人则必须按规定偿还本息。

4. 企业与客户之间的财务关系

企业在生产经营过程中，与客户互相提供产品和劳务，因此也必然形成一定的经济利益关系，这种关系体现为社会成员之间分工合作上的资金结算关系。

5. 企业内部各单位之间的财务关系

在企业实行厂内经济责任制和内部经济核算的情况下，企业供、产、销各个部

门及相关生产单位，如分厂、车间、班组等之间，相互提供的产品和劳务都要按规定标准计价结算，这样既能明确各部门、各单位的经济责任，又能奖勤罚懒，充分调动各方面的积极性，从而保证企业经营目标的顺利实现。所以，企业内部各单位之间的财务关系体现为一种在内部合理分工协作基础上的资金结算关系。

6. 企业与其员工之间的财务关系

企业的员工为企业实现销售收入及创造物质财富付出了劳动，因此其有权参与对实现的劳动成果的分配。企业也必须根据按劳分配的原则及有关规定，向员工及时、足额地支付工资、奖金、津贴和各种福利待遇。另外，企业员工还可以通过管理、技术等要素参与企业收益的分配。所以，企业与其员工之间的财务关系体现为一种集体和个人在企业收益上的分配关系。

三、企业财务管理的原则与要素

（一）企业财务管理的原则

企业开展财务管理工作，就是要充分发挥财务管理的运筹作用，力求实现企业内部条件、外部环境和企业目标之间的动态平衡，并从平衡中寻求发展，促使企业实现发展战略和经营目标。因此，应当遵循一定的财务管理原则，这是企业财务活动内在的要求。一般而言，企业财务管理的原则包括以下七项。

1. 资本结构优化原则

资本结构优化原则是指企业在资金筹集过程中要充分考虑资本成本的高低，注意发挥财务杠杆的作用，选择最佳的筹资方式，保持最有利于实现企业发展战略和财务目标的资本结构。

2. 资源有效配置原则

资源有效配置原则是指企业在生产经营过程中，对拥有的各项资源进行有效配置和优化组合，并随着生产经营和市场竞争情况的变化而不断进行动态调整，使其发挥最大的利用效果。

3. 现金收支平衡原则

现金收支平衡原则是指企业在组织财务活动中，力求使现金收支在数量上和时间上达到动态的协调平衡，实现资金链条环环相扣，以保证企业生产经营活动持续不断地顺利进行。

4. 成本效益最优原则

成本效益最优原则是指企业在生产经营活动中，加强成本管理，控制费用水平，实现以尽可能少的成本耗费获得最大化的经济效益，从而增强企业的成本竞争优势。

5. 收益风险均衡原则

收益风险均衡原则是指企业在组织财务活动中，对存在的收益与风险互相依存的关系，经过充分评估后进行正确的抉择，以取得合理的平衡。

6. 分级授权管理原则

分级授权管理原则是指企业应建立内部分级归口财务管理制度，规定企业内部不同管理层次、不同部门的财务管理权限及其相称的责任，明确互相制约、互相配合的管理关系。

7. 利益关系协调原则

利益关系协调原则是指企业利用经济手段处理相关利益主体的财务关系，兼顾投资者、经营者及其他职工、债权人和国家等各方利益，为企业创造和谐的运行环境。

（二）企业财务管理的要素

企业财务管理要素是企业财务管理的重要组成部分，是财务管理主体与客体的统一，也是企业财务管理目标与财务职能的统一。根据企业财务的内涵和实质，财务管理要素有以下六项。

1. 资金筹集

资金筹集是企业生存和发展的必要条件。任何企业的创办、存在和发展都是以筹集与生产经营规模相适应的资金为前提条件的。筹资过程包括：首先根据企业投资规模和时机确定筹资数额，其次根据企业经营策略、资本成本和风险确定资本结构，然后根据筹资数额和资本结构确定资金来源，最后以合理和经济的方式、渠道取得资金。

2. 资产营运

资产营运是企业为了实现财务目标而进行的资产配置和经营运作的活动。其具体内容包括企业资金调度管理、销售合同的财务审核以及应收账款管理、存货管理、固定资产管理、对外投资管理、无形资产管理、对外担保和对外捐赠管理、高风险业务管理、代理业务管理、资产损失或者减值准备管理、资产损失与资产处理管理、关联交易管理等。

3. 成本控制

成本控制主要是借助科学的方法，保障必需的支出，控制不合理的支出。其具体内容包括产品成本控制、期间费用管理、研发费用管理、社会责任的承担、业务费用的支付、薪酬办法、职工劳动保护与职工奖励、职工社会保障及其他福利、缴纳政府性基金等。

4. 收益分配

收益分配不仅影响企业的筹资、投资决策，而且还涉及国家、投资者、经营者和其他职工等多方面的利益关系，涉及企业长远利益与近期利益、整体利益与局部利益等关系问题。其具体内容包括企业收入的范围、股权转让收益管理、年度亏损弥补办法、利润分配项目和顺序、其他要素参与分配的财务管理。

5. 信息管理

财务信息既反映财务管理的结果，又为财务管理提供依据。实行信息化管理可以提高财务管理的效能。信息管理涉及企业财务信息管理手段、财务信息对内公开与对外披露、企业财务预警、财务评价等。

6. 财务监督

财务监督是企业财务活动有效开展的制度保障。它主要借助会计核算资料，检查企业经济活动和财务收支的合理性、合法性和有效性，及时发现和制止企业财务活动中的违法违规行为，保证法律、法规和财务规章以及企业内部财务制度的贯彻执行，维护财务秩序；及时发现并纠正预算执行的偏差，保障企业财务活动按照经营规划和财务目标进行；同时，监督经营者、投资者的财务行为，保护企业相关利益主体的合法权益，维护社会经济稳定。

第二节　企业财务管理的基本要求与基本内容

一、企业财务管理的基本要求

（一）确定内部财务管理体制

企业内部财务管理体制是规定企业内部财务关系的基本规则和制度安排，具体包括企业内部财务管理主体及其财务责任、财务权限、财务关系、财务管理要素、财务运行机制等方面的内容。它分为投资者财务管理体制和经营者财务管理体制两个层次。

1. 投资者财务管理体制

投资者与企业是投资与被投资的关系，具有与财产所有权相联系的权力，主要包括：对投入资本进行运营并决定收益分配的权力；决定企业战略、经营方向、方针、政策的权力；选择企业主要经营者及对其进行奖惩、激励的权力。同时，投资者应当维护企业法人的独立性，并承担与其投资相适应的有限责任。

2. 经营者财务管理体制

企业是以营利为目的的法人，拥有独立的法人财产权，由经营者实施经营和管理，并对投资者、债权人、职工、国家等相关利益主体承担着不同的责任和义务。因此，企业根据生产经营特点、环境条件及战略要求、经营规模及组织形式，在法人内部各层次、各机构、各环节之间，采取集权模式或者分权模式设置财务权限，并明确对应的财务责任和利益。它更多地体现经营者财务管理的意图。

企业内部财务管理体制是组织财务活动、处理财务关系的根本制度，是构建企业内部财务制度的基础和框架。

（二）建立健全内部财务管理制度

企业内部财务管理制度，是企业遵循内部财务管理体制，贯彻国家统一的企业财务规章，由投资者和经营者根据法律、法规共同制定的企业内部具体的财务管理办法。它包括投资者财务制度和经营者财务制度两个层次。

1. 投资者财务制度

投资者财务制度是按照投资者的意图和要求制定的，其主要功能是维护投资者的权益，约束经营者的财务行为，明确投资者和经营者的权利与相应责任，规定企业重大事项的财务管理程序与财务政策，是企业处理财务关系的依据。

2. 经营者财务制度

经营者财务制度是按照企业生产经营特点和经营者管理要求制定的。其主要功能在于规范经营者、其他职工以及企业内部相关机构在资产营运、成本费用控制等具体财务活动中的行为，包括财务权限与责任、财务事项处理程序与方法，以保证企业生产经营正常运转。

（三）有效控制企业财务风险

财务风险包括偿债风险、投资风险和利润分配风险等，是企业风险的核心。在市场经济条件下，企业财务管理活动大部分是在有风险的情况下进行的，风险与报酬之间存在着一定的关系，企业获得的报酬越高，往往面临的风险越大。因此，企业应通过各种手段，有效地控制财务风险。

企业对财务风险的控制与管理在于建立预测、防范、监控、化解财务风险的机制，在充分预测、评估的基础上，采取一定的措施，消除、转移、分散或者接受财务风险，使企业财务活动在风险中获得较高的报酬，从而实现财务目标。

二、企业财务管理的基本内容

（一）制定财务战略，发挥财务职能

财务战略是为了使企业能在较长时间内生存和发展，在充分估计影响企业长期发展的内外环境中各种因素的基础上，为实现财务目标而制定的指导财务活动的总规划和总原则。它由战略思想、战略目标和战略计划三个基本要素构成。作为企业发展战略的重要组成部分，企业的整体财务战略一般分为紧缩型战略、稳定型战略和发展型战略三种类型。紧缩型战略也称防御收缩型战略，是指以预防财务危机发生和求得生存与发展为目的的一种财务战略。稳定型战略也称稳健发展型战略，是指以实现企业财务绩效的稳定增长和资产规模的平衡扩张为目的的一种财务战略。发展型战略也称快速扩张型财务战略，是指以实现企业财务绩效的快速增长和资产规模的快速扩张为目的的一种财务战略。财务战略按其具体内容又可分为不同内容的战略，如融资战略、投资战略、财务分配战略等。在市场经济条件下，制定财务战略并加强管理，对企业财务管理工作乃至实现企业发展战略目标具有重要意义。

财务职能是指利用价值形式来组织财务活动，协调财务关系，为实现企业的发展战略和财务目标服务。发挥企业的财务职能，就是要做好财务预测、决策、预算、控制、分析、监督和考核工作，充分发挥企业财务管理的组织、协调、配置和平衡的作用，正确处理好企业内部资源条件、外部经济环境和企业目标之间的平衡关系，并从动态平衡中求发展。

（二）合理筹集资金，有效营运资产

筹集资金、组织资金供应，是企业财务管理的首要任务。企业应当根据自己生产经营和发展战略的需要首先确定合理的资金需要量，然后考虑如何筹资。在筹资过程中要注意分析资本成本因素，充分利用财务杠杆，选择有利的筹资渠道和可行的筹资方式，以尽可能低的资本成本及时筹集所需要的资金。

企业资金利用效果的好坏取决于资产能否有效营运。资产营运过程也是资源配置过程，主要包括现金流量管理和投资管理。企业对筹集的资金实行统一集中管理，按不同环节、不同业务的合理需要调度资金，有计划地安排现金流量，防止现金收支脱节。在组织财务活动中，注意开展资产结构动态管理，保持资产与负债的适配性，结合生产经营的特点，合理安排采购业务，积极控制存货规模，及时回收应收账款，避免盲目投资，提高固定资产利用效能，不断调整和改善资产结构，提高资产质量，实现资源优化配置的效益。

（三）控制成本耗费，增加企业收益

企业为了获得各项收入，必然需要支付相关成本、费用，包括材料、人工等直接成本，销售及管理等各项费用以及依法缴纳的税金。在收入既定的情况下，成本消耗越少，企业收益就越大。同时，相同产品的单位成本消耗越少，意味着其越有市场竞争优势，越容易实现销售目标。因此，控制成本消耗、增加企业收益，是企业财务管理的一项重要内容。

（四）理顺收益分配关系，增强企业活力

企业不仅是投资者获得投资回报的载体，也是经营者和其他职工提供劳动、创造价值并取得报酬的载体，还是依法缴纳税费的义务人。在现实生活中，由于收益分配不规范，导致企业财务关系混乱，最终恶化财务和经营环境，损害企业长远发展利益的情况很多。因此，正确理顺企业与国家、投资者、经营者和其他职工之间的分配关系，建立有效的激励机制，对调动各方面的积极性，改善企业财务管理的内部微观环境，增强企业竞争能力和发展能力，具有重要意义。

（五）规范重组清算财务行为，妥善处理各方权益

企业重组清算，是在市场经济条件下实施扩张经营、战略收缩或者增强内力而进行的资本运作措施。不论是主动的，还是被动的，企业重组清算都必然产生一系

列的财务问题，引起现有利益格局发生调整。因此，企业必须规范重组清算的财务行为，有效控制财务风险，妥善处理各项财务事项，维护国家、投资者、债权人和企业职工各方的合法权益。

（六）强化财务监督，实施财务控制

企业财务监督是指有关国家机关、社会中介机构、企业内部机构及其人员，根据法律、行政法规、部门规章以及企业内部制度的规定，对企业财务活动进行检查、控制、督促和处理处罚等活动的总称。加强企业财务监督，完善企业财务约束机制，是落实和规范企业财务自主权、促进企业依法理财、维护国有权益、提高企业财务管理水平的一项重要工作。由于企业的生产经营活动必须借助于价值形式才能进行，因此运用现金收支和财务指标实施财务监督，可以及时发现和反映企业在经营活动和财务活动过程中出现的问题。财务监督为实施财务控制、改进财务管理、提高经济效益提供了保障，是企业财务管理的一项保障性手段。企业财务监督按实施主体不同，可分为内部财务监督和外部财务监督；按监督活动的时间不同，可分为事前监督、事中监督和事后监督。

财务控制，就是以财务预算和制度规定为依据，按照一定的程序和方式，对企业财务活动进行约束和调节，确保企业及其内部机构和人员全面落实财务预算。其特征是以价值形式为控制手段，以不同岗位、部门和层次的不同经济业务为综合控制对象，以控制日常现金流量为主要内容。财务控制是企业落实财务预算、开展财务管理的重要环节。企业财务控制，按内容不同，可分为一般控制和应用控制；按功能不同，可分为预防性控制、侦查性控制、纠正性控制、指导性控制和补偿性控制；按时序不同，可分为事前控制、事中控制和事后控制。

（七）加强财务信息工作，提高财务管理水平

加强企业的财务信息工作，就是要将计算机科学、信息科学和财务管理科学结合起来，在整合各项业务流程的基础上，对企业物流、资金流、信息流进行一体化管理和集成运作，从而加强财务管理的及时性、有效性和规范性，提高企业的整体决策水平。财务信息管理，从计算机在财务中的运用，到建立财务业务一体化的信息处理系统，再到实现统筹企业资源计划，存在循序渐进的过程，需要具备一定的内外部条件。企业可以结合自身经营特点和所具备的客观条件，逐步推行信息化财务管理，不断提高财务管理水平。

第三节 企业财务管理的目标

企业财务管理的目标简称财务目标，也称理财目标，是指企业财务管理工作所要达到的根本目的，它是企业财务管理工作的出发点和落脚点，是企业管理总目标

的重要组成部分。财务目标具有稳定性、多元性和层次性特点。稳定性是指在一个阶段，企业制定的财务目标应当保持相对稳定；多元性是指财务目标一般由主导目标和辅助目标组成；层次性是指财务目标可分为整体目标、局部目标和具体目标。财务目标也有短期目标和长期目标之分。本书只就财务管理的总体目标加以介绍。

一、企业财务管理目标的种类

根据现代企业财务管理理论和实践，企业财务管理的目标主要有以下三种。

（一）利润最大化

利润是企业按照配比原则将一定期间内的全部收入减去全部费用后的差额，是衡量企业经济效益，考核企业经营成果的重要指标之一。企业实现的利润越多，一定程度上反映出企业的经济效益越好，对社会的贡献越大，企业资本补充的能力越强。企业从资金筹集、资金投放、资产营运到成本控制等财务活动的各个环节，无一不是为降低成本消耗以实现利润最大化为目的的。所以，以利润最大化作为企业的财务目标具有一定的道理，但这只能作为短期财务目标，而不能作为企业长期的整体性的财务目标。

利润最大化目标存在着以下缺陷：①利润是一定期间全部收入与全部费用的差额，没有考虑资金的时间价值。②利润是个绝对数，不能反映投入与产出的关系，不利于不同规模的企业或同一企业在不同时期进行比较。③容易导致企业在进行财务决策时有时只顾盲目追求利润最大，而不顾风险；只顾追求眼前短期利益，而不顾长远的永续协调发展。

（二）资本利润率最大化或每股收益最大化

资本利润率是利润额与资本额的比率。每股收益是指归属于普通股东的利润额与发行在外的普通股股数之比，该指标适用于股份制企业。这里的利润额一般指净利润。以上两个指标都是相对数，因此可以反映出企业实现的利润与投入资本之间的关系，有利于不同规模的企业或同一企业在不同时期进行经营成果的对比，揭示其盈利水平的差异。但是这两个指标也同样存在着一定的缺陷：①没有考虑资金的时间价值和风险因素。②不可避免企业的短期行为。因此，以资本利润率最大化或每股收益最大化作为企业的整体性财务目标，也是不科学的。

（三）企业价值最大化

企业价值是指企业的市场价值，是企业所能创造的预计未来现金流量的现值，而不是账面价值，它反映了企业潜在或预期的获利能力与成长能力。对上市公司而言，企业的市场价值取决于股票价格和数量；而对非上市公司而言，企业的价值则要以投资者预期投资时间为起点，通过将未来现金流量（主要指投资收益）按预期投资时间以相同口径进行折现来计算。企业现金流量的折现值，就是企业的价值。企业所得的投资收益越多，实现收益的时间越短，应得的报酬越确定，则企业的价值就越大。很显然，这种计算办法既考虑了资金的时间价值，又考虑了风险因素。同时，追求企业价值最大化，能体现企业对资产保值增值的要求，也有利于社会资源的合理配置。因此，这一目标克服了前两种目标的诸多缺陷，被认为是目前经济体制下相对较为合理并被普遍接受的一种财务目标。

当然，以企业价值最大化为财务目标也存在着一些问题：①对非上市公司而言，企业价值的评估很难做到客观和准确。②对上市公司而言，虽然可通过股价的变动反映企业的价值，但由于股价本身也受多种因素影响，因此其有时也不一定能真实反映企业的实际价值。特别是在即期市场及股票市场不稳定的情况下，这种可能性表现得尤为明显。③过分追求企业价值最大化，也可能会导致企业利益相关者之间的矛盾激化。

二、企业财务管理目标的协调

企业的本质是利益相关者的契约集合体。企业要实现财务目标，必须要正确处理好各利益相关者的关系，努力协调好他们之间存在的矛盾。

（一）企业利益相关者

企业利益相关者是指对企业的生产经营活动产生影响或者会被企业的生产经营活动所影响的人或者组织。在现代市场经济条件下，企业利益相关者包括直接利益相关者和间接利益相关者。直接利益相关者主要有投资者、经营者、债权人和职工等，其共同特征是与企业有着正式的契约关系，对企业的资产和经营成果享有不同的要求权；间接利益相关者主要有政府、社区、消费者、商业伙伴、竞争者等，其共同特征是自身利益会因企业的活动受益或受损，但是由于与企业的契约关系是非正式的或者是隐性的，因此他们不能直接对企业的资产和经营成果行使索取权，而只能依据法律、法规间接地获得其权益。

（二）企业利益相关者的矛盾与协调

在现代市场经济条件下，企业利益相关者的利益均衡最终体现在企业内部治理结构上，其中投资者和经营者处于主导地位，属于企业财务管理的主体利益相关者。因此，企业利益相关者的矛盾主要表现为投资者与经营者的矛盾。除此之外，投资者与债权人之间还存在着矛盾，必须加以正确协调。

1. 投资者与经营者之间的矛盾与协调

投资者通过向企业出资建立了正式的投资与被投资关系，他们对企业的净资产享有所有权，对企业经营成果享有分配权。企业投资者是企业权益性资本的持有者，在企业法人治理结构中具有决定性地位，其财务管理围绕资本投入、运营、收益来进行，核心要求是资本安全与投资回报。经营者通过向企业提供人力资本与企业建立正式的劳动合同关系或者人事管理关系，他们对企业享有一定的控制权以及从经营成果中获得薪酬的权利。在企业法人治理结构中,经营者把投资者的意图转化为企业的生产经营活动,发挥着承上启下的作用。经营者对企业进行财务管理,主要围绕企业经营过程中的资金运动来进行,其目的是实现企业持续发展和资本增值。

投资者与经营者之间的矛盾主要体现在:投资者希望支付给经营者较少的报酬或享受成本实现企业价值最大化;而经营者则希望在提高企业价值的同时,能获得相应或更多的报酬。为了协调这一矛盾,投资者一般应采取以下办法:

(1) 监督。这是一种投资者约束经营者的办法。投资者对经营者的监督主要有三个渠道:一是通过股东大会、董事会或监事会所进行的行政监督;二是由企业内部审计部门所进行的内部审计监督;三是由会计师事务所所进行的外部审计监督。通过监督来约束经营者的一些不利于投资者的财务行为。投资者一旦发现经营者有偏离投资者利益的不当行为或对企业财务目标实现产生不利影响时,就可以采取口头警告、减少福利、削减薪酬甚至解聘等方式,这就迫使经营者不得不去努力工作实现企业的财务目标。当然,对投资者来说,监督是要付出代价的,即要发生监督成本。同时,监督的作用也是有限的,它并不能完全解决投资者与经营者之间的矛盾,还需要采取其他办法来共同协调。

(2) 激励。即将经营者的报酬与企业财务目标的实现程度挂钩。经营者要得到更多的报酬,就必须付出更多的努力,以实现更大的业绩。这是一种体现以人为本、积极可行的协调办法。激励的基本方式有两种:①“股票选择权”方式。它是指允许经营者在将来某一日期以固定的价格购买一定数量的公司股票。当股票价格高于固定的购买价格时,经营者就可以从中获取收益;如果高出的部分越多,则经营者获取的收益就越大。因此,经营者为了获得股价上涨而带来的益处,就会主动采取促使股价提高的措施。②“绩效股”方式。它是指企业运用每股收益、资产收益率等指标来评价经营者的业绩,按其业绩大小给予经营者数量不等的股票作为报酬。一般来说,业绩越大,经营者得到的股票就越多。因此,经营者不仅为了多得股票而通过采取各种有效措施提高企业业绩,而且也为了获得股票上涨带来的益处而想方设法促使股价上升。

除了上述投资者所采取的两种协调办法外,接收也是协调投资者与经营者矛盾的一种办法。这是一种通过市场约束经营者的办法,如果经营者经营不力、措施不当,不能使企业的价值进一步提高,则该企业就有可能被其他企业强行接收或吞并,相应地经营者也随之被解聘。因此,经营者为了避免这种情况的发生也必然采取切实措施去努力实现企业的财务目标。

2. 投资者与债权人之间的矛盾与协调

投资者与债权人的矛盾主要体现在:投资者在取得债权人的资金后,往往未经债权人同意而要求经营者改变其用途，将之投资于风险较大的项目，从而使偿债风险增加。如果高风险项目投资成功，则高额的收益只被投资者一方独享；但一旦投资失败，债权人就要承担投资者有可能无法偿债的损失。显然，对债权人来说，风险与收益是不对称的。另外，如果投资者未经债权人同意而要求经营者举借新债，也会使原债务偿还风险增加，对债权人来说这也是不公平的。为了协调这种矛盾，债权人一般应采取以下方法：

（1）限制性借款：在借款合同中加入限制性条款，如规定举债资金的用途、担保条款和信用条件，规定不得举借新债或限制举借新债的数额等。

（2）提前收回借款或者停止借款：发现企业有侵蚀债权人债权价值的动机或行为时，果断地采取措施，提前收回所借款项或及时中断原借款的发放。

第四节　企业财务管理的环境

企业财务管理的环境简称理财环境，是指对企业财务活动和财务管理工作产生影响的各种内外部条件的总和。在市场经济条件下，企业的财务活动及财务管理工作必然受到各种内外部条件的影响和制约。认真研究和分析这些内外部条件的变化和作用的规律，有利于理财者制定出科学合理的理财策略，保证财务目标的实现。影响企业财务活动的内部理财环境，也称微观理财环境，主要有供应环境、生产环境、销售环境、技术环境等；外部理财环境，也称宏观理财环境，主要有政治环境、经济环境、法律环境、金融环境和市场环境等。本书主要介绍的是对财务管理影响比较大的经济环境、法律环境和金融环境。

一、经济环境

对企业财务管理产生影响的经济环境因素主要有经济周期、经济发展水平、宏观经济政策、通货膨胀等。

（一）经济周期

经济周期一般有复苏、繁荣、衰退和萧条四个阶段。在不同的阶段，对企业的财务活动产生的影响是不同的，为此企业应采取不同的理财策略。西方国家的理财者，在复苏阶段，一般采取适度扩张型理财策略，如增加投资规模、扩大融资渠道、开发新产品、增加劳动力等；在繁荣阶段，一般采取扩张型理财策略，如继续增加投资规模、提高产品价格、开展营销规划、建立充足存货等；在衰退阶段，一般采取保守型理财策略，如出售多余设备、停止亏损产品生产、削减采购、停招雇员等；在萧条阶段，一般采取紧缩型理财策略，如控制投资规模、压缩管理费用、大幅度削减存货和雇员等。应该看到，在社会主义市场经济条件下，经济发展和运行的态势虽与上述周期不完全一致，但也呈现出自身的特点。这就要求理财者必须正确地认识和分析，科学合理地制定出在目前我国市场经济条件下适合企业自身发展的理财策略。

（二）经济发展水平

一个国家经济发展水平的高低，对企业的理财影响也是很大的。改革开放特别是进入 20 世纪 90 年代以来，我国的经济发展一直保持着较高的增长速度，经济发展水平有了大幅度的提高。这为企业的理财提供了良好的外部环境，有利于企业不断扩大生产规模、调整产品结构、开拓国内外市场。但是，我们也应清醒地认识到，我国的经济发展还存在着一定的问题：重外延扩张、轻内涵发展，重眼前得失、轻长远利益，重复建设、资源浪费、资金匮乏现象较为严重，经济发展水平的"质"还不是很高，离科学的发展观要求尚存一定的距离。这也在很大程度上影响着企业的理财活动。因此，理财者应正确地予以应对，以科学发展观为指导，以永续发展为目标，积极探索新的理财模式，适应经济发展的新要求。

（三）宏观经济政策

中共十四大确定了社会主义市场经济体制的改革目标，中共十六届三中全会作出了完善社会主义市场经济体制若干问题的决定。为实现完善社会主义市场经济体制的目标和任务，国家在完善国有资产管理体制、市场体系、财税体制、经济法律制度、社会保障体系，深化国有企业改革、金融改革、投资体制改革、涉外经济体制改革、科教文卫和行政管理体制改革等方面都进行了重大调整。中共十七大报告明确指出，实现未来经济发展目标，关键要在加快转变经济发展方式、完善社会主义市场经济体制方面取得重大进展。要大力推进经济结构战略性调整，更加注重提高自主创新能力、提高节能环保水平、提高经济整体素质和国际竞争力。要深化对社会主义市场经济规律的认识，从制度上更好发挥市场在资源配置中的基础性作用，形成有利于科学发展的宏观调控体系。要推进公平准入，改善融资条件，破除体制障碍，促进个体、私营经济和中小企业发展。要推进金融体制改革，发展各类金融市场，形成多种所有制和多种经营形式、结构合理、功能完善、高效安全的现代金融体系。提高银行业、证券业、保险业竞争力。优化资本市场结构，多渠道提高直接融资比重。加强和改进金融监管，防范和化解金融风险。完善人民币汇率形成机制，逐步实现资本项目可兑换。深化投资体制改革，健全和严格市场准入制度。国家经济政策的这些调整和变化，不仅对企业的资金营运和收益分配产生重要影响，而且对投融资活动影响也很大。因此，理财者同样要及时了解和把握，采取切实可行的理财策略，努力实现企业的财务目标。

（四）通货膨胀

通货膨胀也被认为是对企业财务管理产生重要影响的经济环境因素。当出现较为严重的通货膨胀时，一般对企业理财产生的不利影响主要有资金严重短缺且融资困难，企业因原材料价格上涨、人工及其他费用增加而使生产成本急剧上升，利润下降，所以，企业也必须正确应对通货膨胀。

二、法律环境

对企业财务管理产生影响的法律环境因素主要有企业组织法律制度、税收法律制度、金融证券法律制度及会计法律制度等。

（一）企业组织法律制度

企业是市场经济的主体。在我国，有关企业组织方面的法律制度主要有《公司法》、《外资企业法》、《中外合作经营企业法》、《中外合资经营企业法》、《合伙企业法》、《个人独资企业法》、《企业破产法》等。这些法律制度不仅是企业的组织法，而且是企业的行为法。

例如，《公司法》既对公司企业的设立条件、设立程序、组织机构、组织变更和终止的条件和程序等方面均作了规定，还对公司生产经营的主要方面提出了要求。因此，公司企业的财务管理也必须执行《公司法》的相关规定。

（二）税收法律制度

税收是国家为了实现其职能的需要，按照法律预先规定的标准，凭借其政治权力，强制地、无偿地参与一部分国民收入分配和再分配的一种经济活动。税收不仅是国家财政收入的主要来源，也是实行宏观调控的重要手段之一。我国目前税收法律法规主要有《企业所得税法》、《外商投资企业和外国企业所得税法》、《个人所得税法》、《增值税暂行条例》、《营业税暂行条例》、《消费税暂行条例》、《税收征收管理法》、《发票管理办法》、《增值税专用发票使用规定》等。国家开设的各种税种及其税率大小、征税范围、税收的有关减免、退税及征收管理等政策都会对企业的财务活动产生重要影响，进而影响到企业财务管理工作的各个方面。任何企业都要遵守税法规定，履行纳税义务。因此，企业的财务管理工作也要不断适应国家取得税收收入和进行税收调控的需要。

（三）金融证券法律制度

金融证券及结算法律、法规是国家颁布的确认和调整在证券管理、发行与交易过程中各主体地位、权利义务关系及有关一些金融资产交易的法律规范。目前，我国在这方面颁布的法律制度主要有《证券法》、《票据法》、《支付结算办法》、《现金管理暂行条例》、《外汇管理条例》、《人民币银行结算账户管理办法》等。这些法律制度不仅影响企业的筹资和投资活动，还对企业的资金营运活动产生重要影响。因此，企业理财者必须了解和熟悉这些法规，并严格按照规范要求从事财务活动。

（四）会计法律制度

会计法律制度是规范企业财务活动、协调财务关系的基本行为准则。目前，我国的会计法律制度主要包括《会计法》、《会计基础工作规范》、《企业财务通则》、各类企业会计准则和企业财务制度等。这些法律制度分别对企业的会计核算、会计监督、会计机构、会计人员、会计的基础工作、内部的财务会计制度及企业财务活动等方面作出了若干规定。企业理财者应该在这些法规规定的前提下开展财务活动。

三、金融环境

对企业财务管理产生影响的金融环境因素主要有金融市场、金融机构、金融工具和利息率。

（一）金融市场

金融市场是指资金供应者和资金需求者双方通过金融工具进行资金融通的场所。金融市场按业务性质不同，可分为资金市场、外汇市场和黄金市场等。金融市场可以是有形市场，如通过银行、证券交易所等金融机构进行交易；也可以是无形市场，如利用电脑、电传、电话等电子信息设施通过经纪人进行交易。

企业通过金融市场不仅可以开展筹资活动，而且还可以开展投资活动；同时，通过金融市场可以使长短期资金互相转化，有利于调整企业的资金结构。另外，金融市场上的利率变动、汇率变动及股票价格变动等信息，都能为企业生产经营和投融资活动提供重要的决策依据。

（二）金融机构

目前，我国的金融机构包括银行业金融机构和非银行业金融机构两类。银行业金融机构是指主要经营存款、放款、汇兑、储蓄等金融业务，承担信用中介的金融机构，主要有各种商业银行（如中国银行、中国工商银行、中国农业银行、中国建设银行、交通银行等）和政策性银行（如中国进出口银行、国家开发银行等）；非银行业金融机构主要有金融资产管理公司、信托投资公司、保险公司、财务公司和金融租赁公司等。了解金融机构的性质，熟悉其业务范围，有利于企业正确地掌握融资渠道，更好地开展融资等财务活动。

（三）金融工具

金融工具是指在信用活动中产生的、能够证明所有权和债权债务关系并据以进行货币资金交易的合法凭证。金融工具按期限不同可分为货币市场工具和资本市场工具。货币市场工具又称短期金融市场工具，主要包括国债、可转让大额定期存单、商业票据和回购协议等。其特点有交易期限短、变现能力强，但收益不高。资本市场工具又称长期金融工具，主要包括债券和股票。其特点有：交易期限长、变现能力相对较弱，但收益相对较高。企业在筹资和投资活动过程中选择何种金融工具，也直接影响财务管理工作，进而影响企业财务目标的实现。

（四）利息率

利息率是指利息占本金的比率。从资金的借贷关系来看，利率实际上是资金的交易价格。资金作为一种特殊商品，在进行交易时必然要通过利息率参与资源的再分配。所以，利息率的高低对企业的融资及投资影响都很大，对企业的财务决策起着十分重要的作用。企业理财者应随时关注利息率的变化，尽量避免市场利息率的变动对企业发展所带来的不利影响。

第五节　企业财务管理的方法

企业财务管理工作是一项综合性的价值管理工作，要实现财务目标，必须运用一定的方法才行。企业财务管理的方法通常包括财务预测方法、财务决策方法、财务预算方法、财务控制方法和财务分析方法等。这些方法构成了企业财务管理的基本环节。

一、财务预测方法

财务预测方法是指根据财务活动的历史资料，考虑现实的要求和条件，对企业未来的财务活动和财务成果作出科学的预计和测算。其目的在于：①预测各项生产经营和投资方案的效益，为财务决策提供可靠的依据。②预测财务收支变化的情况，以确定经营目标。③预测各项收支定额和标准，为编制计划和分解计划服务。

财务预测主要包括明确预测目标、搜集相关资料、建立预测模型、确定最佳预测结果等步骤。在实际工作中，财务预测方法主要运用于企业资金需要量预测、各类成本费用预测、投资预测、营业收入和企业收益预测等方面。财务预测方法分为定性预测法和定量预测法，定量预测法通常有趋势预测法、因果分析法等。企业在进行财务预测时，应将定性和定量这两种方法结合起来使用。

二、财务决策方法

财务决策方法是指理财者按照财务目标的总体要求，通过对财务管理环境的分析，利用定性与定量的决策方法，对多个备选方案进行比较分析后，从中选出最佳方案的过程。财务决策是财务管理工作的核心，财务决策的正确与否直接影响企业发展的兴衰成败。财务决策主要包括确定决策目标、提出备选方案、进行分析评价、选择最优方案等步骤。在实际工作中，财务决策方法主要运用于企业筹资决策、投资决策、营运资金管理决策和收益分配方案决策等方面。财务决策方法也分为定性决策法和定量决策法。定性决策法是指建立在经验判断、逻辑思维和逻辑推理的基础之上，依靠个人经验和综合分析对比进行决策的方法。具体有个人判断法、专家会议法、德尔菲法、相关人员意见法等。定量决策法是指通过建立数学模型，分析待决策事项各项因素或属性的数量关系，并计算比较财务结果进行决策的方法。具体有优选对比法、数学微分法、线性规划法、回归分析法、概率决策法和损益决策法等。定性决策法和定量决策法各有优劣，在进行决策时到底采用哪类方法，应根据决策事项、决策时机、决策成本、决策能力和相关信息等具体情况而定，而不能盲目使用。

三、财务预算方法

财务预算方法是指为了实现财务决策的目标，运用科学的技术手段和数量方法，以货币形式对未来财务活动的内容和结果所进行的具体规划。财务预算是财务决策的具体化，它是根据财务决策的方案和财务预测所提供的信息为基础来编制的，也是控制财务活动的主要依据。财务预算主要包括分析决策方案、确定预算目标、调整相关指标、实现综合平衡、组织预算编制等步骤。在实际工作中，财务预算方法主要运用于企业现金预算、各种成本费用预算、预计资产负债表、预计利润表和预计现金流量表等方面。财务预算方法有固定预算法、弹性预算法、增量预算法、零基预算法、定期预算法和滚动预算法等。

四、财务控制方法

财务控制方法是指在财务管理过程中，利用有关信息和特定手段，对企业财务活动所施加的影响或进行的调节。财务控制是实现财务预算目标的关键。财务控制主要包括制定控制标准、分解落实责任、实施追踪控制、及时调整对策、加强考核奖惩等步骤。在实际工作中，财务控制方法主要运用于企业财务风险控制、成本费用控制、销售和收益分配控制等方面。财务控制方法有预防性控制、指导性控制、补偿性控制等。

五、财务分析方法

财务分析方法是指根据有关财务核算资料，运用一系列财务指标企业财务管理总论，对企业财务活动的过程和结果所进行的分析和评价。其目的在于：了解企业财务预算的执行和完成情况，找出存在的差异及其原因，评价企业财务状况和经营成果。财务分析主要包括确定分析目标、掌握相关信息、进行指标对比、分析差异原因、提出改进措施等步骤。在实际工作中，财务分析方法主要运用于企业偿债能力分析、营运能力分析、盈利能力分析和发展能力分析等方面。财务分析方法有对比分析法、比率分析法和因素分析法等。

本章小结

企业财务管理是企业管理的重要组成部分，它是企业利用价值形式组织财务活动，处理财务关系的一项综合性管理工作。企业的财务活动主要有筹资活动、投资活动、资金营运活动和分配活动。在这些活动过程中，企业必然会与国家、投资者、受资者、债权人、债务人、客户、内部职工之间以及企业内部的各单位之间发生各种各样的经济利益关系，这种经济利益关系称为财务关系。企业财务管理应遵循资本结构优化、资源有效配置、现金收支平衡、成本效益最优、收益风险均衡、分级授权管理和利益关系协调等七个方面的原则。现代企业财务管理的要素有资金筹集、资产营运、成本控制、收益分配、信息管理和财务监督。企业财务管理的基本内容包括制定财务战略、发挥财务职能，合理筹集资金、有效营运资产，控制成本耗费、增加企业收益，规范收益分配、增强企业活力，规范重组清算财务行为、妥善处理各方权益，加强财务监督、实施财务控制，加强财务信息工作、提高财务管理水平。企业财务管理的基本要求主要有确定内部财务管理体制、建立健全内部财务管理制度和有效控制企业财务风险。企业财务管理的目标是要实现企业价值的最大化，为此必须要正确处理好企业利益相关者之间的关系，重点协调好投资者与经营者、投资者与债权人之间的矛盾。企业财务目标的实现经常受到各种内外部条件即理财环境的制约，其中国家的经济环境、法律环境和金融环境对企业的影响较大。企业理财者必须要了解和熟悉这些环境，充分认识其影响程度，更好地开展财务活动，实现财务目标。企业财务管理的方法主要有财务预测方法、财务决策方法、财务预算方法、财务控制方法和财务分析方法等，这些方法也构成了企业财务管理的基本环节。

复习思考题

1. 什么是企业财务管理？它有何特点？

2. 企业的财务活动包括哪几个方面的内容？企业的财务关系体现在哪些方面？

3. 企业财务管理的原则和要素有哪些？

4. 企业财务管理的基本内容和基本要求有哪些？

5. 如何认识企业财务管理的目标？

6. 现代市场经济条件下企业利益相关者有哪些？主要利益相关者的矛盾如何协调？

7. 什么是企业理财环境？影响企业理财环境的外部因素主要有哪些？

8. 企业财务管理的方法主要有哪些？

第二章 资金时间价值及风险价值

【本章学习目的】 本章主要阐述了资金时间价值及风险价值的有关基本理论问题。通过学习，要求理解资金时间价值和风险价值的概念，掌握资金时间价值和风险价值的计算方法。

【本章关键词】 单利 复利 终值 现值 年金 风险及价值

第一节 资金时间价值

一、资金时间价值的概念

资金时间价值是指资金在周转使用中由于时间因素而形成的差额价值，也称为货币的时间价值。

在商品经济条件下，即使不存在通货膨胀，一定数量的资金在不同时点上也具有不同价值。例如，现在的1元钱和1年后的1元钱不等值。现在的1元钱，比1年后的1元钱经济价值要大。这是因为将现在的1元钱存入银行，在存款利率10%的条件下，1年后可得到1.10元，这1元钱经过1年时间的投资增加了0.10元。随着时间的推移，资金就发生了增值，这就是资金的时间价值。

资金在周转使用中为什么其数额会随着时间的推移而持续增长呢？其原因在于所有资金使用者把资金投入生产经营后，劳动者利用劳动资料对劳动对象进行加工，使之生产出新的产品，在产品出售时所收到的货币资金积累数量大于最初投入的资金数量，实现价值增值。资金周转使用时间越长，所得利润就越大。所以，资金时间价值的实质，是资金使用后的增值额。

资金时间价值可以用绝对数表示，也可以用相对数表示。用绝对数表示是指用资金在周转过程中的增加额来表示；用相对数表示是指用增加额占投入资金的百分数来表示。为便于不同数量资金之间时间价值的比较，在实务中人们习惯用相对数表示资金的时间价值。

由于不同时点的单位资金的时间价值不同，所以不同时间的资金收入与资金支出不宜直接进行比较，而要把它们换算到相同时点上，才能进行大小比较和比率计算。

二、资金时间价值的计算方法

有关资金时间价值计算的指标有许多种，这里着重说明一次性收付款项终值和现值、年金终值和现值的计算。

（一）一次性收付款项终值和现值的计算

1. 单利终值和现值的计算

单利是一种不论时间长短，仅按本金计算利息，其所生利息不加入本金重复计算利息的方法。在计算中经常使用的符号及其含义为：

P 表示本金，又称期初金额或现值；I 表示利息；i 表示利率，指利息与本金之比；F 表示本金与利息之和，又称本利和或终值；n 表示时间，通常以年为单位。

(1) 单利利息的计算。单利利息的计算公式为：

$$I = P \cdot i \cdot n$$

【例 2-1】 某企业持有一张带息商业汇票，面值 1 500 元，票面利率为 8%，期限为 90 天，则到期的利息计算如下：

$$I = 1\,500 \times 8\% \times 90 \div 360 = 30(\text{元})$$

在计算利息时，所说的利率通常是指年利率。对于不足 1 年的利息，以 1 年等于 360 天来换算。

(2) 单利终值的计算。单利终值就是现在的一笔资金按单利计算的未来价值，即本利和。

现在的 1 元钱，年利率为 10%，从第一年到第五年，各年年末的终值计算如下：

$$1\text{元}1\text{年后的终值} = 1 \times (1 + 10\% \times 1) = 1.1(\text{元})$$
$$1\text{元}2\text{年后的终值} = 1 \times (1 + 10\% \times 2) = 1.2(\text{元})$$
$$1\text{元}3\text{年后的终值} = 1 \times (1 + 10\% \times 3) = 1.3(\text{元})$$
$$1\text{元}4\text{年后的终值} = 1 \times (1 + 10\% \times 4) = 1.4(\text{元})$$
$$1\text{元}5\text{年后的终值} = 1 \times (1 + 10\% \times 5) = 1.5(\text{元})$$

因此，单利终值的计算公式为：

$$F = P + I = P + P \cdot i \cdot n = P \cdot (1 + i \cdot n)$$

(3) 单利现值的计算。单利现值就是以后年份收到或付出资金按单利计算相当于现在的价值，可用倒求本金的方法计算。按终值求现值也称贴现。

若年利率为 10%，从第一年到第五年，各年年末的 1 元钱，其现值计算如下：

$$1\text{年后}1\text{元钱的现值} = \frac{1}{1 + 10\% \times 1} = \frac{1}{1.1} = 0.909\,1(\text{元})$$

$$2\text{ 年后 1 元钱的现值} = \frac{1}{1+10\% \times 2} = \frac{1}{1.2} = 0.8333(\text{元})$$

$$3\text{ 年后 1 元钱的现值} = \frac{1}{1+10\% \times 3} = \frac{1}{1.3} = 0.7692(\text{元})$$

$$4\text{ 年后 1 元钱的现值} = \frac{1}{1+10\% \times 4} = \frac{1}{1.4} = 0.7143(\text{元})$$

$$5\text{ 年后 1 元钱的现值} = \frac{1}{1+10\% \times 5} = \frac{1}{1.5} = 0.6667(\text{元})$$

因此,单利现值的计算公式为:

$$P = \frac{F}{1+i \cdot n}$$

2. 复利终值和现值的计算

资金时间价值通常是按复利计算的。复利是指在一定时间内(如 1 年)按一定利率将本金年生利息加入本金再计算利息,也就是通常所说的“利滚利”。

(1) 复利终值的计算。复利终值也是本利和。

现在的 1 元钱,年利率 10%,从第 1 年到第 5 年,各年年末的终值计算如下:

$$1\text{ 元 1 年后的终值} = 1 \times (1+10\%) = 1.1(\text{元})$$
$$1\text{ 元 2 年后的终值} = 1.1 \times (1+10\%) = 1.21(\text{元})$$
或 $$1\text{ 元 2 年后的终值} = 1 \times (1+10\%)^2 = 1.21(\text{元})$$
$$1\text{ 元 3 年后的终值} = 1.21 \times (1+10\%) = 1.3310(\text{元})$$
或 $$1\text{ 元 3 年后的终值} = 1 \times (1+10\%)^3 = 1.3310(\text{元})$$
$$1\text{ 元 4 年后的终值} = 1.331 \times (1+10\%) = 1.4641(\text{元})$$
或 $$1\text{ 元 4 年后的终值} = 1 \times (1+10\%)^4 = 1.4641(\text{元})$$
$$1\text{ 元 5 年后的终值} = 1.464 \times (1+10\%) = 1.6105(\text{元})$$
或 $$1\text{ 元 5 年后的终值} = 1 \times (1+10\%)^5 = 1.6105(\text{元})$$

因此,复利终值的计算公式为:

$$F = P \cdot (1+i)^n$$

上式是计算复利终值的一般公式。其中$(1+i)^n$ 称复利终值系数,也可用符号$(F/P, i, n)$表示。在实际工作中,复利终值系数可以查阅“1 元复利终值表”(见附表一)。

“1 元复利终值表”的第一行是利率 i,第一列是计息期数 n,相应的$(1+i)^n$,在其纵横相交处。该表的作用不仅在于已知 i 和 n 时查找 1 元的复利终值,而且可在已知 1 元复利终值和 n 时查找 i;或已知 1 元复利终值和 i 时查找 n。

【例 2-2】 现存入银行本金 2 000 元，年利率为 7%，5 年后的终值为

$$F = 2\,000 \times (1 + 7\%)^5$$

或
$$F = 2\,000 \times (F/P,\ 7\%,\ 5)$$

通过查“1 元复利终值表”可知，$(F/P,\ 7\%,\ 5)$为 1.402 6，所以：

$$F = 2\,000 \times 1.402\,6 = 2\,805.2(\text{元})$$

(2) 复利现值的计算。复利现值是复利终值的对称概念，指以后年份收到或付出的资金按复利计算的现在价值，或者说是为了取得将来一定本利和现在所需要的资金。

若年利率为 10%，从第一年到第五年，各年年末的 1 元钱，其现值可计算如下：

$$1\text{ 年后 1 元钱的现值} = \frac{1}{(1+10\%)} = \frac{1}{1.1} = 0.909\,1(\text{元})$$

$$2\text{ 年后 1 元钱的现值} = \frac{1}{(1+10\%)^2} = \frac{1}{1.21} = 0.826\,4(\text{元})$$

$$3\text{ 年后 1 元钱的现值} = \frac{1}{(1+10\%)^3} = \frac{1}{1.331} = 0.751\,3(\text{元})$$

$$4\text{ 年后 1 元钱的现值} = \frac{1}{(1+10\%)^4} = \frac{1}{1.464\,1} = 0.683\,0(\text{元})$$

$$5\text{ 年后 1 元钱的现值} = \frac{1}{(1+10\%)^5} = \frac{1}{1.610\,5} = 0.620\,9(\text{元})$$

因此，复利现值的计算公式为：

$$P = \frac{F}{(1+i)^n} = F \times (1+i)^{-n}$$

上式中的$(1+i)^{-n}$是把终值折算成现值的系数，称复利现值系数，也可用符号$(P/F,\ i,\ n)$表示。计算现值使用的利率 i，称为折现率，它是财务管理中的一个极为重要的概念。在实际工作中，复利现值系数可以查阅“1 元复利现值表”(见附表二)。该表使用方法与“1 元复利终值表”(见附表一)相同。

【例 2-3】 某项投资拟在 4 年后获得本利和 40 000 元，年利率为 6%，其现值为：

$$P = 40\,000 \times (1 + 6\%)^{-4}$$

或
$$P = 40\,000 \times (P/F,\ 6\%,\ 4)$$

通过查“1 元复利现值表”可知，$(P/F,\ 6\%,\ 4)$为 0.792 1，所以：

$$P = 40\,000 \times 0.792\,1 = 31\,684(元)$$

（二）年金终值和现值的计算

年金是指在一定期间内每次等额收付的系列款项。在企业的收付款项中，如折旧、租金、利息、保险金等通常都采用年金的形式。年金按收付款方式分有普通年金、即付年金、递延年金和永续年金四种类型。等额收付款发生在每期期末，称为普通年金或后付年金；等额收付款发生在每期期初，称为即付年金或先付年金；等额收付款要延长若干期以后再发生，称为递延年金；等额收付款无限期连续发生，称为永续年金。

1. 普通年金终值和现值的计算

普通年金又称后付年金，是指一定时期内每期期末等额收付的系列款项。它以复利作为计算基础，有终值和现值两种计算形式。

（1）普通年金终值的计算。普通年金终值是指一定时期内每期期末等额收付款项的复利终值之和。

每年存款 1 元，年利率 10%，经过 5 年，年金终值可以表示如图 2-1 所示，图中的“0”表示的是第一年年初。

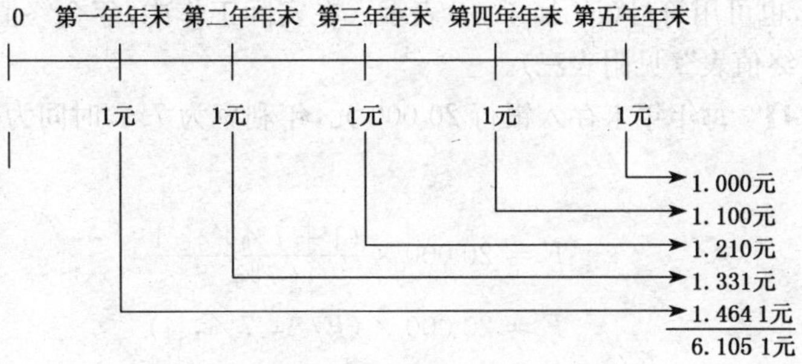

图 2-1　普通年金终值计算

上例逐年的终值和年金终值可计算如下：

第五年末 1 元的终值 $= 1.000$(元)

第四年末 1 元的终值 $= (1 + 10\%)^1 = 1.100$(元)

第三年末 1 元的终值 $= (1 + 10\%)^2 = 1.210$(元)

第二年末 1 元的终值 $= (1 + 10\%)^3 = 1.331$(元)

第一年末 1 元的终值 $= (1 + 10\%)^4 = 1.464\,1$(元)

1 元年金 5 年的终值 $= 1.000 + 1.100 + 1.210 + 1.331 + 1.464\,1 = 6.105\,1$(元)

以此推理，设每年年末支付金额为 A，利率为 i，期数为 n，按复利计算的年金

终值 F 为：

$$F = A + A(1+i) + A(1+i)^2 + \cdots + A(1+i)^{n-1} \quad (2\text{-}1)$$

等式两边同乘 $(1+i)$：

$$F(1+i) = A(1+i) + A(1+i)^2 + A(1+i)^3 + \cdots + A(1+i)^n \quad (2\text{-}2)$$

(2-2)式减(2-1)式：

$$F(1+i) - F = A(1+i)^n - A$$

$$F = \frac{A(1+i)^n - A}{(1+i) - 1}$$

因此，普通年金终值的计算公式为：

$$F = A \times \frac{(1+i)^n - 1}{i}$$

式中的 $\frac{(1+i)^n-1}{i}$ 是普通年金为1元，利率为 i，经过 n 期的年金终值，或称年金终值系数，也可用符号 $(F/A, i, n)$ 表示。在实际工作中，年金终值系数可以查阅“1元年金终值表”(见附表三)。

【例2-4】 每年年末存入银行20 000元，年利率为7%，时间为4年，则普通年金终值为：

$$F = 20\,000 \times \frac{(1+7\%)^4 - 1}{7\%}$$

或 $$F = 20\,000 \times (F/A, 7\%, 4)$$

通过查“1元年金终值表”可知，$(F/A, 7\%, 4)$ 为4.439 9，所以：

$$F = 20\,000 \times 4.439\,9 = 88\,798(\text{元})$$

在年金终值的计算公式中，已知年金 A，可求终值 F。如果已知 F，也可求 A。在实际工作中，这类似于年偿债基金的计算。所谓偿债基金，就是为了在约定的未来某一时点清偿某笔债务或积聚一定数额的资金而必须分次等额形成的存款准备金。偿债基金是按计划分次等额提取的，类似于年金存款，因而可以获得按复利计算的利息。所以，债务等于年金终值，每年提取的偿债基金等于年金。偿债基金的计算，实际上是年金终值的逆运算。其计算公式为：

$$A = F \cdot \frac{i}{(1+i)^n - 1}$$

式中的$\frac{i}{(1+i)^n-1}$称偿债基金系数，是年金终值系数的倒数，也可用符号$(A/F, i, n)$表示。它可把年金终值折算为每年需要支付的金额。偿债基金系数可查“偿债基金系数表”，或通过年金终值系数的倒数推算。上式也可写作：

$$A = F \cdot (A/F, i, n)$$

或 $$A = F \cdot [1 \div (F/A, i, n)]$$

【例 2-5】 某企业拟在 5 年后偿还一笔 600 000 元的债务，故建立偿债基金。银行存款年利率为 10%，则企业从第一年起，每年年末应存入银行的金额为：

$$A = 600\,000 \times \frac{10\%}{(1+10\%)^5 - 1}$$

或 $$A = 600\,000 \times [1 \div (F/A, 10\%, 5)]$$

通过查“1 元年金终值表”可知，$(F/A, 10\%, 5)$为 6.105 1，所以：

$$A = 600\,000 \times (1 \div 6.105\,1) = 98\,278.49(\text{元})$$

因此，在银行存款利率为 10%时，每年年末要存入 98 278.49 元，5 年后可达到还款所需的 600 000 元。

(2) 普通年金现值的计算。普通年金现值是指一定时期内每期期末等额收付款项的复利现值之和。

每年取得收益 1 元，年利率为 10%。经过 5 年，年金现值可表示如图 2-2 所示。

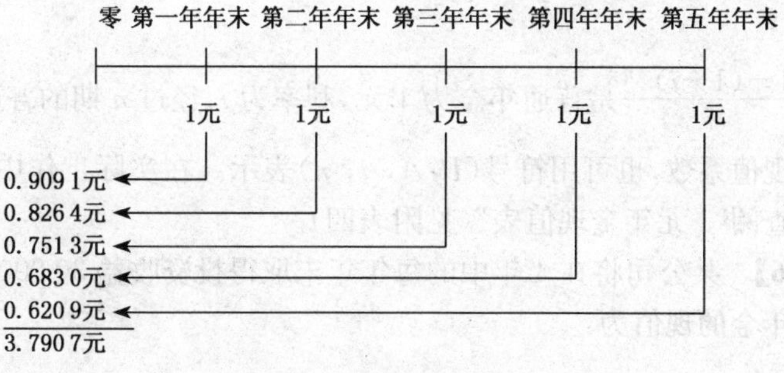

图 2-2 普通年金现值计算

上例逐年的现值和年金现值，可计算如下：

$$1\text{ 年后 }1\text{ 元的现值} = \frac{1}{1+10\%} = 0.909\,1(\text{元})$$

$$2\text{年后}1\text{元的现值} = \frac{1}{(1+10\%)^2} = 0.826\,4(\text{元})$$

$$3\text{年后}1\text{元的现值} = \frac{1}{(1+10\%)^3} = 0.751\,3(\text{元})$$

$$4\text{年后}1\text{元的现值} = \frac{1}{(1+10\%)^4} = 0.683\,0(\text{元})$$

$$5\text{年后}1\text{元的现值} = \frac{1}{(1+10\%)^5} = 0.620\,9(\text{元})$$

$$1\text{元年金}5\text{年的现值} = 0.909\,1 + 0.826\,4 + 0.751\,3 + 0.683\,0 + 0.620\,9 = 3.790\,7(\text{元})$$

依此推理，设每期年金为A，利率为i，期数为n，按复利计算的年金现值P为：

$$P = A(1+i)^{-1} + A(1+i)^{-2} + \cdots + A(1+i)^{-n} \quad (2\text{-}3)$$

等式两边同乘以$(1+i)$：

$$P(1+i) = A + A(1+i)^{-1} + \cdots + A(1+i)^{-(n-1)} \quad (2\text{-}4)$$

(2-4)式减(2-3)式：

$$P(1+i) - P = A - A(1+i)^{-n}$$

$$P \cdot i = A[1-(1+i)^{-n}]$$

因此，普通年金现值的计算公式为：

$$P = A \cdot \frac{1-(1+i)^{-n}}{i}$$

式中的$\frac{1-(1+i)^{-n}}{i}$是普通年金为1元，利率为i，经过n期的普通年金现值或称普通年金现值系数，也可用符号$(P/A, i, n)$表示。在实际工作中，普通年金现值系数可以查阅“1元年金现值表”(见附表四)。

【例2-6】 某公司将在4年中的每年年末取得投资收益30 000元，年利率为6%，则普通年金的现值为：

$$P = 30\,000 \times \frac{1-(1+6\%)^{-4}}{6\%}$$

或

$$P = 30\,000 \times (P/A, 6\%, 4)$$

通过查“1元年金现值表”可知，$(P/A, 6\%, 4)$为3.465 1，所以：

$$P = 30\,000 \times 3.465\,1 = 103\,953(\text{元})$$

在年金现值的计算公式中，已知年金 A，可求现值 P。如果已知 P，也可求 A。在实际工作中，这类似于年资本回收额的计算。所谓年资本回收额，是指在约定年限内等额回收初始投入资本或清偿所欠债务的金额。其计算实际上是年金现值的逆运算。其计算公式为：

$$A = P \cdot \frac{i}{1-(1+i)^{-n}}$$

式中的$\frac{i}{1-(1+i)^{-n}}$称"资本回收系数"，是年金现值系数的倒数，也可用符号 $(A/P, i, n)$ 表示。资本回收系数可查"资本回收系数表"，或通过年金现值系数的倒数推算。上式也可写作：

$$A = P \cdot (A/P, i, n)$$

或

$$A = P \cdot [1 \div (P/A, i, n)]$$

【例 2-7】 某企业现在借得 1 000 万元的贷款，在 10 年内以年利率 12%等额偿还，则每年应付的金额为：

$$A = 1\,000 \times \frac{12\%}{1-(1+12\%)^{-10}}$$

或

$$A = 1\,000 \times [1 \div (P/A, 12\%, 10)]$$

通过查"1 元年金现值表"可知，$(P/A, 12\%, 10)$ 为 5.650 2，所以：

$$A = 1\,000 \times (1 \div 5.650\,2) = 176.98(\text{万元})$$

2. 即付年金终值和现值的计算

即付年金又称先付年金，是指一定时期内每期期初等额收付的系列款项。在 n 期内，即付年金是在每期期初收付，而普通年金是在每期期末收付。即付年金与普通年金的区别就在于发生的时间不同，两者支付期数相差为 1 年。

(1) 即付年金终值的计算。即付年金终值是指一定时期内每期期初等额收付款项的复利终值之和。n 期即付年金终值与 n 期普通年金终值之间的关系，可用图 2-3 表示。

从图 2-3 可以看出，n 期即付年金与 n 期普通年金的付款次数相同，但由于其付款时间不同，n 期即付年金终值比 n 期普通年金的终值多计算一期利息。因此，在 n 期普通年金终值的基础上乘以 $(1+i)$，就是 n 期即付年金的终值。即付年金终值的计算公式为：

$$F = A \cdot (1+i) + A \cdot (1+i)^2 + \cdots + A \times (1+i)^n$$

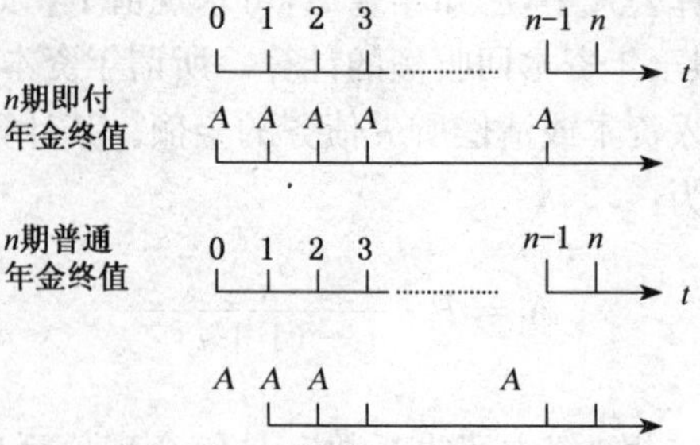

图2-3　即付年金终值与普通年金终值关系

式中各项为等比数列，首项为 $A\times(1+i)$，公比为 $(1+i)$，根据等比数列的求和公式可知：

$$F=\frac{A\cdot(1+i)\cdot[1-(1+i)^{n}]}{1-(1+i)}=A\cdot\frac{(1+i)-(1+i)^{n+1}}{-i}=$$

$$A\cdot\frac{1+i-(1+i)^{n+1}}{-i}=A\cdot\left[\frac{(1+i)^{n+1}-1}{i}-1\right]$$

式中的 $\left[\frac{(1+i)^{n+1}-1}{i}-1\right]$ 是即付年金终值系数，或者称 1 元的即付年金终值。它和普通年金终值系数 $\frac{(1+i)^{n}-1}{i}$ 相比，期数加 1，而系数减 1，也可用符号 $[(F/A,\ i,\ n+1)-1]$ 表示，并可利用“1 元年金终值表”查得 $(n+1)$ 期的数值，减去 1 后，得出 1 元的即付年金终值。

【例 2-8】 某企业决定连续 4 年于每年年初投入 300 万元建设一项目，银行存款年利率为 10%，则第四年年末投资额本利和为：

$$F=300\times[(F/A,\ 10\%,\ 4+1)-1]$$

或

$$F=300\times(F/A,\ 10\%,\ 4)\times(1+10\%)$$

通过查“1 元年金终值表”可知，$[(F/A,\ 10\%,\ 5)-1]=6.1051-1=5.1051$，所以：

$$F=300\times5.1051=1\,531.53(\text{万元})$$

(2) 即付年金现值的计算。即付年金现值是指一定时期内每期期初等额收付款项的复利现值之和。n 期即付年金现值与 n 期普通年金现值付款期数相同，但前者是在期初付款，而后者在期末付款。因此，即付年金现值和普通年金现值之间的关系，可用图 2-4 表示。

从图 2-4 可以看出，n 期即付年金现值与 n 期普通年金现值虽然期限相同，但其付款时间是不同的，即 n 期即付年金现值比 n 期普通年金现值多折现一期。因此，在普通年金现值的基础上乘以 $(1+i)$，就可以求出 n 期即付年金的现值。即付年金现值的计算公式为：

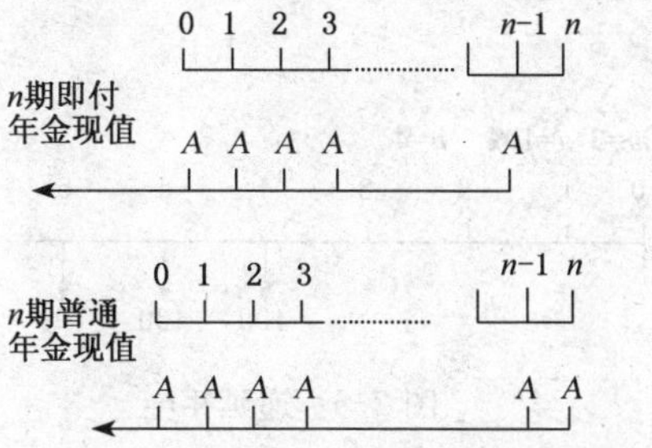

图 2-4 即付年金现值与普通年金现值关系

$$P = A + A \cdot (1+i)^{-1} + A \cdot (1+i)^{-2} + \cdots + A \cdot (1+i)^{-(n-1)}$$

式中各项为等比数列，首项是 A，公比是 $(1+i)^{-1}$，根据等比数列求和公式可知：

$$P = \frac{A \cdot [1-(1+i)^{-n}]}{1-(1+i)^{-1}} = A \cdot \frac{1-(1+i)^{-n}}{\frac{1+i}{1+i} - \frac{1}{1+i}} =$$

$$A \cdot \frac{[1-(1+i)^{-n}](1+i)}{i} = A \cdot \left[\frac{1-(1+i)^{-(n-1)}}{i} + 1\right]$$

式中的 $\left[\frac{1-(1+i)^{-(n-1)}}{i}+1\right]$ 是即付年金现值系数，或者称“1 元的即付年金现值”。它和普通年金现值系数 $\left[\frac{1-(1+i)^{-n}}{i}\right]$ 相比，期数要减 1，而系数要加 1，也可用符号 $[(P/A,\ i,\ n-1)+1]$ 表示，并可利用“1 元年金现值表”查得 $(n-1)$ 期的数值，然后加 1，得出 1 元的即付年金现值。

【例 2-9】 某公司因生产需要租入一台设备，租期 5 年，每年年初支付租金 10 000 元，年利率为 8%，则 5 年中租金的现值为：

$$P = 10\,000 \times [(P/A,\ 8\%,\ 5-1)+1]$$

或

$$P = 10\,000 \times (P/A,\ 8\%,\ 5) \times (1+8\%)$$

通过查“1 元年金现值表”可知，$[(P/A,\ 8\%,\ 4)+1] = 3.312\,1 + 1 = 4.312\,1$，所以：

$$P = 10\,000 \times 4.312\,1 = 43\,121(\text{元})$$

3. 递延年金现值的计算

递延年金是指第一次支付发生在第二期或第二期以后的年金。递延年金的支付形式见图 2-5。从图中可以看出，前 3 期没有发生支付，一般用 m 表示递延期数，本例中的 $m=3$。第一次支付在第四期期末，每期 100 元，连续支付 4 次，$n=4$。

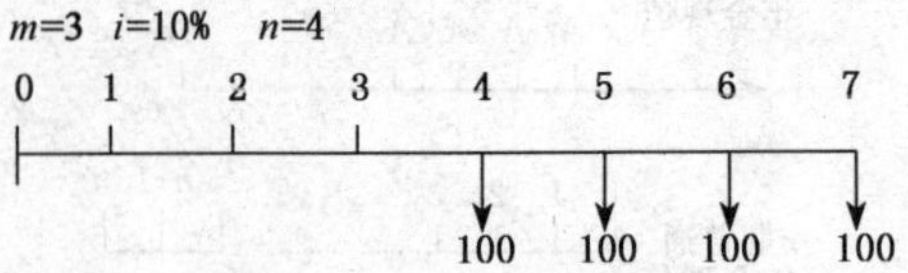

图 2-5 递延年金

递延年金的终值大小，与递延期无关，故计算方法和普通年金终值相同，其计算公式为：

$$F = A \cdot (F/A,\ i,\ n)$$

【例 2-10】 以图 2-5 所列数据为例，计算递延年金终值为：

$$F = 100 \times (F/A,\ 10\%,\ 4) = 100 \times 4.641\,0 = 464.1(\text{元})$$

递延年金的现值计算有三种方法：

第一种方法：把递延年金视为 n 期普通年金，求出递延期末的现值，然后再将此现值调整到第一期初(即图 2-5 中 0 的位置)。

$$P = A \cdot (P/A,\ i,\ n) \cdot (P/F,\ i,\ m)$$

第二种方法：假设递延期中也进行支付，先求出 $m+n$ 期的年金现值，然后扣除实际并未支付的递延期 m 的年金现值，即可得出最终结果。

$$P = A \cdot [(P/A,\ i,\ m+n) - (P/A,\ i,\ m)]$$

第三种方法：先求递延年金终值，再折现为现值。

$$P = A \cdot (F/A,\ i,\ n) \cdot (P/F,\ i,\ m+n)$$

【例 2-11】 以图 2-5 所列数据为例，计算递延年金现值为：

第一种方法：

$$P = 100 \times (P/A,\ 10\%,\ 4) \times (P/F,\ 10\%,\ 3) = 100 \times 3.169\,9 \times 0.751\,3 = 238.15(\text{元})$$

第二种方法：

$$P = 100 \times [(P/A, 10\%, 3+4) - (P/A, 10\%, 3)] =$$
$$100 \times [4.868\,4 - 2.486\,9] = 100 \times 2.381\,5 = 238.15(\text{元})$$

第三种方法：

$$P = 100 \times (F/A, 10\%, 4) \times (P/F, 10\%, 7) =$$
$$100 \times 4.641\,0 \times 0.513\,2 =$$
$$238.18(\text{元})$$

第三种方法计算结果与前两种有微小出入，属小数点保留位数所至。

4. 永续年金现值的计算

无限期的定额支付年金，称为永续年金。现实中的存本取息，可视为永续年金的一个例子。

永续年金没有终止的时间，也就没有终值。永续年金的现值可以通过普通年金现值的计算公式导出：

$$P = A \cdot \frac{1-(1+i)^{-n}}{i}$$

当 $n \to \infty$ 时，$(1+i)^{-n}$ 的极限为零，故上式可写成：

$$P = A \cdot \frac{1}{i}$$

【例 2-12】 某企业拟建立一项永久性的奖学金，每年计划颁发 10 000 元奖金。若利率为 10%，现在应存入多少钱？

$$P = 10\,000 \times \frac{1}{10\%} = 100\,000(\text{元})$$

上述关于时间价值计算的方法，在财务管理中有广泛用途，如存货管理、养老金决策、租赁决策、资产和负债估价、长期投资决策等。随着财务问题日益繁杂化，时间价值观念的应用也将日益普及。

第二节 风险价值

一、风险的概念与类别

（一）风险的概念

风险是现代企业财务管理环境的一个重要特征，在企业财务管理的每一个环节都不可避免地要面对风险。风险是对企业的目标产生负面影响的事件发生的可能性。从财务管理的角度看，风险是指企业在各项财务活动过程中，由于各种难以预料或无法控制的因素作用，使企业的实际收益与预计收益发生背离，从而蒙受经济损失的可能性。

(二) 风险的类别

按照风险的起源与影响，风险分为基本风险与特定风险。

1. 基本风险

基本风险是指风险的起源与影响方面都不与特定的组织或个人有关，至少是某个特定组织或个人所不能阻止的风险，即全社会普遍存在的风险，如战争、自然灾害、经济衰退等带来的风险。

2. 特定风险

特定风险是指由特定的因素引起而且损失仅涉及特定组织或者个人的风险，如罢工、诉讼失败、失去销售市场等带来的风险。

从个别理财主体的角度看，基本风险通常是不可分散风险，或称系统风险。特定风险通常是可分散风险，或称非系统风险。

对于特定企业而言，企业风险可进一步分为经营风险和财务风险。经营风险是指因生产经营方面的原因给企业目标带来不利影响的可能性，如由于原材料供应地的政治经济情况变动、新材料的出现等因素带来的供应方面的风险，由于生产组织不合理而带来的生产方面的风险，由于销售决策失误带来的销售方面的风险。财务风险是指在企业的各项财务活动中，因企业内外部环境及各种难以预计或无法控制的因素影响，在一定时期内，企业的实际财务结果与预期财务结果发生偏离，从而蒙受损失的可能性。它是从企业财务活动的全过程来界定的。因为在市场经济条件下，财务风险贯穿于企业各个财务环节，是各种风险因素在企业财务上的集中体现。但在习惯上，有时财务风险也特指债务筹资风险。控制财务风险，是企业财务管理的重要内容，也是企业财务管理基本任务之一。

二、财务风险

(一) 企业财务风险的种类

1. 筹资风险

筹资风险是指企业在筹资活动中，由于资金供需市场、宏观经济环境的变化或者筹资来源结构、币种结构、期限结构等因素而给企业财务成果带来的不确定性。

企业的筹资方式一般有两种类型：一是债务筹资；二是权益筹资。不同筹资方式承担的风险是不同的。债务筹资受固定的利息负担和债务期限结构等因素的影响。当企业经营不善，特别是投资收益率低于债务利息率时，可能产生不能按时还本付息甚至破产的风险。权益筹资则受股权资本市场的影响较大。以上市公司为例，当企业投资收益率达不到投资者的收益目标时，投资者可能抛售其股票，造成股价下跌，增加企业的再筹资成本；而当企业经营发生困难时，竞争对手可以通过市场收购其股票，吞并企业。

为了有效控制筹资风险，企业除了需要慎重选择合适的筹资方式外，还需要选择适当的筹资时机、筹资规模、筹资工具等。

2. 投资风险

投资风险是指企业在投资活动中，由于各种难以预计或无法控制的因素使投资收益率达不到预期目标而产生的风险。

不同的投资项目，对企业价值和财务风险的影响程度也不同。企业投资项目一般可分为对内投资和对外投资两大类。企业的对内投资项目包括固定资产、流动资产等有形资产的投资和高新技术、人力资本等无形资产的投资。如果投资决策不科学、投资所形成的资产结构不合理，那么投资项目往往不能达到预期效益，影响企业盈利水平和偿债能力，从而产生财务风险。巨额固定资产和无形资产投资带来的风险尤其突出。企业的对外投资一般多指证券投资。由于证券市场受多种因素的影响，各种证券的价格是不稳定的，经常发生剧烈波动，这给企业证券投资的收益带来了很大的不确定性，从而形成了企业的财务风险。

3. 现金流量风险

现金流量风险是指企业在资金营运活动中，由于现金流出与现金流入在时间上不一致所形成的风险。

当企业现金净流量出现问题，无法满足日常生产经营、投资活动的需要，或者无法及时偿还到期债务时，可能会导致企业生产经营陷入困境，也可能给企业带来信用危机，使企业的商誉遭受严重损害，以至于本来可以长期持续经营下去的企业在短期内被吞并或者倒闭。

4. 收益分配风险

收益分配风险是指企业在收益分配活动中，由于分配政策不当，使得分配的规模和形式超出了企业的实际承受能力而产生的风险。

企业收益分配的规模不仅取决于企业收益水平和未来发展目标，还要考虑国家宏观经济政策、经济状况、市场前景、通货膨胀等因素。如果分配数额过大，超出了企业的预期能力，则会影响到企业的长远发展和财务目标的实现。同时，在分配形式上，也应慎重选择，到底是采用现金股利、股票股利，还是兼而有之，或是其他形式，都应充分考虑企业的实际，否则，也会给企业发展带来不利影响。

5. 利率风险

利率风险是指在一定时期内由于利率水平的变动而导致经济损失的可能性。

由于受到中央银行的宏观调控管理、货币政策、社会平均利润率水平、通货膨胀率、投资者预期以及其他国家或地区的利率水平等诸多因素的影响，利率经常会发生变动，导致企业的筹资成本和资产收益不确定。例如，利率的上升会使企业的筹资成本上升，企业持有的证券投资价格下降。

6. 汇率风险

汇率风险是指在一定时期内由于汇率变动引起企业外汇业务成果的不确定性。

企业的汇率风险一般包括交易风险、折算风险和经济风险。交易风险是企业在以外币计价的交易活动中，如商品进出口信用交易、外汇借贷交易、外汇投资等，由于交易发生日和结算日汇率不一致，使折算为本币的数额增加或减少的风险。折算风险是企业将以外币表示的会计报表折算为以本币表示的会计报表时由于汇率的变动报表的不同项目采用不同汇率折算而产生的风险。经济风险是由于汇率变动对企业产销数量、价格、成本等经济指标产生影响，致使企业未来一定时期的利润或现金流量减少或增加，从而引起企业价值变化的风险。

(二) 企业财务风险管理的基本内容

1. 遵循企业财务风险管理原则

企业财务风险管理原则是指企业为防范财务风险，加强对风险管理而制定的规则。主要有以下几种：

(1) 风险与收益均衡原则。高风险、高收益是市场经济的一个基本规则，企业必须为追求较高收益而承担较大的风险，或者为减少风险而接受较低的收益。在市场机会既定的情况下，对一个企业而言，风险与收益均衡意味着：一是收益相同或接近的项目，应选择风险最低的；风险相同或接近的项目，应选择收益最高的。二是收益和风险不同的若干项目，收益最高的项目不一定最好，因为其风险往往也最高，所以应当以企业能承受相应风险为前提，再按前两点要求选择项目。

(2) 不相容职务分离原则。引发财务风险的因素除了来自外部市场外，还会来源于企业内部。因此，加强企业内部控制，特别是强调不相容职务相分离，能够在制度设计上有效避免决策和执行过程中引发的财务风险。

2. 建立企业财务风险管理体制

企业财务风险管理体制包括财务风险管理的组织系统、信息系统、预警系统和监控系统四个子系统。企业风险管理组织系统的设置可以随企业的规模和组织结构不同而不同。财务风险管理的信息系统是在企业风险管理过程中，以实现企业内部各部门及外部各企业之间的双向交流为目的，对风险管理信息进行收集、筛选、整理、分析、报告和反馈的专门系统。财务风险管理的预警系统是按一定的指标体系，分析企业财务活动和财务管理环境，对潜在的财务风险进行预测，并在发现财务风险信号后提醒决策者及时采取防范和化解措施。财务风险管理的监控系统，是专门对企业所承受的财务风险动态情况进行监督和跟踪控制的系统，对可能和已经出现的财务风险及时作出反应，并采取相应防范和化解措施。

3. 加强企业财务风险的识别与评估

企业财务风险识别是指对企业是否存在财务风险所作出的基本判断和辨别，这是财务风险管理的第一步，其基本方法有现场观察法、财务报表分析法、案例分析法、集合意见法、专家调查法、情景分析法、业务流程分析法等。企业财务风险评估是指在风险识别的基础上，量化估计财务风险发生的概率和预期造成的损失，其基本方法有方差法、β系数与资本资产定价模型（CAPM）、风险价值（VAR）评估模型法等。

（三）企业财务风险管理策略

选择适当的风险管理策略，可以有效控制财务风险发生的可能性及其造成的损失。企业可以采取的财务风险管理策略，主要有以下几种。

1. 规避风险

规避风险是任何单位首先考虑的风险对策。凡风险所造成的损失不能由该项目可能获得的利润予以抵销时，最简单的办法就是避免风险。因此企业在决策时，应事先预测风险发生的可能性及其影响程度，尽可能选择风险较小或无风险的备选方案，对超过企业风险承受能力、难以掌控的财务活动予以回避。同时在实施方案过程中，发现现不利的情况时，应及时中止或调整方案。如：拒绝与不守信用的厂商业务往来，放弃可能明显导致损失的投资项目，新产品在试制阶段发现诸多问题而果断停止试制等。

2. 减少风险

减少风险主要包括两方面内容：一是控制风险因素，减少风险的发生机会；二是控制风险程度，降低风险损害价值。减少风险的常用方法有：进行准确的预测，如对汇率预测、利率预测、债务人信用评估等；对决策进行多方案优选和相机替代；及时与政府部门沟通获取政策信息；在开发新产品前，充分进行市场研究；实行设备预防检修制度，以减少设备事故；选择有弹性的、抗风险能力强的技术方案；进行预先的技术模拟试验，采用可靠的保护和安全措施；采用多领域、多地域、多项目、多品种的投资以分散风险。

3. 转移风险

企业以一定代价（保险费、赢利机会、担保费和利息等），采取某种方式（如参加保险、信用担保、租赁经营、套期交易、票据贴现等）将风险损失转嫁给他人承担，以避免可能给企业带来重大损失。例如，向专业性保险公司投保，采取合资、联营、增发新股、发行债券、联合开发等措施实现风险共担，通过技术转让、特许经营、战略联盟、租赁经营和业务外包等实现风险转移。

4. 接受风险

对于损失较小的风险，如果企业有足够的财力和能力承受风险损失时，可以采取风险自担和风险自保，自行消化风险损失。风险自担是指风险损失发生时，直接将损失摊入成本或费用，或冲减利润；风险自保是指企业预留一笔风险金或随着生产经营的进行，有计划地计提风险基金如坏账准备金、存货跌价准备等。

三、风险的衡量

风险客观存在且广泛影响着企业的财务和经营活动，因此正视风险并将风险程度予以量化，进行较为准确的衡量，是企业财务管理中的一项重要工作。风险与概率直接相关，并由此与期望值、离散程度等相联系，对风险进行衡量时应着重考虑这几方面因素。下面结合实例分别加以说明。

(一) 确定概率分布

一个事件的概率是指这一事件可能发生的机会。例如，一个企业的利润有60%的机会增加，有40%的机会减少。如果把所有可能的事件或结果都列示出来，且每一件都给予一种概率，把它们列示在一起，便构成了概率的分布。上例的概率分布如表2-1所示。

表2-1

概率分布

可能出现的结果(i)	概率(P_i)
利润增加	0.6 = 60%
利润减少	0.4 = 40%
合计	1.00 = 100%

概率分布必须符合以下两个要求：

(1) 所有的概率即 P_i 都在0和1之间，即 $0 \leqslant P_i \leqslant 1$。

(2) 所有结果的概率之和应为1，即 $\sum_{i=1}^{n} P_i = 1$。这里，n 为可能出现的结果的个数。

(二) 计算期望报酬率

期望报酬率是各种可能的报酬率按其概率进行加权平均得到的报酬率，可按下面公式计算：

$$\overline{K} = \sum_{i=1}^{n} K_i P_i$$

式中：$\overline{K}$表示期望报酬率；K_i 表示第 i 种可能结果的报酬率或报酬额；P_i 表示

第 i 种可能结果的概率；n 表示可能结果的个数。

【例 2-13】 延陵制造公司和龙城公司股票的报酬率及其概率分布情况如表 2-2 所示，试计算两家公司的期望报酬率。

表 2-2

龙城公司和延陵制造公司股票报酬率的概率分布

经济情况	该种经济情况发生的概率(P_i)	报酬率(K_i)(%)	
		龙城公司	延陵制造公司
繁荣	0.20	40	70
一般	0.60	20	20
衰退	0.20	0	−30

根据上述期望报酬率公式分别计算龙城公司和延陵制造公司的期望报酬率如下：

龙城公司 $\overline{K} = K_1P_1 + K_2P_2 + K_3P_3 =$
$40\% \times 0.20 + 20\% \times 0.60 + 0\% \times 0.20 = 20\%$

延陵制造公司 $\overline{K} = K_1P_1 + K_2P_2 + K_3P_3 =$
$70\% \times 0.20 + 20\% \times 0.60 + (-30\%) \times 0.20 = 20\%$

两家公司股票的期望报酬率都是 20%，但龙城公司各种情况下的报酬率比较集中，而延陵制造公司却比较分散，所以龙城公司的风险小。这种情况可以通过图 2-6来说明。

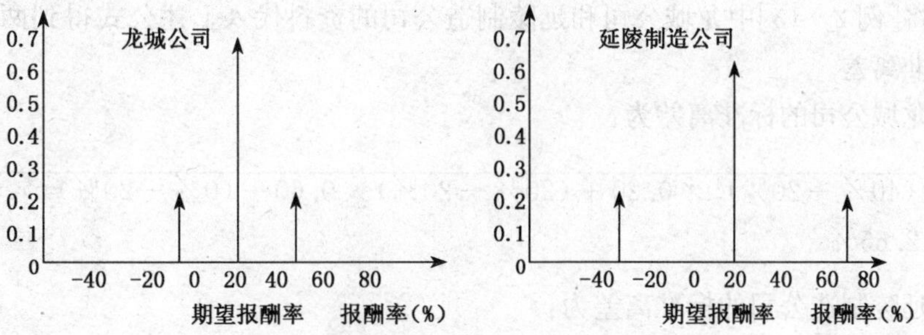

图 2-6 两家公司的期望报酬率情况

以上只是假定存在繁荣、一般和衰退三种情况。实践中，经济状况可以在极度衰退和极度繁荣之间发生无数个可能的结果，如果对每一可能的经济状况都给予相应的概率(概率的总和要等于 1)和报酬率,它们绘制在直角坐标系中,可得到连续的概率分布如图 2-7 所示。

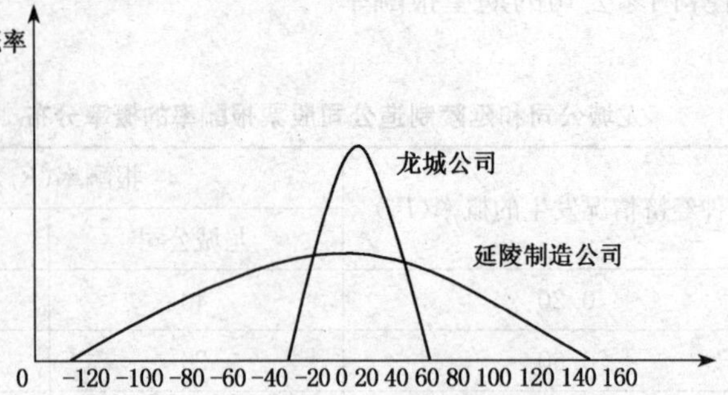

图 2-7　两家公司的概率分布情况

这里有关假设与图 2-6 不同。图 2-6 中得到 20%报酬的概率为 60%,但在图 2-7 中其概率要小得多,因为这里的经济情况很多而不仅仅是三种。

(三) 计算标准离差

标准离差是各种可能的报酬率偏离期望报酬率的综合差异,是反映离散程度的一种度量。在期望值相同的情况下,标准离差越大,风险越大;反之,越小。标准离差可按下面公式计算:

$$\delta=\sqrt{\sum_{i=1}^{n}(K_i-\overline{K})^2\cdot P_i}$$

式中:δ 表示标准离差;$\overline{K}$表示期望报酬率;K_i 表示第 i 种可能结果的报酬率;P_i 表示第 i 种可能结果的概率;n 表示可能结果的个数。

将[例 2-13]中龙城公司和延陵制造公司的资料代入上述公式得到两家公司的标准离差。

龙城公司的标准离差为:

$$\delta=\sqrt{(40\%-20\%)^2\times0.20+(20\%-20\%)\times0.60+(0\%-20\%)^2\times0.20}=12.65\%$$

延陵制造公司的标准离差为:

$$\delta=\sqrt{(70\%-20\%)^2\times0.20+(20\%-20\%)^2\times0.60+(-30\%-20\%)^2\times0.20}=31.62\%$$

上述结果表明,延陵制造公司的风险要大于龙城公司。

（四）计算标准离差率

标准离差是一个绝对值，不是一个相对量，它只能用来比较期望报酬率相同的各项投资的风险程度，不能用来比较期望报酬率不同的各项投资的风险程度。对比期望报酬率不同的各项投资的风险程度，应该用标准离差与期望报酬率的比值，即标准离差率。一般而言，标准离差率越大，风险越大；反之，越小。标准离差率可按下面公式计算：

$$V=\frac{\delta}{K}\times 100\%$$

根据表 2-2 中资料，龙城公司的标准离差率为：

$$V=\frac{12.65\%}{20\%}\times 100\%=63.25\%$$

延陵制造公司的标准离差率为：

$$V=\frac{31.62\%}{20\%}\times 100\%=158.1\%$$

上述结果表明，延陵制造公司的风险要大于龙城公司。在上例中，两家公司的期望报酬率相等，可直接根据标准离差来比较风险程度，但如果期望报酬率不等，则必须计算标准离差率。例如，假设上例龙城公司和延陵制造公司股票报酬的标准离差仍为 12.65%和 31.62%，但龙城公司股票的期望报酬率为 15%，延陵制造公司股票的期望报酬率为 40%，那么，究竟哪种股票的风险更大呢？这时不能用标准离差作为判别标准，而要使用标准离差率。

龙城公司的标准离差率为：

$$V=\frac{12.65\%}{15\%}\times 100\%=84\%$$

延陵制造公司的标准离差率为：

$$V=\frac{31.62\%}{40\%}\times 100\%=79\%$$

在上述假设条件下，龙城公司股票的风险要大于延陵制造公司股票的风险。

四、风险价值的确定

标准离差率虽然能正确评价投资风险程度的大小，但这还不是风险价值，风险价值表现为风险报酬率。要计算风险报酬率，还必须借助一个系数——风险报酬系数。风险报酬率、风险报酬系数和标准离差率之间的关系可用公式表示为：

$$R_R = bV$$

式中：R_R 表示风险报酬率；b 表示风险报酬系数；V 表示标准离差率。

这样，投资的总报酬率也可表示为：

$$K = R_F + R_R = R_F + bV$$

式中：K 表示投资总报酬率；R_F 表示无风险报酬率。

无风险报酬率就是加上通货膨胀贴水以后的货币时间价值，西方一般把投资于国库券的报酬率视为无风险报酬率。

风险报酬系数是将标准离差率转化为风险报酬的一种系数。假设龙城公司风险报酬系数为 5%，延陵制造公司的风险报酬系数为 8%，则两家公司股票的风险报酬率分别为：

龙城公司 $R_R = bV = 5\% \times 63.25\% = 3.16\%$

延陵制造公司 $R_R = bV = 8\% \times 158.1\% = 12.65\%$

计算结果表明延陵制造公司股票的风险报酬率高于龙城公司。

如果无风险报酬率为 10%，则两家公司股票的投资总报酬率应分别为：

龙城公司 $K = R_F + bV = 10\% + 5\% \times 63.25\% = 13.16\%$

延陵制造公司 $K = R_F + bV = 10\% + 8\% \times 158.1\% = 22.65\%$

计算结果表明，延陵制造公司股票的投资总报酬率高于龙城公司。

本章小结

资金时间价值和风险价值是企业财务管理两个重要的概念。资金时间价值是指资金在周转使用中由于时间因素而形成的差额价值，也称为货币的时间价值。它的计算方法主要包括一次性收付款终值和现值的计算与年金终值和现值的计算。其中，前者又分单利终值和现值与复利终值和现值的计算；后者又可分普通年金终值与现值、即付年金终值与现值、递延年金终值与现值和永续年金现值的计算。资金时间价值的计算，对于企业的筹资和投资决策十分有用。

风险是企业财务管理不得不面对的一个现实问题，必须予以重视。通常，按其起源与影响可分为基本风险和特定风险。对特定企业而言，企业风险又可分为经营风险和财务风险。企业财务风险的种类主要有筹资风险、投资风险、现金流量风险、收益分配风险、利率风险和汇率风险等。习惯上，有时财务风险也特指债务筹资风险。对于企业的财务风险必须进行风险管理，建立健全企业财务风险管理体制，设置风险管理组织系统，加强风险识别与评估，并采取相应的管理策略。企业财务风险管理的策略主要有规避风险、减少风险、转移风险和接受风险。风险的衡量主要通过标准离差和标准离差率两个指标来进行，指标值越大，说明风险程度越大。风险价值表现为风险报酬率，其确定方法通常是在标准离差率的基础上乘以风险报酬系数。风险报酬率加上无风险报酬率等于投资总报酬率。

复习思考题

1. 什么是资金的时间价值？

2. 单利终值、现值计算与复利终值、现值计算有何区别？

3. 什么是年金？常用的年金形式有哪些？

4. 按照收付款的方式，年金分为哪几种类型？

5. 即付年金终值、现值计算与普通年金终值、现值的计算有何区别？

6. 什么是风险？常见的风险类别有哪些？

7. 什么是企业的财务风险？它包括哪些种类？企业财务风险管理的策略有哪些？

8. 企业的风险如何衡量？风险价值如何确定？

练 习 题

1. 某人向银行存入10 000元，年利率10%，存款期5年，试计算5年后的复利本利和是多少？

2. 某单位期望8年后得到200万元，年利率8%，每年复利一次，问现在应存多少钱？

3. 某企业投资一项目，在5年建设期内每年年末从银行借款50万元，借款年利率为10%，问该项目竣工应付本息总额为多少？

4. 某企业有一笔5年后到期的借款，到期额为100万元。借款年利率为8%，问为偿还这项借款应建立的偿债资金为多少？

5. 某公司租入一套设备，每年年末需支付租金10万元，年利率为10%，问该公司5年内应支付的租金额的现值为多少？

6. 某企业每年年初向银行存入20万元，连续存5年，存款年利率为6%，问该企业在第五年年末一共能取出多少钱？

7. 某人分期付款购买住房，需每年年初支付5 000元，还款期15年，借款年利率为5%，问该笔购房款为多少钱？

8. 某企业向银行借入一笔款项，银行贷款的年利率为8%，每年复利一次。银行规定前5年不用还本付息，但从第六年至第15年每年年末偿还本息10 000元，问这笔款项的现值是多少？

9. 某企业投资一项目，建设期 2 年，预计项目建成投产后使用寿命为 5 年，每年年末可获得净收益 50 万元。若市场的折现率为 8%，问该项目净收益的总现值为多少？

10. 某企业有一种优先股，每股每年可取得股息 0.5 元。若市场利率为 10%，问该优先股每股的现值为多少？

11. 某公司一投资项目的期望报酬率为 15%，报酬率的标准离差为 90%。预计该项目风险报酬系数为 6%，市场无风险报酬率为 10%，问该公司的投资风险报酬率和总报酬率为多少？

案例分析题

案例一

北方公司 20×8 年陷入经营困境，原有柠檬饮料因市场竞争激烈，消费者喜好发生变化等原因开始滞销。为改变产品结构、开拓新的市场领域拟开发两种新产品。

1. 开发洁清纯净水

面对全国范围内的节水运动及限制供应，尤其是北方十年九旱的特殊环境，开发部认为洁清纯净水进入百姓的日常生活，市场前景看好，预测资料如下：

市场销路	概率	预计年利润率
好	60%	20%
一般	20%	10%
差	20%	−5%

2. 开发消渴啤酒

北方人有豪爽、好客、畅饮的性格，亲朋好友聚会的机会日益增多，生活水平也明显提高。同时，北方气温大幅度升高，气候干燥。开发部提出开发消渴啤酒方案，预测资料如下：

市场销路	概率	预计年利润率
好	50%	40%
一般	20%	10%
差	30%	−10%

公司决策层对两个方案举棋不定。如选择了正确方案，可以给公司带来转机，然而一旦选择失误，对公司来说无疑是“雪上加霜”。

要求：如果你是公司财务人员，你将如何协助公司决策层进行决策。

案例二

沈阳通达公司 2009 年年初拟向沈阳信托投资公司融资租入一台万能机床，租期 6 年，年租金 5 600 元(每年年末支付)，信托投资公司要求利息率、手续费率共计为 5%。红星机床厂得知这一信息后，主动提出以 28 000 元的价格，将一台同样的机床出售给通达公司。

要求：如果你是财务经理，你将如何为公司进行决策。

第三章　企业资金筹集管理

【本章学习目的】 本章主要阐述了企业资金筹集的相关理论及各种筹资方式。通过学习，要求了解企业资金筹集的概念、分类、筹资原则和筹资的渠道与方式，掌握企业资金需要量预测的方法，熟悉权益资金和负债资金筹资各种方式的概念和优缺点。

【本章关键词】 资金需要量　筹资渠道与方式　权益资金筹集　债务资金筹集

第一节　企业资金筹集概述

一、资金筹集的概念与分类

（一）资金筹集的概念

资金筹集是指企业通过不同渠道，采取各种方式，按照一定程序，筹措企业设立、生产经营所需资金的财务活动。资金是企业筹办和从事生产经营活动的物质基础，是企业财务活动的起点。资金筹集管理是企业财务管理的一项重要内容。

（二）资金筹集的分类

企业的资金筹集活动，可以按不同标准进行分类。

1. 按所筹资金的性质分

按所筹资金的性质分，可分为权益筹资和负债筹资。

权益筹资是指企业通过吸收直接投资、发行股票、内部积累等方式筹集资金的活动，所筹资金属于所有者权益，也称为自有资金；负债筹资是指企业通过向银行借款、发行债券、融资租赁等方式筹集资金的活动，所筹资金属于企业的负债，也称为借入资金。

权益筹资对于企业而言承担的筹资风险小，但资本成本相对较高；而负债筹资，企业一般承担的筹资风险较大，但付出的资本成本相对较低。

2. 按所筹资金的用途分

按所筹资金的用途分，可分为流动资产筹资、固定资产筹资、无形资产筹资、对外投资筹资。

流动资产筹资是指企业为满足购买流动资产的需要而进行的筹资活动；固定资产筹资是指企业为满足购置固定资产的需要而进行的筹资活动；无形资产筹资

是指企业为购置或形成无形资产而进行的筹资活动；对外投资筹资是指企业为满足对外投资的需要而进行的筹资活动。一般而言，流动资产筹资所筹的资金数量相对较小，且资金占用时间短；固定资产筹资和无形资产筹资所筹资金的数量较大，且资金占用时间长。

3. 按是否通过金融机构分

按是否通过金融机构分，可分为直接筹资和间接筹资。

直接筹资是指企业不通过金融机构而直接以发行股票、债券或商业票据等方式向资金供应方筹措资金的一种筹资形式。

间接筹资是指企业通过金融中介机构间接实现资金融通活动的一种筹资形式。银行借款是最典型的间接筹资形式。

4. 按所筹资金的来源分

按所筹资金的来源分，可分为内源筹资和外源筹资。

内源筹资是指企业利用自身的储蓄转化为投资的过程。它主要包括折旧和留存收益两部分。其中折旧主要用于重置损耗的固定资产的价值；留存收益是再投资或债务清偿的主要资金来源，以留存收益作为融资工具，不需要实际对外支付利息、股息及其他融资费用，因而不会减少企业的现金流量。故内源筹资具有原始性、自主性、低成本性和抗风险性等特点。

外源筹资是指企业吸收其他经济主体的闲置资金，使之转化为自己投资的过程，包括发行股票、发行债券、商业信用、银行借款等。外源筹资具有高效性、灵活性、大量性和集中性等特点。

5. 按所筹资金的期限长短分

按所筹资金的期限长短分，可分为短期筹资和长期筹资。

短期筹资是指所筹资金可供 1 年以内使用的资金，其主要用于现金、应收账款、存货等流动资产上。短期筹资方式主要有利用商业信用和取得银行流动资金借款等。

长期筹资是指所筹资金可供 1 年以上使用的资金，其主要用于新产品的开发和推广、生产规模的扩大、厂房设备的更新等。长期资金的筹集方式主要有吸收直接投资、发行股票、发行债券、取得长期借款、融资租赁和内部积累等。

本书主要按筹集资金的性质，重点讲解权益筹资和负债筹资。

二、资金筹集的原则

企业资金筹集要受到筹资渠道、方式、数量、时机、结构和风险等诸多因素的影响。因此筹资时应遵循以下基本原则。

(一) 规模适当原则

企业筹资规模受到注册资本限额、企业债务契约的约束和企业规模大小等多方面因素的影响，且不同时期企业的资金需求量也不同。因此，企业财务人员要认真分析科研、生产经营情况，采用一定的方法，正确地预测资金的需求量，合理确定筹资规模，以避免资金筹集不足，或筹集过多等现象。

（二）筹措及时原则

企业财务人员在筹集资金时必须熟知资金时间价值的原理和计算方法，以便根据资金需求的具体情况，合理安排资金的筹集时间，适时获取所需资金。既要避免资金闲置，又要防止取得资金的时间滞后，错过资金投放的最佳时间。因为，筹资期限越长，筹资时效也就越差。

（三）来源合理原则

不同渠道的资金，其筹集的数量、条件等有所不同，从而对企业的收益和成本等产生影响。因此，企业应认真研究资金来源渠道和资金市场状况，合理选择资金来源。

（四）方式经济原则

企业筹资的方式有多种，不同的筹资方式其筹资成本不同。因此，企业在筹资时必须认真研究各种筹资方式，对其成本进行计算、对比、分析，最后选择经济可行的方案。

三、资金筹集的渠道与方式

（一）资金筹集的渠道

资金筹集的渠道是指企业筹集资金的来源方向和通道。我国目前企业资金筹集的渠道主要包括以下几个方面。

1．国家财政资金

出于控制和掌握关系国家安全和国民经济命脉的重要行业和关键领域，支持和引导非国有经济发展等需要，国家财政需要以财政拨款、财政贷款、国有资产入股等形式向企业投入资金。对于国有及国有控股企业，财政资金在企业的各种资金来源中更是占有特殊地位。

2．银行信贷资金

我国银行主要分商业银行、政策性银行和信用社三大类。银行信贷资金是企业资金的主要供应渠道。商业银行和信用社主要为企业提供各种商业贷款，而政策性银行则为特定企业提供政策性贷款。

3．非银行金融机构资金

非银行金融机构主要有金融资产管理公司、信托投资公司、财务公司、金融租赁公司等。这类金融机构的资金力量比商业银行要小，且业务受限较多，但资金供应比较灵活，所以一般起辅助贷款的作用。

4．其他法人单位资金

社会上一些法人单位在生产经营过程中可能会有一部分暂时闲置的资金，可以在企业间相互调剂，融通使用。这些单位也可能会因业务关系、投资需求、商业信用等原因，直接向企业提供权益资金或者债务资金。

5. 民间资金

企业职工和城乡居民暂时闲置的资金，也可以成为企业资金的一个来源。企业可以通过发行股票、债券等方式吸收这部分闲散资金为企业所用。

6. 外商资金

外商资金是指外国投资者及我国港、澳、台地区投资者投入的资金。随着我国经济不断融入世界经济，来自境外投资者的各类资金日益增多，企业可以依法通过直接或者间接方式利用外商资金。

7. 企业内部资金

企业提取的公积金以及未分配的利润等留存收益，可再转化为生产经营资金，这种资金无需通过一定方式去筹集，而由企业内部自动生成或转移，它是企业稳定的、几乎没有成本的资金来源。

（二）资金筹集的方式

筹资方式是指可供企业在筹措资金时选用的具体筹资形式。目前，我国企业筹资的方式主要有以下几种。

1. 吸收直接投资

吸收直接投资是企业按照一定的原则，以合同的形式直接吸收国家、其他企业、个人和外商投入资金的一种筹资方式。全民所有制企业、有限责任公司、采取发起方式设立的股份有限公司等，可以接受投资者以货币或者非货币资产向企业出资或者增资。

2. 发行股票

发行股票是股份公司以股票形式向社会公开募集或者向特定对象募集股本的一种筹资方式。募集的股本按照所有权性质不同，可以划分为国家股、国有法人股、外资股、其他法人股、个人股等不同类型。股东依法参加或监督企业的经营管理，分享红利，并承担风险和义务。

3. 利用留存收益

留存收益是企业按规定从税后利润中提取的公积金和未分配利润。利用留存收益是企业将留存收益转化为投资的过程，它是企业筹集权益性资本的一种重要方式。

4. 发行企业债券

企业债券是符合法定条件的企业依照法定程序发行、约定在一定期限内还本付息的有价证券。持券人可按期取得利息，到期收回本金，但无权参与企业经营管理，也不参加分红，对企业不承担任何责任。企业通过发行债券取得的资金，应当按照规定用途安排使用。

5. 借款

借款是企业向银行或非银行金融机构借入需要还本付息的资金。它是目前我国企业筹集债务资本最主要和最常见的方式。

6. 商业信用

商业信用是企业在商品或服务交易中，与其他企业单位之间由于延期付款或者预收货款而形成的借贷关系，即在商品的交换中，由于商品和货币在时间和空间上的分离而形成的企业之间的一种直接信用关系。商业信用已成为企业普遍使用的短期资金筹措方式。

7. 融资租赁

融资租赁是由租赁公司按承租单位要求出资购买设备，在较长的合同期内提供给承租单位使用的一种信用业务。它以融通资金为主要目的，是融资与融物相结合的、带有商品销售性质的租赁活动，是企业筹集长期债务性资本的一种重要方式。

8. 其他筹资方式

其他筹资方式是指具有股权和债务特性的混合融资和其他衍生金融工具融资。我国上市公司目前最常见的混合融资是可转换债券融资。可转换债券是指发行人依照法定程序发行，在一定期间内依据约定的条件可以转换成公司普通股份的公司债券。它是公司普通债券与证券期权的组合体。最常见的其他衍生金融工具融资是认股权证融资。认股权证又称为股票认购授权证，是指上市公司发行的持有人有权在一定期间内以约定价格认购该公司发行的一定数量股票的证明文件。认股权证本质上是一种股票期权，是一种具有内在价值的投资衍生金融工具。

以上前 7 种资金筹集的方式中，1～3 种属于权益筹资，4～7 种属于负债筹资。

资金筹集的渠道和方式既有联系，又相互区别。同一渠道的资金可以采取不同的筹资方式取得，而同一筹资方式又往往适用于不同的筹资渠道。企业进行筹资，必须实现两者的合理选择和有机的结合。

四、加强企业资金筹集管理的意义

资金是企业的“血液”，是企业设立、生存和发展的物质基础。加强企业资金筹集管理，合理选择筹集资金方式，对企业规范管理、防范风险、优化资本结构、降低资本成本具有重大意义。

加强企业资金筹集管理的核心内容是成本与风险控制，因此，财务人员要树立起企业资本成本与财务风险观念，建立健全以控制筹资风险、控制资本成本、选择合理的资本结构等为主要内容的内部资金控制制度和决策制度。通过控制负债规模、合理调整资产与负债比例、实施债务重组等手段，防范和化解筹资风险。通过科学、合理的筹资决策，力争使企业综合资本成本最低、资本结构最优、企业价值最大。

第二节 企业资金需求量的预测

企业在资金筹集之前，应当采用一定的方法预测资金需求数量，使筹集来的资金既能保证满足生产经营和对外投资的需要，又不会因为有太多的闲置而造成资金的浪费。

企业资金需要量预测常用的方法主要分为定性预测法和定量预测法。

一、定性预测法

定性预测法是利用直观的资料，依靠个人的经验和主观分析、判断能力，预测未来资金需求量的方法。这种方法虽然实用，简单方便，但它不能准确地揭示资金需求量和有关因素之间的关系，故精确性较差。例如，预测企业资金需求量时，应充分考虑企业的生产经营规模。一般情况下，企业生产经营规模扩大，商品销售数量会相应增加，而此时对资金的需求量也必然会增大；相反，对资金的需求量必然减小。因此，单纯运用定性预测法来预测企业资金需求量，其结果往往不够准确，只能供企业参考，还必须运用定量预测法，把这两种方法有机地结合起来。

二、定量预测法

定量预测法是根据销售指标与资产负债表、利润表有关项目之间的比例关系或在假定筹资量与业务量（产销量）之间存在线性关系的基础上，以历史资料为依据，采用数学模型确定企业资金需求量的方法。这种方法科学而精确，但计算较复杂且必须具备较为完备的历史资料。

预测企业资金需求量最常见的定量预测法主要有销售额比率预测法和资金习性预测法等。

（一）销售额比率预测法

销售额比率预测法是以资金与销售额的比率为基础，预测未来资金需求量的方法。采用这种方法必须满足两个前提条件：一是企业的部分资产和负债与销售额保持同比例变化；二是企业的各项资产、负债和所有者权益结构已处于最优状态。

销售额比率预测法的公式为：

$$\text{对外筹资需求量} = \frac{A}{S_1}\Delta S - \frac{B}{S_1}\Delta S - P \cdot E \cdot S_2$$

或　　　对外筹资需求量$=\frac{\Delta S}{S_1}(A-B)-P\cdot E\cdot S_2$

式中：A 表示随销售额变化的资产（变动资产）；B 表示随销售额变化的负债（变动负债）；S_1 表示基期销售额；S_2 表示预测期销售额；ΔS 表示销售额的变动额；P 表示销售净利率；E 表示收益留存比率；A/S_1 表示单位销售额所需的资产数量，即变动资产占基期销售额的百分比；B/S_1 表示单位销售额所产生的自然负债数量，即变动负债占基期销售额的百分比。

运用销售额比率预测法来预测资金需求量通常还可以采取以下步骤：①预计销售额增长率。②确定随销售额变动而变动的资产和负债项目。③确定需要增加的资金需求量。④确定对外筹资需求量。

【例 3-1】 北方公司 20×5 年 12 月 31 日的资产负债表如表 3-1 所示。

表 3-1　　　　**资产负债表**

20×5 年 12 月 31 日　　　　单位：万元

资　产		负债与所有者权益	
现金	10 000	应付费用	14 000
应收账款	24 000	应付账款	10 000
存货	20 000	短期借款	50 000
固定资产净值	60 000	公司债券	10 000
		实收资本	20 000
		留存收益	10 000
资产合计	114 000	负债与所有者权益合计	114 000

假定北方公司 20×5 年的销售额为 100 000 万元，销售净利率为 10%，股利支付率为 60%，公司现有生产能力尚未饱和，增加销售无需追加固定资产投资。经预测，2006 年公司销售额将提高到 125 000 万元，企业销售净利率和利润分配政策不变。要求预测 2006 年公司对外筹资需求量。

根据上述资料可求得 2006 年北方公司对外筹资需求量为：

$$\frac{54\,000}{100\,000}\times 25\,000-\frac{24\,000}{100\,000}\times 25\,000-10\%\times 40\%\times 125\,000=2\,500\text{（万元）}$$

按销售额比率预测法的步骤说明如下：

(1) 预计销售额增长率。

$$销售额增长率 = \frac{125\,000 - 100\,000}{100\,000} \times 100\% = 25\%$$

（2）确定随销售额变动而变动的资产和负债项目。北方公司资产负债表中，资产方除固定资产外都将随销售额的增长而增加，因为较多的销售额需要占用较多的存货，发生较多的应收账款，导致现金需求增加。在负债与所有者权益一方，应付账款和应付费用也会随销售额的增加而增加。公司的利润如果不全部分配出去，留存收益也会有适当的增加。预计随销售额增加而自动增加的项目如表 3-2 所示。

表 3-2

北方公司销售额比率表

资　产	占销额(%)	负债与所有者权益	占销售额(%)
现金	10	应付费用	14
应收账款	24	应付账款	10
存货	20	短期借款	不变动
固定资产净值	不变动	公司债券	不变动
		实收资本	不变动
		留存收益	不变动
合计	54	合计	24

在表 3-2 中，不变动是指该项目不随销售额的变化而变化。表中的各项目占销售额百分比反映的是企业资本（资产）的密集度，是以表 3-1 中有关项目的数字除以基期销售额求得，如现金 10 000 ÷ 100 000 × 100% = 10%。

（3）确定需要增加的资金需求量。从表 3-2 中可以看出，销售额每增加 100 元，必须增加 54 元的占用，但同时增加 24 元的资金来源，还剩下 30% 的资金需求。因此，每增加 100 元的销售额，北方公司必须取得 30 元的资金来源。本例中，销售额从 100 000 万元，增加到 125 000 万元，增加了 25 000 万元，按照 30% 的比率可预测出公司将增加 7 500 万元（25 000×30%）的资金需求量。

（4）确定对外筹资需求量。上述 7 500 万元的资金需求量有些可通过企业内部来筹集。本例中，北方公司 2005 年净利润为 12 500 万元（125 000×10%），公司股利支付率为 60%，则将有 40%（留存收益率 40%）的利润即 5 000 万元（12 500×40%）被留存下来，从 7 500 万元中减去 5 000 万元的留存收益，还剩 2 500万元，就是公司对外筹资需求量，必须向外界来融通。

从对外筹资需要量的计算公式可以看出，销售额增长率、资产利用率（特别是固定资产利用率)、资本密集度、销售净利率以及企业的利润分配政策(股利支付率和留存收益率)等因素都会对企业对外筹资需求量产生重要影响。

(二) 资金习性预测法

资金习性预测法是指根据资金习性预测未来资金需求量的方法。所谓资金习性,是指资金的变动与产销量变动之间的依存关系。根据资金与产销量之间的依存关系,可以把资金区分为不变资金、变动资金和半变动资金。

不变资金是指在一定的产销量的范围内,不随产销量变动而变动的资金。也就是说,产销量在一定范围内变动时,这部分资金保持不变。如厂房、机器设备等固定资产占有的资金、维持营业而占用的最低数额的现金、原材料的保险储备、必要的成品储备等。

变动资金是指随着产销量的变动而变动的那部分资金。如直接构成产品实体的原材料、外购件等占用的资金。另外,最低储备以外的现金、存货、应收账款等也具有变动资金的性质。

半变动资金是指虽然受产销量变化的影响,但并不呈同比例变动的资金。如辅助材料占用的资金。半变动资金可采用一定的方法进一步划分为不变资金和变动资金两部分。

实际工作中,资金习性预测法通常有高低点法和回归直线法两种方法。

1. 高低点法

高低点法是指根据企业一定期间资金占用的历史资料,依据资金习性原理利用直线方程分解资金,通过最高收入期和最低收入期的资金占用量之差与最高收入和最低收入之差进行对比而预测资金发展趋势的方法。

其基本原理是:首先,设产销量为自变量 x,资金占用量为因变量 y,它们之间的数量关系可用下式表示:$y = a + bx$。

式中:a 表示不变资金,b 表示单位产销量所需的变动资金。

其次,用资料中最高收入期与最低收入期资金占用量之差,同这两个收入期的销售额之差进行对比,求出 b 值,然后代入原直线方程,再求出 a 的值。其计算公式为:

$$b = \frac{\text{最高收入期资金占用量} - \text{最低收入期资金占用量}}{\text{最高销售收入} - \text{最低销售收入}}$$

$$a = \text{最高收入期资金占用量} - b \times \text{最高销售收入}$$

或 $$= \text{最低收入期资金占用量} - b \times \text{最低销售收入}$$

最后,进行资金发展趋势预测。将 a, b 值代入直线方程,当已知预测期产销量时,便可求出预测期资金占用量。

【例 3-2】 某企业历史上现金占用与销售收入之间的关系如表 3-3 所示。

表 3-3

现金与销售收入变化情况表　　　　单位:元

年度	销售收入(x_i)	现金占用(y_i)
20×1	1 800 000	100 000
20×2	2 000 000	110 000
20×3	2 400 000	120 000
20×4	2 500 000	130 000
20×5	2 800 000	140 000

根据以上资料采用高低点法计算如下:

$$现金占用单位变动资金(b)=\frac{140\,000-100\,000}{2\,800\,000-1\,800\,000}=0.04\ (元)$$

$$现金占用不变资金总额(a)=140\,000-0.04\times 2\,800\,000=28\,000(元)$$

或 $$现金占用不变资金总额(a)=100\,000-0.04\times 1\,800\,000=28\,000(元)$$

存货、应收账款、流动负债、固定资产等也可根据历史资料,按同样的计算方法计算并划分,然后汇总列于表 3-4 中。

表 3-4

资金需求量预测表(分项预测)　　　　单位:元

项　　目	年度不变资金(a)	每 1 元销售收入所需变动资金(b)
流动资产		
现金	28 000	0.04
应收账款	32 000	0.15
存货	80 000	0.51
小计	140 000	0.7
减:流动负债		
应付账款及应付费用	50 000	0.12
净资产占用	90 000	0.58
固定资产		
厂房、设备	500 000	0
所需资金合计	590 000	0.58

根据表 3-4 的资料得出预测模型为:

$$y = 590\ 000 + 0.58x$$

假设该企业20×6年的预计销售收入为3 500 000元，则：

2006年的资金需求量 = 590 000 + 0.58 × 3 500 000 = 2 620 000(元)

高低点法简便易行，在企业资金变动比较稳定的情况下，较为适宜。

2. 回归直线法

回归直线法是根据若干期业务量和资金占用的历史资料，运用最小平方法原理计算不变资金和单位产销量的变动资金，并在此基础上预测资金发展趋势的一种习性分析方法。

设产销量为自变量 x，资金占用量为因变量 y，它们之间的关系可用下式表示：

$$y = a + bx$$

其中：

$$a = \frac{\sum x_i^2 \sum y_i - \sum x_i \sum x_i y_i}{n \sum x_i^2 - (\sum x_i)^2} \tag{3-1}$$

$$b = \frac{n \sum x_i y_i - \sum x_i \sum y_i}{n \sum x_i^2 - (\sum x_i)^2} \tag{3-2}$$

或

$$b = \frac{\sum y_i - na}{\sum x_i}$$

式中：a 表示不变资金；b 表示单位产销量变动资金。

可见，只要求出 a，b，并知道预测期的产销量，就可以用上述公式测算资金需求情况。

【例3-3】 某企业产销量和资金变化情况如表3-5所示。20×6年的预计销售量已知180万件，试计算20×6年的资金需求量。

表3-5

产销量与资金变化情况表

年度	产销量(万件)(x_i)	资金占用(万元)(y_i)
20×1	110	100
20×2	100	95
20×3	120	90
20×4	140	105

(续表)

年度	产销量(万件)(x_i)	资金占用(万元)(y_i)
20×5	160	120

(1) 根据表 3-5 整理出表 3-6。

表 3-6

资金需要量预测表

年度	产销量(万件)(x_i)	资金占用(万元)(y_i)	$x_i y_i$	x_i^2
20×1	110	100	11 000	12 100
20×2	100	95	9 500	10 000
20×3	120	90	10 800	14 400
20×4	140	105	14 700	19 600
20×5	160	120	19 200	25 600
合计 $n=5$	$\sum x_i = 630$	$\sum y_i = 510$	$\sum x_i y_i = 65\,200$	$\sum x_i^2 = 81\,700$

(2) 把表 3-6 的资料代入公式(3-1)和公式(3-2)得:

$$a = \frac{81\,700 \times 510 - 630 \times 65\,200}{5 \times 81\,700 - 630^2} = 50.95(\text{万元})$$

$$b = \frac{5 \times 65\,200 - 630 \times 510}{5 \times 81\,700 - 630^2} = 0.41(\text{万元})$$

或
$$b = \frac{510 - 5 \times 50.95}{630} = 0.41(\text{万元})$$

(3) 将 $a = 50.95$, $b = 0.41$ 代入 $y = a + bx$ 得:

$$y = 50.95 + 0.41x$$

(4) 将 20×6 年预计销售量 180 万件代入上式,得出 20×6 年资金需求量为:

$$\text{资金需求量} = 50.95 + 0.41 \times 180 = 124.75(\text{万元})$$

第三节 权益资金筹集管理

一、权益资金筹集概述

(一) 权益资金的概念

权益资金筹集是指企业筹集权益资金的财务活动。权益资金是企业投资者的投资及其增值中留存企业的部分,是投资者在企业中享有权益和承担责任的依据,在企业账面上体现为权益资本，包括实收资本（股本）、资本公积、盈余公积和未分配利润。根据企业的组织形式不同，企业可采取发行股份和吸收直接投资等方式筹集实收资本。资本公积是企业资本的一种储备形式，可按照法定程序转增资本。盈余公积是企业按照规定的比例从税后利润中提取的资本积累，包括法定公积金和任意公积金。法定公积金和任意公积金可用于弥补企业亏损或者转增资本。未分配利润是企业已实现但尚未向投资者分配的利润，在向投资者分配之前可以作为企业生产经营活动的资金来源。

（二）权益资金的特点

权益资金的特点主要有以下几方面。

1. 自愿性

权益资本是投资者为实现特定目标而主动、自愿投入企业的，不同于债务资金。

2. 法定性

为了确认法人资格，企业设立、变更和注销都需进行工商注册登记，其中，权益资本的投入和增减是主要登记事项。一经登记，注册资本和实收资本就不得随意变更。投资者以其出资额享有的权益和承担的责任，经由工商行政管理机关登记注册后，才正式得到法律的承认。

3. 永久性

除了企业清算、转让股权等特殊情形，投资者不得随意从企业收回权益资本。换言之，企业可以无限期地占用投资者的出资，投资者只能以利润分配、转让股权等法定形式取得投资回报。

（三）权益资金的形成方式

权益资金的形成方式主要有：

(1) 投资者以货币或者非货币资产出资或者增资。

(2) 企业通过利润分配从净利润中提取公积金。

(3) 暂不或暂少向投资者分配利润，从而得到生产经营资金。

从根本上讲，真正能够给企业资本总量、资本结构带来重大影响的，是投资者的出资或者增资，这也是企业改制重组的重要原因之一。

（四）权益资金筹集决策

权益资金筹集决策通常有以下三个步骤。

1. 拟订筹资方案

筹资方案一般包括筹资目的、筹资规模、筹资渠道、方式和成本、本次筹资对企业资本结构及现有投资者的影响、筹资风险分析和控制、投资风险分析和控制及保障措施等内容。企业拟订筹资方案，必须综合考虑国家产业政策导向、企业发展战略、市场前景等一系列宏观因素和资本成本、资本结构等微观因素。

2. 筹资决策审批

企业筹集权益资金，应当履行内部决策程序和必要的报批手续。

(1) 履行内部决策程序。筹资是企业财务活动的起点，筹资方案必须由财务部门审核。一般情况下，企业筹资方案是由财务部门和规划部门共同拟订的。经过财务审核之后，筹资方案应当上报投资者批准。其中：公司制企业应上报董事会，由董事会决定后报请股东大会表决；国有企业要上报经理办公会，由经理办公会审定。对于重大决策，投资者应当明确决策与执行的责任，并落实责任追究制度。

(2) 履行外部的报批等手续。国有企业筹集权益资金属于投资者的重大决策，需报政府或者有关国有资产监管部门或机构审批；筹集资金用于固定资产投资项目的，要按照国家关于试行资本金制度的要求，报政府有关主管部门审批；筹集资金用于设立企业的，所筹资金经依法设立的验资机构验资后，有限责任公司由全体股东指定的代表或者共同委托的代理人、股份有限公司由董事会、全民所有制企业等其他非公司制企业由组建负责人，向工商行政管理机构申请设立登记，其中涉及国有资本的，应当先行办理国有资产产权登记；筹集资金后需变更企业注册资本和实收资本的，按规定向工商行政管理机构申请变更登记，其中涉及国有资本的，应当先行办理国有资产产权变更登记；股份有限公司公开发行股票以及上市公司非公开发行新股的，应当报经国务院证券监督管理机构核准。

3. 验资

企业筹集的实收资本，必须验资，以保证出资的真实可信。对验资的要求：一是依法委托法定的验资机构，二是验资机构要按照规定出具验资报告，三是验资机构依法承担提供验资虚假或重大遗漏报告的法律责任。因出具的验资证明不实给公司债权人造成损失的，除能够证明自己没有过错的外，在其证明不实的金额范围内承担赔偿责任。

二、吸收直接投资

(一) 吸收直接投资的种类

1. 按投资者分

按投资者分，吸收直接投资可分为以下三类：

(1) 吸收国家投资。国家投资是指有权代表国家投资的政府部门或者机构以国有资产投入企业，其所形成的资本叫做国有资本，它是国有企业筹集自有资金的主要方式之一。国家对企业注册的国有资本实行保全原则。在企业持续经营期间，对注册的国有资本除依法转让外，不得抽回，并以出资额为限承担责任。其特点是：①产权归国家。②资金的运用和处置受国家政策的约束较大。

(2) 吸收法人投资。法人投资是指法人单位以其可以依法支配的资产投入企业,其所形成的资本称为法人资本。其特点是:①主要发生在法人单位之间。②以参与企业利润分配为目的。③出资形式多样。

(3) 吸收个人投资。个人投资是指社会个人或本企业内部职工以个人的合法财产投入企业,其所形成的资本称为个人资本。其特点是:①投资人较多。②每人投资额相对较少。③以参与企业利润分配为目的。

2. 按投资者的出资形式分

按投资者的出资形式分,吸收直接投资可分为以下两类:

(1) 吸收现金投资。吸收现金投资是指企业吸收投资者投入的货币资金,它是直接投资中最主要的形式之一。现金投资一般以人民币计量和表示。外国投资者可以外币形式向外商投资企业出资。企业在筹建时,必须吸收一定量的现金,各国的法律、法规均规定了现金在资本总额中的比例。我国《公司注册资本登记管理规定》明确规定,公司全体股东或者发起人的货币出资金额不得低于公司注册资本的30%。以货币出资的,应当将货币出资额存入公司在银行开设的账户。

(2) 吸收非现金投资。吸收非现金投资是指企业吸收投资者投入的实物资产和无形资产。实物资产主要包括房屋、建筑物、机械设备等固定资产和材料、燃料、商品等流动资产;无形资产主要包括专利权、商标权、非专利技术、土地使用权等。

按照我国《公司法》规定,用于出资的非现金投资必须具备两个条件,即能够以货币估价和能够依法转让。因此,实物、知识产权、土地使用权、股权、特定债权等可以作价出资,劳务、信用、自然人姓名、商誉、特许经营权或者设定担保的财产等则不具备出资条件。在实物资产中,以机器设备、其他物料作价出资的,应当是企业生产所必需的;以工业产权、专有技术等知识产权作价出资的,该知识产权应当为投资者所有。中外合资经营企业外国投资者出资的工业产权或者专有技术,必须能显著改进现有产品的性能、质量,提高生产效率,或者能显著节约原材料、燃料、动力。企业在接受这些投资时,应做好资产价值评估、产权转移、财产验收等工作。对于接受的无形资产投资,其数额不得超过规定的无形资产出资限额,一般为注册资本的70%。

(二) 吸收直接投资的优缺点

1. 吸收直接投资的优点

(1) 有利于增强企业信誉。吸收直接投资所筹集的资金属于自有资金,能增强企业的信誉和借款能力,对扩大企业经营规模、壮大企业实力有很大的作用。

(2) 有利于尽快地形成生产能力。吸收直接投资可以直接获取投资者的先进设备和先进技术,有利于尽快形成生产能力,尽快开拓市场。

(3) 有利于降低筹资风险。吸收直接投资可以根据企业的经营状况向投资者支付一定的报酬,企业状况好,可多付一些,状况不好时,就可少付或不付报酬,灵活多变,筹资风险小。

2. 吸收直接投资的缺点

(1) 资本成本较高。由于企业向投资者支付的报酬是根据其出资的数额和企业所实现利润的比率而计算的,当企业经营状况好时,要向投资者付出较高的报酬,故企业筹集资金所负担的资本成本就较高。

(2) 企业控制权易分散。采用吸收直接投资方式筹集资金,投资者将获得与投资数量相适应的经营权。如果外部投资数量较多,则外部投资者所取得的经营权也较大,甚至可以完全控制企业的经营管理,这是吸收直接投资的不利因素。

三、发行普通股票

(一) 股票概述

1. 股票的概念与分类

股票是指股份有限公司为筹集自有资金而发行的有价证券,是投资者拥有公司股份、取得股利的凭证。它代表股东即持股人在公司中拥有的所有权。

根据不同的标准可对股票进行不同的分类,常用的分类方式主要有以下几种:

(1) 按股东享受的权利和所承担的义务为标准,可将股票分成普通股和优先股。

普通股是股份公司依法发行的具有管理权、股利不固定的股票。它具备股票的最一般特征,是股份公司资本的最基本部分。

优先股是指股份公司依法发行的在公司利润分配中相对于普通股享有优先权的股票。它是企业自有资金的一部分,与普通股有许多相似之处,但也具有某些债券的特征。

(2) 按股票票面是否记名为标准,可将股票分成记名股票和无记名股票。

记名股票是在股票上载有股东姓名或名称并将其记入公司股东名册的一种股票。记名股票要同时附有股权手册,只有同时具备股票和股权手册,才能领取股息和红利。

无记名股票是指在股票上不记载股东姓名或名称的股票。凡持有无记名股票者,都是公司股东。

无记名股票的转让和继承无需办理过户手续。公司向发起人和法人发行的股票,应当为记名股票。对社会公众发行的股票,可以为记名股票,也可以为无记名股票。

(3) 按股票票面上有无金额为标准,可将股票分为有面值股票和无面值股票。

有面值股票是指在股票的票面上记载每股金额的股票。股票面值的主要功能是确定每股股票在公司所占有的份额,同时表明在有限公司中股东对每股股票所负有限责任的最高限额。

无面值股票是指股票票面不记载每股金额的股票。它仅表示每一股股票在公司全部股票中所占有的比例。其价值随公司财产价值的增减而增减。

(4) 按发行时间先后为标准,可将股票分为始发股和新发股。

始发股又称为原始股,是公司在设立时发行的股票。

新发股是公司增资时发行的股票。

无论是新发股还是始发股,其发行条件、发行目的、发行价格都不尽相同,但对股东的权利和义务却是一样的。

(5) 按发行的对象和上市地区为标准,可将股票分为 A 股、B 股、H 股和 N 股。

在我国内地,有 A 股、B 股。A 股是以人民币标准标明票面金额并以人民币认购和交易的股票。B 股是以人民币为标准标明票面金额,以外币认购和交易的股票。而 H 股为在香港上市的股票,N 股则是在纽约上市的股票。

2. 股票价值

股票本身并无价值,它仅仅是用于证明股东具有的公司财产所有权的法律凭证。但持有股票者又有获得公司收益的权利,即股票能持续给人带来股息和红利,因此股票就有了价值。股票的价值是指用货币来衡量的作为获利手段的价值,一般有票面价值、账面价值、清算价值和市场价值四种表现形式。

3. 股票价格

股票价格分为发行价格和交易价格两种。发行价格是指股份有限公司在股票发行市场上发行股票时所确定的价格,一般有面额发行、时价发行和中间价发行三种价格。交易价格是指在股票市场上进行股票买卖交易时的价格,其大小取决于股票市场的供求关系。

4. 股价指数

所谓股价指数,也叫做价格指数,是指金融机构通过股票市场上一些有代表性的公司发行的股票价格进行平均计算和动态对比后得出的数值。它主要用来表示多种股票平均价格水平并衡量股市行情的指标。

常用几种股价指数有道·琼斯股票价格平均指数、上证股价指数、深证股价指数。

(二) 普通股股东的权利

普通股股票的持有人称为普通股股东。普通股股东一般具有如下权利。

1. 公司的管理权

普通股股东的管理权主要体现为在董事会的选举中有选举权和被选举权。通过选出的董事会,代表所有股东对企业进行控制和管理。其管理权主要有投票权、

查账权和阻止越权经营的权利

2. 分享盈余权

普通股股东有分享企业盈余的权利。分配方案由股东大会决定，每股股票分发多少股利主要由董事会决定最后由股东大会批准通过。

3. 出让股份权

股东有权出售或转让股票，这是普通股股东的一项基本权利。

4. 优先认股权

普通股股东可优先于其他投资者购买公司增发新股票的权利。当公司增发普通股股票时，原有股东有权按持有公司股票的比例，在一定期限内以低于市价的认购价格优先购买新股。

5. 剩余财产要求权

当公司破产清算时，普通股股东对剩余财产有要求权。由于财产的变价收入，首先用来清偿债务，然后支付给优先股股东，最后才分配给普通股股东。所以，实际上破产清算时，普通股股东很少能分到剩余财产。

（三）股票的发行条件

股票的发行是企业股票筹集资金的一个最重要的问题。股份公司欲发行股票必须具备一定的发行条件，取得发行的资格，并在办理必要的手续后方能发行股票。我国股票的发行条件主要有以下几种。

1. 新设发行

新设立的股份有限公司申请公开发行股票时，应符合下列条件：①生产经营要符合国家产业政策。②发行的普通股仅限于一种，同股同权。③在募集方式下，发起人认购的股份不少于公司拟发行股份总数的 35%。④发起人在近 3 年内没有重大违法行为。⑤证监会规定的其他条件。

2. 改组发行

国有企业改组设立股份有限公司申请公开发行股票时，除要符合上述条件外，还应当符合下列条件：①在发行前一年年末，公司净资产在总资产中所占的比例不低于 30%，无形资产在净资产中所占的比例不高于 20%。②近 3 年连续盈利。③如是国有企业改组设立股份有限公司公开发行股票的，国家拥有的股份在公司拟发行股本总额中所占的比例，由国务院或国务院授权的部门规定。④必须采取募集方式。

3. 增资发行

股份公司增资发行股票时必须具备下列条件：①与前次发行股票的时间要间隔 1 年以上。②公司在最近 3 年内连续盈利，并可向股东支付股利。③公司最近 3 年的财务会计文件中无虚假记载。④公司预期利润可达同期银行存款利率水平。

4. 定向募集发行

定向募集发行是指向募集发行公司申请公开发行股票。这种形式除应符合上述“新设发行”和“改组发行”所列条件外,还需符合以下条件:①募集所得资金的使用要与招股说明书所述的用途一致。②距最近一次定向募集股份的时间不少于12个月。③从最近一次定向募集到本次公开发行期间没有重大违法行为。④内部职工股权证按照规定范围发放,并交由国家指定的证券机构集中托管。⑤证监会规定的其他条件。

(四) 股票上市的条件与暂停和终止

股票上市是指股份有限公司公开发行的股票经批准在证券交易所进行挂牌交易。经批准在交易所上市的股票称为上市股票。股票获准上市交易的股份有限公司简称为上市公司。我国《公司法》规定,股东转让股份,即股票流通必须在依法设立的证券交易场所进行。

1. 股票上市的条件

我国《公司法》规定,股份有限公司申请股票上市,必须符合下列条件:

(1) 股票经由国务院证券管理部门批准已向社会公开发行。

(2) 公司股本总额不少于人民币5 000万无。

(3) 开业时间在3年以上,最近3年连续盈利;原国有企业依法改建而设立的,或者在我国《公司法》实施后新组建成立、其主要发起人为国有大中型企业的股份有限公司时,可连续计算。

(4) 持有股票面值人民币1 000元以上的股东不少于1 000人,向社会公开发行的股份达股份总数的25%以上;公司总额超过人民币4亿元的,其向社会公开发行股份的比例为15%以上。

(5) 公司在最近3年内无重大违法行为,财务会计报告无虚假记载。

(6) 国务院规定的其他条件。

具备上述条件的公司经申请,由国务院或证券管理部门批准后,其股票方可上市。上市公司必须公布其上市报告,其申请文件需存放在指定地点供公众查阅,上市公司还必须定期公布财务状况和经营情况,定期公布财务会计报告。

2. 股票上市的暂停和终止

上市公司有下列情形之一时,国务院证券管理部门可决定暂停其股票上市:

(1) 公司总额、股权分布等发生变化不再具备上市条件的。

(2) 公司不按规定公开其财务状况的,或者对财务会计报告作虚假记载的。

(3) 公司有重大违法行为。

(4) 公司最近3年连续亏损。

（五）普通股筹资的优缺点

1. 普通股筹资的优点

(1) 发行普通股筹措到的资本是永久性资本，是公司最稳定的资金来源。

(2) 筹资风险小。普通股筹资无固定的到期日，不用支付固定利息，企业也就不存在不能偿付的风险。

(3) 可增强公司的举债能力。筹集普通股反映了企业的基本实力，为其他方式筹集资金提供了保障，增强了债权人对公司的信心。

(4) 普通股无固定利息负担。公司分配股利可视公司的经营情况和盈利状况而定，有利则分，无利少分和不分，可使企业避免由于销售和盈余波动而带给企业的冲击，从而减小了经营风险。

(5) 筹资限制少。利用优先股或债券筹资，通常有许多限制，这些限制往往会影响公司经营的灵活性，而利用普通股筹资则没有这些限制。

(6) 可提高公司信誉。普通股本与留存收益构成企业所借入一切债务的基础，而较多的自有资金，就为债权人提供了强大损失保障。普通股筹资既可以提高公司的信用价值，也为使用更多的资金提供了强有力的支持。

2. 普通股筹资的缺点

普通股筹资与吸收直接投资一样，都具有资本成本较高和容易分散控制权的缺点。

四、利用留存收益

（一）利用留存收益筹资的渠道

利用留存收益筹资主要有两个渠道。

1. 盈余公积

盈余公积是企业按规定从净利润中提取的积累资金，包括法定盈余公积金和任意盈余公积金。

2. 未分配利润

未分配利润是指未限定用途的留存净利润。

（二）利用留存收益筹资的优缺点

1. 利用留存收益筹资的优点

(1) 资本成本较普通股低。利用留存收益筹资，不用考虑筹资费用，因此资本成本较普通股低。

(2) 保持普通股股东的控制权。利用留存收益筹资，不需要对外发行股票，由此增加的权益资本不会改变企业的股权结构，不会稀释原有股东的控制权。

(3) 增强公司信誉。利用留存收益筹资能够使企业保持较大的可支配的现金流，既可以解决企业经营发展的资金需要，又能增强企业的举债能力。

2. 利用留存收益筹资的缺点

(1) 筹资数额有限。利用留存收益筹资最大可能的数额是企业当期的净利润和上年未分配利润之和。企业留存收益的比例一般会受到某些股东的限制，不可能太多，太多了必然使股利支付减少，这样会影响企业今后的外部筹资。如果企业经营亏损，则不存在这一渠道的资金来源。

(2) 资金使用受到约束。留存收益中某些项目的使用，如法定盈余公积金要受到国家有关规定的制约。

第四节 债务资金筹集管理

一、债务资金筹集概述

(一) 债务资金的概念

债务资金筹集是指企业筹集债务资金的财务活动。债务资金是企业债权人向企业提供的借款、商业信用等，企业需在一定期限内归还，往往还需支付利息。债务资金的种类主要有借款、债券、融资租赁和商业信用等。

(二) 债务筹资的特点

债务筹资与权益筹资相比，具有一定的差别，主要表现在以下几个方面：

(1) 并不是所有筹集债务资金的行为都要拟订方案，并经投资者决议。例如，短期借款、商业信用、融资租赁，往往属于经营者决策范畴，只需要遵循一定的内部授权制度和决策程序即可。

(2) 法律、法规以及债权人对企业债务筹资一般都有较为明确的规定，以控制筹资风险，保护债权人利益。例如，发行债券，我国《证券法》限定公司累计公开发行债券余额不得超过公司净资产的40%等。

(3) 债务筹资会产生财务杠杆效应。财务杠杆是资本结构中长期负债的运用对股东收益的影响。

(4) 债务筹资的风险相对权益筹资大。如果企业不能按时履行偿债义务，不但信誉受损，而且还会引发财务危机，使企业面临诉讼乃至破产的威胁。

(5) 债务筹资的资本成本相对权益筹资较小。

(6) 企业以借款和融资租赁等方式筹集债务资金，一般要签订书面合同，所筹资金的核算相对其他筹资方式复杂，而且要诚信履行合同，切实维护企业信誉。

(三) 债务筹资风险的管理

1. 债务筹资风险的分析

债务筹资风险是指由于筹集债务资金而引起的到期不能偿还债务的可能性。按风险产生的原因，债务筹资可分为两大类：

(1) 现金性筹资风险。即企业在特定时点上,现金流出量超出现金流入量而产生的到期不能偿付债务本息的风险。它是由于现金短缺、债务的期限结构与现金流入的期限结构不配套引起的,是一种个别风险和支付风险。

(2) 收支性筹资风险。即企业在收不抵支情况下出现的不能偿还到期债务本息的风险。企业发生亏损,将减少作为偿债保障的资产总量。在负债不变情况下,亏损越多,企业资产偿还债务的能力也就越低。终极的收支性财务风险表现为企业破产清算后的剩余财产不足以支付债务。收支性筹资风险不仅是一种支付风险,还是一种整体风险和终极风险。

债务筹资风险产生的因素主要有:①举债经营效益的不确定性。②现金收支调度失控。③资本结构不合理。④金融市场客观环境变化。

2. 债务筹资风险的控制

分析债务筹资风险的目的就是要采取科学的应对措施对风险进行及时的防范与控制,具体有以下几个方面:

(1) 注重资产与负债的适配性,合理确定长短期负债结构。按资产运用期限的长短来安排和筹集相应期限的债务,是规避现金性风险的有效方法之一。例如,购置机器设备等固定资产需要长期占用资金,则应选择长期筹资方式,如长期借款;而季节性、临时性等原因引起的短期资金需求,应用短期负债来解决。由于资产运用时间与负债偿还的期限基本一致,既可以降低回避企业债务风险,又可以提高资本收益率。相反,如果将短期负债用于长期资产的需求,企业需要举新债还旧债,将加重企业偿债的压力,面临较大的现金性财务风险;如果用长期负债满足短期资金的需求,则会造成资金浪费,增加资本成本。

(2) 合理确定资产负债率,严格控制负债规模。收支性风险在很大程度上是由于资本结构,即资产负债比例安排不当形成的,如在资产收益率较低时安排较高的资产负债率。合理确定资产负债率、严格控制负债规模是规避收支性财务风险的重要方法之一。

(3) 加强经营管理,提高企业盈利能力。提高企业盈利能力是降低收支性财务风险的根本方法。如果企业盈利水平较高,净资产增长较快,就可以从根本上消除收支性风险。

(4) 合理预期利率,适时选用借款的种类。利率呈现上升趋势,应采用长期负债筹资,避免未来利率上升增加利息支付;利率呈现下降趋势,应采用短期负债筹资,减少未来的付息压力。

(5) 实施债务重组。当企业出现严重亏损、无力偿还债务时,可通过与债权人协商,采取减免债务、降低债息及债权转股本等方式,实施债务重组,从而降低企业收支性财务风险。

（四）债务资金的理财原则

从企业角度讲，对债务资金筹集的管理应遵循以下原则。

1. 经济效益原则

筹集的债务资金应当具有良好的用途，能产生较好的经济效益，确保取得的现金流入至少能够还本付息。

2. 使用安全原则

企业要合理安排和使用长短期债务资金，防止出现债务筹资风险；要严格管理和控制资金流向，防止挪用、串用和挤占资金。

3. 核算规范原则

企业要严格按照财务会计制度及相关法律、法规规定进行核算，做到规范有序，不得将筹集的债务资金用于账外循环。

4. 恪守信用原则

企业应当严格履行借款合同或相关债务筹资协议，按照合同或协议约定的还款付息方式、期限、利率等，及时足额地还本付息，以维护借款的信用条件和企业信誉。

二、借款

（一）借款的种类

按不同的标准对借款进行分类，可分为以下几种。

1. 按借款的期限来分

按借款的期限来分，可分为短期借款和长期借款。

(1) 短期借款又称银行流动资金借款，是指借款期限在1年以内的借款，主要有生产经营借款、临时借款和结算借款等。

(2) 长期借款是指借款期限在1年以上的借款，主要有基本建设借款、更新改造借款和其他专项借款等。

2. 按借款有无担保分

按借款有无担保分，可分为信用借款、担保借款和票据借款。

(1) 信用借款又称信用贷款，是指银行等金融机构无须企业提供抵押品作担保，仅凭借款企业信用和担保人信誉而发放的贷款。

(2) 担保借款又称抵押贷款，是指银行等金融机构要求企业以一定的财产作抵押或以保证人作担保为条件所发放的贷款。

(3) 票据借款又称票据贴现，是指企业用持有的未到期的商业票据以向银行贴付一定的利息为条件而取得的借款。

3. 按借款取得的来源不同分

按借款取得的来源不同分，可分为政策性银行贷款、商业银行贷款、其他金融机构贷款。

(1) 政策性银行贷款通常指执行国家政策性贷款业务的银行向企业发放的贷款。例如,国家开发银行提供的贷款,主要用于满足承建国家重点建设项目的资金需求。又如,进出口信贷银行则为大型成套设备的进出口提供买方或卖方信贷。

(2) 商业银行贷款是指由各商业银行向各工商企业提供的贷款,主要用于满足企业生产经营方面的资金需求。

(3) 其他金融机构贷款是指由保险公司等非银行的其他金融机构向企业提供的贷款,贷款期限一般比银行贷款长,但利率较高,对贷款单位的选择也比较严格。

除以上由各金融机构提供的贷款外,企业还可以取得财政周转金贷款。财政周转金贷款取得手续简单,利率一般也低于银行贷款利率,但数额有限,主要用于国有企业投资少、工程短、见效快的技术改造项目。

另外,企业还可以从信托投资公司取得实物和货币形式的信托投资贷款。外商投资企业还可以从国外银行取得贷款等。

(二) 借款涉及的信用条款

银行等金融机构发放贷款,通常会涉及以下信用条款。

1. 信用额度

信用额度又称贷款限额,是指借款人与银行在协议中规定的允许借款人借款的最高限额。

2. 周转信贷协定

周转信贷协定是银行从法律上承诺向企业提供不超过某一最高限额的贷款协定。通常,企业使用贷款周转协定时,对贷款限额的未使用部分要付给银行一笔承诺费。其计算公式为:

$$承诺费 = 贷款限额中的未使用数额 \times 承诺费率$$

【例 3-4】 某企业与银行商定的周转信贷额为 2 000 万元,承诺费率为 0.5%,借款企业年度内使用了 1 500 万元,余额为 500 万元,则借款企业应向银行支付的承诺费为:

$$承诺费 = 500 \times 0.5\% = 2.5(万元)$$

3. 补偿性余额

补偿性余额是银行要求借款人将贷款额的一定百分比(10%~20%)留存银行账户中,作为借款企业的最低存款余额。这种信用条件,从某种程度上降低了银行的贷款风险,加重了企业的利息负担。其计算公式为:

$$补偿性余额贷款的实际利率 = \frac{名义利率}{1-补偿性余额比率} \times 100\%$$

【例 3-5】 某企业按年利率的 8%向银行借款 100 万元，银行要求保留 20%的补偿性余额，企业实际可以动用的借款只有 80 万元，则该项借款的实际利率为：

$$补偿性余额贷款实际利率=\frac{8\%}{1-20\%}\times100\%=10\%$$

4. 抵押借款

抵押借款又称借款抵押，是指企业以抵押品作担保向银行等金融机构取得一定的借款。银行向财务风险大、信誉不好的企业发放贷款时，往往要有抵押品作担保。通常，抵押品是借款企业的应收账款、存货、股票、债券及房屋等。银行发放贷款的数额一般为抵押品的 30%～50%，这一比率的高低取决于抵押品的变现能力和银行的风险偏好。通常，抵押借款的资本成本要高于非抵押借款。

5. 以实际交易为贷款条件

当企业发生经营性临时资金需求向银行申请贷款以求解决时，银行则以其将要进行的实际交易为贷款基础，单独立项，单独审批，最后作出决定并确定贷款的相应条件和信用保证。例如，某承包商因完成某项承包任务缺少资金而向银行借款，当他收到委托承包的付款后，需立即归还此笔借款。对这种一次性借款，银行要对借款人的信用状况、经营情况进行个别评价，然后才能确定贷款的利息率、期限和数量。

除了上述所说的信用条件外，银行等金融机构有时还要求企业为取得借款而做出其他承诺，如及时提供财务报表，保持适当资产流动性等。如果企业违背所作的承诺，银行可要求企业立即偿还全部贷款。

（三）借款利息的支付方式

1. 利随本清法

利随本清法又称收款法，是指借款企业在借款到期时一次性向银行支付利息的方法。

2. 贴现法

贴现法是银行向企业发放贷款时，先从本金中扣除利息部分，而到期时借款企业再偿还全部本金的一种计息方法。采用这种方法，企业实际得到的贷款低于贷款面值，即：贷款本金－贷款利息。因此，其实际利率高于名义利率。贴现贷款实际利率的计算公式为：

$$贴现贷款的实际利率=\frac{贷款利息}{贷款金额-贷款利息}\times100\%$$

或

$$贴现贷款实际利率=\frac{名义利率}{1-名义利率}\times100\%$$

【例 3-6】 某企业从银行取得借款 180 万元，期限为 1 年，名义利率为 10%，利息 18 万元。按照贴现法付息，企业实际可动用的贷款为 162 万元(180－18)。该项贷款的实际利息率为：

$$贴现贷款的实际利率 = \frac{18}{180-18} \times 100\% = 11.11\%$$

或 $$贴现贷款的实际利率 = \frac{10\%}{1-10\%} \times 100\% = 11.11\%$$

(四) 借款筹资的优缺点

1. 借款筹资的优点

(1) 筹资速度快。发行各种证券筹集长期资金所需的时间一般较长，如印刷证券、申请批准到发行都需要一定的时间，而向银行借款与发行证券相比，所需的时间较短，并可迅速获得资金。

(2) 筹资成本低。企业利用借款所支付的利息要比发行债券所支付的利息低，也无需支付大量发行费。

(3) 借款弹性大。企业借款可通过直接商谈来确定借款的时间、数量和利息。在借款期内，如果企业情况发生变化，只要经双方同意就可修改借款合同的内容。借款到期后，如有正当理由，还可延期归还。

(4) 手续简便。借款通常只需银行等金融机构审批，而无需其他行政管理部门或社会中介机构的介入。

2. 借款筹资的缺点

(1) 筹资风险大。企业向银行等金融机构举债，必须定期还本付息。在经营不利时，这可能产生不能偿付的风险，使企业陷入财务困境。

(2) 限制条件多。长期借款具有较强的计划性和政策性，容易受国家经济政策变动的影响。另外，借款通常有许多附加限制条件，从而影响企业的筹资、投资活动。

(3) 筹资数额有限。借款不可能像发行股票、债券那样一次性筹集大量资金，利用借款筹资都有一定的上限。

三、发行债券

(一) 债券的特征

债券和股票都属于有价证券，同为筹资方式，但对于购买者来说，两者有很大区别。

(1) 债券是债务凭证，是对债权的证明；而股票是所有权凭证，是对所有权的证明。债券持有人是债权人，而股票持有人是所有者。

(2) 债券的收入为利息，利息高低与企业经营状况无关，是固定的；股票的收入是股息，股息的多少是由公司的盈利水平决定的，一般不固定。

(3) 债券的投资风险小，因为其利息是固定的，并有到期日；而股票没有固定利息，也不还本，故对于投资者来说风险大。

(4) 债券为公司债务，它对公司剩余财产分配具有优先于股票的权利。

(二) 债券的种类

按不同的标准对债券进行分类可分为以下几种。

1. 按债券有无抵押担保分

按债券有无抵押担保分，可分为信用债券、抵押债券和担保债券。

(1) 信用债券。信用债券又可分为无担保债券和附属信用债券。无担保债券是指仅凭发行者的信用发行的、没有抵押品作抵押或担保人作担保的债券；附属信用债券是对债券发行者的普通资产和收益拥有次级要求权的信用债券。发行信用债券限制条件多，只有信誉良好的公司才可发行这种债券。

(2) 抵押债券。它是指以发行企业的特定财产作为抵押品而发行的债券。当企业无足够资金偿还债券时，债权人可将抵押品拍卖以获取资金。

(3) 担保债券。它是指由一定担保人作担保而发行的债券。当企业无足够的资金偿还债券时，债权人可要求担保人偿还。担保人应符合我国《担保法》的规定。

2. 按债券是否记名分

按债券是否记名分，可分为记名债券和无记名债券。

(1) 记名债券。它是指在票面上注明债权人姓名或名称，并在发行公司的债权人名册上登记的债券。这种债券在转让时，由债券持有人以背书等方式进行，并在公司名册上更改债权人的姓名或名称。该债券的优点是比较安全，缺点是手续复杂。

(2) 无记名债券。它是指无需在债券票面注明债权人姓名或名称，也不用在公司债权人名册上进行登记，还本付息以债券为凭。无记名债券在转让时其权利随即生效，无需背书。

3. 按债券利率是否变动分

按债券利率是否变动分，可分为固定利率债券和浮动利率债券。

(1) 固定利率债券。它是指在发行债券时，债券利率已确定并载于债券券面的债券。

(2) 浮动利率债券。它是指利息率随基本利率变动而变动的债券，发行浮动利率债券的主要目的是为了对付通货膨胀。

4. 按债券是否上市买卖分

按债券是否上市买卖分，可分为上市债券和非上市债券。

(1) 上市债券。它是指经过有关机构审批，可以在证券交易所买卖的债券。

(2) 非上市债券。它是指那些不可在证券交易所交易的债券。

5. 其他分类

除按上述几种标准分类外，还有其他一些形式的债券。

(1) 可转换债券。它是指在一定时期内，可由持有人选择按一定的价格或一定的比例转换为普通股的债券。

(2) 零票面利率债券。它是指票面上不标明利息，按面值折价出售，到期按面值归还本金的债券。其面值与买价的差异就是投资人的收益。

(3) 收益债券。它是指在企业不盈利时，可暂时不付利息，而到企业获利时再支付累积利息的债券。

此外，债券还可按用途分为直接用途债券和一般用途债券，按偿还方式分为提前收回债券和不提前收回债券，分期偿还债券和一次性偿还债券。

(三) 债券的还本付息

1. 债券的偿还

债券的偿还按其实际发生与规定的到期日之间的关系，可分为到期偿还、提前偿还和滞后偿还三种。

(1) 到期偿还。它是指当债券到期后还清债券所载明的义务，又包括分批偿还和一次偿还两种。

(2) 提前偿还。它又称提前赎回或收回，是指在债券尚未到期之前就予以偿还。

(3) 滞后偿还。它是指债券在到期日之后偿还。

2. 债券的付息

债券的付息主要表现在利息率的确定、付息频率和付息方式三个方面。利息率的确定有固定和浮动利率两种形式。付息频率主要有按年付息、按半年付息、按季付息、按月付息和一次性付息五种。付息方式主要有两种：一是采取现金、支票或汇款的方式；另一种是息票债券的方式。

(四) 债券的发行

1. 债券发行的条件

我国《公司法》规定发行公司债券，必须符合下列条件：①股份有限公司的净资产额不低于 3 000 万元。②有限责任公司的净资产额不低于 6 000 万元。③累计债券总额不超过公司净资产的 40%。④年平均可分配利润足以支付公司债券 1 年的利息。⑤筹集资金投向符合国家产业政策。⑥债券利率不得超过国务院限定的利率水平。⑦以及国务院规定的其他条件。

发行可转换的公司债券，除应具备上述条件外，还应符合股票发行的相关条件，并报请国务院证券管理部门批准。

2. 债券的发行价格

债券的发行价格有三种：等价发行、折价发行和溢价发行。等价发行是指按债券的面值出售；折价发行是指以低于债券面值的价格出售；溢价发行是指按高于债券面值的价格出售。

由于企业债券一经发行，其票面利率是不能调整的，而债券的发行却需要一定的时间，如这段时间资金市场上的利率发生变化，就需调整发行价格来使债券顺利发行，因此也就产生了债券的溢价发行和折价发行。

(1) 按期付息，到期一次还本，且不考虑发行费用的债券。其发行价格的计算公式为：

$$债券发行价格 = \frac{债券面值}{(1+市场利率)^n} + \sum_{t=1}^{n} \frac{债券面值 \times 票面利率}{(1+市场利率)^t}$$

或 $$债券发行价格 = 票面金额 \times (P/F, i_1, n) + 票面金额 \times i_2 \times (P/A, i_1, n)$$

式中：n 表示债券期限；i_1 表示市场利率；i_2 表示票面利率

【例 3-7】 北方公司打算发行面值为 1 000 元，票面年利率为 8%，期限为 5 年，每年年末付息的债券。其发行价格现按以下三种情况分别计算：

(a) 资金市场利率保持在 8%，与公司债券利率 8%相一致，可采用等价发行。其发行价格为：

$$1\,000 \times (P/F, 8\%, 5) + 1\,000 \times 8\% \times (P/A, 8\%, 5) =$$
$$1\,000 \times 0.680\,6 + 80 \times 3.992\,7 \approx 1\,000(元)$$

(b) 资金市场上的利率上为 12%，高于公司债券利率 8%，则应采用折价发行。其发行价格为：

$$1\,000 \times (P/F, 12\%, 5) + 1\,000 \times 8\% \times (P/A, 12\%, 5) =$$
$$1\,000 \times 0.567\,4 + 80 \times 3.604\,8 = 855.78(元)$$

也就是说，只有按 855.78 元的价格出售，投资者才愿购买此债券，并得到 12%的回报。

(c) 资金市场上的利率下降仅为 5%，低于公司债券利率的 8%，则可采用溢价发行。其发行价格为：

$$1\,000 \times (P/F, 5\%, 5) + 1\,000 \times 8\% \times (P/A, 5\%, 5) =$$
$$1\,000 \times 0.783\,5 + 80 \times 4.329\,5 = 1\,129.86(元)$$

也就是说，投资者把 1 129.86 元的资金投资于北方公司面值为 1 000 元的债券，便可获得 5%的报酬。

(2) 企业发行的不计复利、到期一次还本付息的债券。其发行价格的计算公式为：

$$债券发行价格 = 票面价值 \times (1 + i_2 \times n) \times (P/F, i_1, n)$$

【例 3-8】 利民公司发行面值为1 000元，票面年利率为8%（不计复利），期限为5年，到期一次还本付息的债券。已知目前市场利率为6%，则其发行价格为：

$$债券发行价格 = 1\,000 \times (1 + 8\% \times 5) \times (P/F, 6\%, 5) = 1\,400 \times 0.747\,3 = 1\,046.22(元)$$

（五）债券筹资的优缺点

1. 债券筹资的优点

(1) 资本成本较低。由于债券的发行费用较低，且债券利息通常低于优先股和普通股的股利，债券利息又在税前支付，因此其成本较低。

(2) 保证股东对企业的控制权。债券持有人只有到期收回本金和利息的权利，而无权参与企业的经营管理，因而发行债券有利于维护股东对企业的控制权。

(3) 可以发挥财务杠杆作用。由于债券利息是固定的，如果企业能将债务资金运用得当，使企业的投资报酬率高于债券资本成本时，多发行债券就能为股东带来更大的利益。

2. 债券筹资的缺点

(1) 筹资风险大。企业需按期还本付息，这是企业利用债券筹资必须承担的义务。在企业经营不良时，向债券持有人还本付息无异于釜底抽薪，必然导致企业财务风险加大；若资不抵债时，企业将面临破产。

(2) 限制条件多。发行债券的契约书中往往有一些限制性的条款，这种限制比优先股及短期债务严得多，可能会影响企业的正常发展和以后的筹资能力。

(3) 筹资额有限。当公司的负债比率超过了一定的程度后，债券筹资的成本会迅速上升，甚至导致债券难以发行，因此债券筹资数会有一定的限度。

(4) 可能产生财务杠杆副作用。当债券资本成本高于企业投资报酬率时，就会产生财务杠杆副作用，此时，债券发行得越多，股东的收益也就越少。

四、融资租赁

（一）融资租赁的形式

按照融资租赁不同的业务特点，可分为以下四种形式。

1. 直接租赁

直接租赁是指出租人根据承租人提出的要求，直接购买企业（承租人）所需的租赁物品，然后再租给企业（承租人）使用，并收取租金的过程。出租人主要是制造厂商、租赁公司、财务公司、银行。除制造厂商外，其他出租人都是先从制造厂商购买资产，再出租给承租人。在直接租赁下，承租企业可以取得自己以前没有的资产的使用权，但必须承担支付租金给出租人的合同义务。直接租赁是融资租赁的典型形式。通常所说的融资租赁主要是指直接租赁形式。

2. 售后租回

售后租回是指承租人根据协议，将拥有的设备出售给出租人，然后从出租人租回的租赁形式。采用这种租赁形式，出售资产的企业既可得到相当于售价的一笔资金，又可拥有原资产使用权，但失去财产所有权。

3. 转租租赁

转租租赁又称再租赁，是指出租人从其他租赁公司或设备制造商租入设备，然后再转租给承租人使用的租赁形式。

4. 杠杆租赁

杠杆租赁是国际上比较流行的一种融资租赁形式。杠杆租赁要涉及承租人、出租人和资金出借者三方当事人。从承租人的角度来看，这种租赁与其他形式并无区别，同样是按合同的规定，取得资产的使用权，在租赁期内定期支付定额租金。但对出租人却不同，出租人只出购买资产所需的部分资金（如 30%），作为自己的投资，其余部分（如 70%）则以该资产作为担保向资金出借者借入资金。因此，出租人又是借款人，同时拥有对资产的所有权，既收取租金又要偿付债务。如果出租人不能按期偿还借款，那么资产的所有权就要转归资金出借者。这种租赁形式，由于租赁收益一般大于借款成本支出，出租人借款购物出租可获得财务杠杆收益，故被称为杠杆租赁。

（二）融资租赁租金的计算

1. 租金的构成

融资租赁的租金包括设备价款和租息两部分，其中租息又可分为租赁公司的融资成本、租赁手续费等。

（1）设备价款，由设备的买价、运杂费和途中保险费等构成，是租金的主要内容。

（2）融资成本是指租赁公司为购买租赁设备所筹资金的成本，即设备租赁期间的利息。

（3）租赁手续费，包括租赁公司承办租赁业务的营业费用和一定的盈利，如办公费、差旅费、邮电费、工资、税金和盈利等。租赁手续费的高低一般无固定标准，可由承租企业与租赁公司协商确定。

2. 租金支付的方式

租金支付的方式也影响到租金的计算。租金通常采用分次支付的方式，具体又分为以下几种类型：

(1) 按支付期的长短不同，可分为年付、半年付、季付和月付等方式。

(2) 按支付期先后不同，可以分为先付租金和后付租金。

(3) 按每期支付金额的不同，可以分为等额支付和不等额支付。

3. 租金的计算方法

目前，在我国融资租赁业务中，大多数租赁公司要求承租方在租赁期内定期等额支付租金。所以，计算租金的方法一般采用等额年金法。因租金有先付租金和后付租金两种支付方式，故在此分别说明。

(1) 后付租金的计算。一般租金的支付方式多采用后付等额租金，即普通年金。

根据年资本回收额的计算方式，可确定出后付租金方式下每年年末支付租金数额的计算公式：

$$A = P/(P/A,\ i,\ n)$$

【例 3-9】 某企业采用融资租赁方式于 2005 年 1 月 1 日从某租赁公司租入一台设备，设备价款为 50 000 元，租期为 10 年，到期后设备归企业所有，为了保证租赁公司的相关利益，双方商定采用 16%折现率，试计算该企业每年年末应支付的等额租金。

$$A = 50\,000 \div (P/A,\ 16\%,\ 10) = 50\,000 \div 4.833\,2 \approx 10\,345.11(\text{元})$$

(2) 先付租金的计算。承租企业有时可能会与租赁公司商定，采取先付等额租金的方式支付租金。根据即付年金的计算公式，可得出先付等额租金的计算公式：

$$A = P/[(P/A,\ i,\ n-1)+1]$$

【例 3-10】 假如上例采用先付等额租金方式，则每年年初支付的租金额可计算如下：

$$A = 50\,000 \div [(P/A,\ 16\%,\ 9)+1] = 50\,000 \div (4.606\,5+1) \approx 8\,918.22(\text{元})$$

（三）融资租赁的优缺点

1. 融资租赁筹资的优点

(1) 筹资速度快。租赁往往比借款购置设备更迅速、更灵活，可使企业尽快形成生产经营能力，有利于企业尽快占领市场，打开销路。

(2) 筹资限制较少。企业运用股票、债券和长期借款等方式筹资都有相当多的资格条件的限制。相比之下，租赁筹资的限制条件较少。

(3) 设备陈旧风险小。随着科学技术的不断进步，固定资产更新周期日趋缩短。企业设备陈旧过时的风险很大，利用租赁筹资可减少这一风险。这是因为融资租赁的期限一般为资产使用年限的75%，且多数租赁协议都规定由出租人承担设备陈旧过时的风险。

(4) 财务风险小。租金在整个租期内分摊，不用到期归还大量本金，可适当减少不能偿付租金的风险。

(5) 税收负担轻。租金在所得税前扣除，具有抵减所得税的效用。

2. 融资租赁筹资的缺点

融资租赁筹资的最主要缺点就是资本成本较高，一般来说，其租金要比举借银行借款或发行债券所负担的利息高得多，而租金总额通常要高于设备价值。所以，承租企业在财务困难时期，支付固定的租金也将构成一项沉重的负担。

五、商业信用

(一) 商业信用形式

利用商业信用融资，主要有以下几种形式。

1. 应付账款

应付账款是指由赊购商品而形成的一种最典型、最常见的商业信用形式。在此种情况下，买卖双方发生商品交易，买方收到商品后并不立即支付现金，可延期到一定时间以后付款，可以满足买方短期资金的需要。

2. 预收货款

预收货款是指卖方按合同或协议规定，在交付商品之前先向买方收取部分或全部货款的信用方式。通常，购买单位对于紧俏商品乐意采用这种形式，以保证按期取得所需商品。另外，对生产周期长、资金需求量大的商品，如轮船、飞机等，生产企业也经常向订货者分次预收货款以缓解资金占用过多的矛盾。

3. 应付票据

应付票据是指企业根据购销合同进行延期付款的商品交易时，开出的反映债权债务关系的票据。根据承兑人的不同，商业汇票可分为商业承兑汇票和银行承兑汇票。商业汇票的付款期限一般为1～6个月，最长不超过9个月。对买方来讲，商业汇票也相当于向卖方借用了一笔短期资金。

(二) 商业信用条件

商业信用条件是指在买方赊购商品时，销货人对付款时间和现金折扣所作的具体规定，如“2/10, n/30”，便属于一种信用条件，其表示企业付款期为30天，折扣期为10天，折扣期享受的现金折扣率为2%。从总体上来看，信用条件主要有以下几种形式。

1. 预收货款

这是企业在销售商品时，要求买方在卖方发出货物之前支付货款的情形，一般用于以下两种情况：①企业已知买方的信用欠佳。②销售生产周期长、售价高的产品。在这种信用条件下，销货单位可以得到暂时的资金来源，购买单位则要预先垫支一笔资金。

2. 赊销付款，不涉及现金折扣

这是指卖方允许买方在交易发生后的一定时期内按发票金额支付货款。如“n/45”付款形式，是指在45天内按发票金额付款。这种条件下的信用期间一般为30～60天，但有些季节性的生产企业可能为其顾客提供更长的信用期间。

3. 赊销付款，可享受现金折扣

这是指买方在卖方规定的折扣期内付款可享受其给予的现金折扣。如“2/10，n/30”的形式，表示货款在10天内支付时，可享受货款金额的2%的现金折扣。若在10天后至30天内付款，则不享受折扣。即买方若提前付款，卖方可给予一定的现金折扣；若买方不享受现金折扣，则必须在规定时期内付清账款。提供现金折扣的目的主要是为了加速账款的收现。现金折扣率一般为发票的1%～5%。

（三）现金折扣成本的计算

现金折扣成本是指在买方赊购商品时，若卖方提供现金折扣，而买方没有利用，放弃享受折扣所产生的机会成本。一般情况下，如果销货单位提供现金折扣，购买单位应尽量争取获得此项折扣，因为丧失现金折扣就意味着增加了成本。其计算公式为：

$$\text{放弃现金折扣的成本}=\frac{CD}{1-CD}\times\frac{360}{N}\times 100\%$$

式中：CD 表示现金折扣的百分比；N 表示失去现金折扣延期付款天数，等于信用期与折扣期之差。

【例3-11】 某企业拟以“2/10，n/30”信用购进一批原料。这一信用条件意味着企业如在10天之内付款可享受2%的现金折扣；若企业不享受现金折扣，货款应在30天内付清，则放弃折扣的成本为：

$$\text{放弃现金折扣的成本}=\frac{2\%}{1-2\%}\times\frac{360}{30-10}\times 100\%=36.73\%$$

这表明，只要企业筹资成本不超过36.73%，就应当在第十天付款。

（四）商业信用融资的优缺点

1. 商业信用融资的优点

(1) 筹资便利。利用商业信用筹措资金非常方便。因为商业信用与商品买卖同时进行，属于一种自然性融资，随时可以随着购销行为的产生而获得这项资金。

(2) 筹资成本低。如果没有现金折扣，或企业不放弃现金折扣，则利用商业信用筹资没有实际成本。

(3) 限制条件少。商业信用比其他筹资方式条件宽松，无需担保和抵押。

2. 商业信用融资的缺点

(1) 期限短。它属于短期融资方式，资金不能长期占用。

(2) 风险大。由于各种应付款项经常发生，次数频繁，因此需要企业随时进行现金的调度。另外，企业如果放弃现金折扣，则将负担很高的机会成本。

本章小结

资金筹集是指企业通过不同渠道，采取各种方式，按照一定程序，筹措企业设立、生产经营所需资金的财务活动。企业资金筹集要受到筹资渠道、方式、数量、时机、结构和风险等诸多因素的影响。因此，筹资时应遵循规模适当、筹措及时、来源合理和方式经济的原则。目前，企业资金筹集的渠道主要有国家财政资金、银行信贷资金、非银行金融机构资金、其他法人单位资金、民间资金、外商资金和企业内部资金等。资金筹集的方式主要有吸收直接投资、发行股票、利用留存收益、向银行借款、发行债券、融资租赁、利用商业信用及其他筹资方式等。以上七种筹资方式中，前三种属权益资金筹集方式，后四种属负债资金筹集方式。权益资金是企业投资者的投资及其增值中留存企业的部分，是投资者在企业中享有权益和承担责任的依据，在企业账面上体现为权益资本，包括实收资本(股本)、资本公积、盈余公积和未分配利润。债务资金是企业债权人向企业提供的借款、商业信用等，企业需在一定期限内归还，往往还需支付利息。不同的筹资方式，其优缺点不同。相比而言，权益资金筹资方式具有筹资风险小、资本成本高的特点，而负债资金筹资方式则普遍具有筹资风险大、资本成本低的特点。因此，企业应加强对债务筹资风险的分析与控制，对债务资金遵循一定的理财原则。

企业资金筹集首先要预测资金的需要量。资金需要量预测的方法分为定性预测法和定量预测法，后者常见的又主要包括销售额比率预测法和资金习性预测法。资金习性预测法又分为高低点法和回归直线法等。加强企业资金筹集管理，合理选择筹集资金方式，对企业规范管理、防范风险、优化资本结构、降低资本成本具有重大意义。因此，财务人员要树立起企业资本成本与财务风险观念，通过科学、合理的筹资决策，力争使企业综合资本成本最低、资本结构最优、企业价值最大。

复习思考题

1. 什么是资金筹集？它有哪几种分类？

2. 企业资金筹集的渠道和方式有哪些？两者关系如何？

3. 资金需要量预测的方法有哪些？

4. 权益资金的概念、特点和形成方式如何？

5. 权益资金筹集中各种方式的优缺点如何？

6. 什么是股票？它有哪几种分类？

7. 债务资金的概念、特点和筹资风险的管理方法如何？

8. 负债资金筹集中各种方式的优缺点如何？

9. 银行借款的信用条件有哪些？

10. 什么是债券？它有哪几种分类？

11. 债券的发行价格如何计算？

12. 融资租赁的租金如何计算？

练 习 题

1. 某企业购入 20 万元的商品，卖方提供的信用条件为“2/10，n/30”，若企业由于资金紧张，延至第五十天付款，试问放弃折扣的成本是多少？

2. 某公司向银行借入短期借款 10 000 元，支付银行贷款利息的方式同银行协商后的结果是：

方案一：采用贴现法付息，利息为 14%。

方案二：利息率为 10%，银行要求补偿性余额比例为 20%。

请问：如果你是该公司财务经理，你选择哪种借款方式，并说明理由。

3. 某企业 2005 年至 2009 年的产销量和资金需求量如表 3-7 所示。若预测 2010 年的产销量为 1 800 吨，试建立资金的回归直线方程，并预测 2010 年的资金需求量。

表 3-7

某企业产销量与资金需求量

年度	产销量(吨)	资金占用(y_i)(万元)
2005	1 200	1 000
2006	1 100	950
2007	1 000	900
2008	1 200	1 000
2009	1 300	1 050

4. 某企业为扩大生产经营规模融资租入一台设备，该设备的市价为 95 万元，

租期10年，租赁公司的融资成本为15万元，租赁手续费为6万元。租赁公司要求的报酬率为10%。

要求：

(1) 确定租金总额。

(2) 如果采用等额年金法，每年年初支付，则每期租金为多少？

(3) 如果采用等额年金法，每年年末支付，则每期租金为多少？

5. 某公司2010年1月1日发行面值1 000元，利率为8%，期限为5年，每年年末付息到期还本的债券，当时市场利率为10%。问该债券的发行价格为多少？

案例分析题

案例一

明光公司是一家以生产家用电器为主的大型集团公司，近些年来，公司能紧紧围绕我国家电产品的市场需求情况，不断开发、研制和生产深受广大城乡家庭欢迎的家电产品，因此公司产品销售情况一直良好，经营业绩不断上升。2010年年初，公司经市场调查，敏锐地发现我国家电产品即将面临着升级换代，家电市场的消费结构将会发生重大变化，如果公司不及时调整适合家电产品消费结构的生产结构，公司的产品销售将受到严重影响。为此，公司高层居安思危，立即要求技术生产部门在1年内开发研制出新型的家电产品，并投入生产，同时完成公司产品生产结构的调整。预计公司调整产品生产结构后，2011年的销售总额将在上年的基础上增长30%，而实现这一销售目标，公司必然要增加一定的资金投入，因此公司领导也同时要求财务部门对2011年的资金需求情况进行预测，以便公司对下年的筹资进行决策。

公司2005年至2010年应收账款、存货资金占用与销售收入之间的关系及其他有关资料，如表3-8、表3-9所示。

表3-8

应收账款、存货资金占用与销售收入变化情况 单位：万元

年度	销售收入	应收账款	存货
2005	25 000	1 200	18 000
2006	28 000	1 250	19 000
2007	34 000	1 400	22 000
2008	40 000	1 700	25 000
2009	45 000	2 000	27 000
2010	50 000	2 200	28 000

表 3-9

公司其他有关资料数据

项　　目	年度不变资金(a)(万元)	每 1 元销售收入所需要变动资金(b)(元)
流动资产：		
现金	220	0.05
应收账款		
存货		
小计		
减：流动负债：		
应付账款	600	0.12
净资金占用		
固定资产：		
厂房、设备	6 500	0
所需资产合计		

要求：假如你是公司财务经理，请采用高低点法预测公司 2011 年度的资金需要量并进行简要分析说明，同时将有关计算结果填入表 3-9 的空白处。

案例二

南方公司 20×6 年销售收入为 10 000 万元，目前生产尚未达到设计的生产能力。为此，公司决定准备扩大生产规模。预计生产规模扩大后，20×7 年的销售收入将在上年的基础上增长 20%，公司上年的销售净利率为 5%。根据财务部门的建议，公司 20×7 年的留存收益率为 40%。公司 20×6 年 12 月 31 日简要资产负债表，如表 3-10 所示。

表 3-10　　南方公司简要资产负债表

2006 年 12 月 31 日　　单位：万元

资　　产	金额	负债与所有者权益	金额
现金	600	应付费用	600
应收账款	1 400	应付账款	1 000
存货	3 000	短期借款	800
固定资产净值	3 000	公司债券	1 600
		实收资本	3 000
		留存收益	1 000
资产合计	8 000	负债与所有者权益合计	8 000

假定公司 20×7 年理想的资本结构为：负债资金占 40%，权益资金占 60%，公司所得税税率为 33%。

要求：如果你是公司财务人员，请你预测南方公司 20×7 年外部筹资的规模。

第四章　资本成本和资本结构

【本章学习目的】 本章主要介绍了企业资金筹集中资本成本的相关理论及计算、财务管理杠杆效应和资本结构的确定方法。通过本章学习，要求了解资本成本的概念、性质、作用，掌握各种资本成本的计算方法，掌握经营杠杆、财务杠杆和复合杠杆系数的计算，以最佳资本结构的确定方法。

【本章关键词】 资本成本　财务杠杆效应　最佳资本结构　比较资本成本法　每股收益无差别点法

第一节　资　本　成　本

一、资本成本概述

（一）资本成本的概念

资本的稀缺性决定了使用资本必须付出一定的代价，这个代价就是资本的成本，它是企业筹集和使用资本发生的各项费用。这里的资本是指企业筹集和使用的长期资本，包括权益资本和长期负债资本。

资本成本从绝对量上来看，一般由筹资费用和用资费用两部分组成。筹资费用是指企业在筹资过程中为取得资本而支付的各种费用，如向银行支付的手续费、发行证券的注册费、代办费、印刷费等。筹资费用通常是在筹资时一次全部支付，在用资过程中不再发生，因而属于固定性费用，可视为对筹资总额的一项扣除。用资费用是指企业因使用资本而支付给资本供应者的报酬，如向债权人支付的利息、向股东支付的股利等。用资费用是资本成本的主要内容。用资费用随资本数量的多少和时期的长短而变动，因而属于变动性费用。

资本成本可以用绝对数资本成本总额和相对数资本成本率两种表示方法。相对数在不同筹资方式下具有可比性，因此一般情况下资本成本用相对数来表示，其通用表达式为：

$$K=\frac{D}{P-f}\cdot 100\%$$

或

$$K=\frac{D}{P(1-F)}\cdot 100\%$$

式中：K 表示资本成本，以相对数表示；D 表示资本占用费用；P 表示筹资额；f 表示筹资费用；F 表示筹资费用率，也就是筹资费用与筹资总额的比值。

（二）资本成本的性质

1. 资本成本是资本所有权和使用权相分离的产物

在市场经济条件下，资本也可以看作是一种特殊的商品，资本的所有者让渡资本的使用权的同时，也失去了凭借资本获取其他投资收益的机会，也就要求资本的使用者将获取收益的一部分支付给资本的所有者，作为所有者放弃资本使用权的报酬。

2. 资本成本作为企业的一种成本，具有一般商品成本的基本属性，又有不同于一般商品成本的某些特性

资本成本与一般商品成本一样，也是企业的一种耗费，需由企业的收益作补偿，但它是为取得和使用资本而付出的代价，通常不直接体现为生产成本。

3. 资本成本与资金的时间价值既有联系又有区别

资金的时间价值是资金成本的基础，而资本成本包括货币的时间价值和投资的风险价值。因此，在有风险的情况下，资本成本也是投资者要求的必要报酬率。

4. 资本成本实质是一种机会成本

从投资者的角度来看，资本成本是企业投资者对投入企业的资金所要求的最低报酬率或投资的机会成本，即投资于具有相同风险和期限的其他证券所能获得的期望报酬率。

（三）资本成本的作用

资本成本是企业理财，尤其是筹资管理的一个重要概念，在企业的财务管理中具有重要作用。

第一，资本成本是企业选择筹资渠道和方式，进行筹资决策的重要依据。企业的筹资渠道和方式有很多，包括长期借款、发行债券、发行股票等，不同的资本来源其资本成本是不同的，因此企业必须分析计算各种资本来源的成本，并在资本结构上合理安排，力求资本成本相对较低。

第二，资本成本是评价投资项目可行性的主要经济指标。一个投资项目，如果其投资收益率高于其资本成本，一般认为是可行的；反之，则不可行。

第三，资本成本也是评价企业经营成果的主要依据。资本成本不仅反映企业的筹资效益，而且它也是企业投资收益的衡量基础，任何一项投资的报酬率都应高于其资本成本，因此，资本成本成为衡量企业经营成果的最低标准。

二、资本成本的影响因素

影响企业资本成本的因素很多，主要有无风险收益率和风险收益率两个因素。

一般来说，在不考虑筹资费用的前提下，资本成本即是筹资者为取得资本使用

权所必须支付的最低价格，也是投资者提供资本所要求的最低收益率。同投资收益率一样，资本成本通常由无风险收益率和风险收益率组成。无风险收益率可比照当前的国债利息率确定。它是影响资本成本的外部客观因素，主要受资本市场供求关系和通货膨胀水平的影响。对于无风险收益率，企业无法加以控制。

风险收益率的高低取决于投资者的投资风险程度。投资风险越大，投资者要求的投资回报就越高。投资风险主要是指融资企业的经营风险和财务风险。这两种风险的大小在一定程度上是企业能决定或可以施加影响的。企业要想降低资本成本，必须从降低企业风险的角度来考虑。

除了无风险收益率和风险收益率两个因素，企业的筹资规模和资本市场的条件也是影响企业资本成本的因素。

三、资本成本的计算

（一）个别资本成本的计算

1. 长期债券成本

企业通过发行长期债券进行筹资，一般要支付两部分费用：一是发行过程中的筹资费，包括申请费、注册费、印刷费和上市费以及推销费等；二是期限内支付给债权人的利息。根据企业所得税法的规定，企业债务的利息可在税前扣除，从而可以起到抵减所得税的作用。因此，企业实际负担的债券利息应为：

$$实际负担利息 = 债券年利息 \times (1 - 所得税税率)$$

长期债券成本根据计算时是否考虑货币时间价值，可分为不考虑货币时间价值的长期债券成本和考虑时间价值的长期债券成本。本书只介绍前者。

不考虑货币时间价值的长期债券成本用公式表示为：

$$K_b = \frac{I \cdot (1-T)}{B \cdot (1-F)} \times 100\%$$

式中：K_b 表示长期债券成本；I 表示债券年利息，是债券面值与票面年利率的乘积；T 表示所得税税率；B 表示筹资总额，按发行价格确定；F 表示债券的筹资费率。

由于债券发行有等价发行、溢价发行和折价发行之分，因此债券发行价格总额与面值总额可能不一致。

【例 4-1】 某公司拟等价发行面值 1 000 元，期限 5 年，票面利率 7%的债券 5 000 张，总价款 500 万元，每年结息一次。发行费用为发行价格总额的 5%，公司所得税税率 25% 。该批债券的资本成本计算如下：

$$K_b = \frac{500 \times 7\% \times (1-25\%)}{500 \times (1-5\%)} \times 100\% = 5.53\%$$

本例中的债券系等价发行，如果按溢价 550 万元发行，则其资本成本为：

$$K_b = \frac{500 \times 7\% \times (1 - 25\%)}{550 \times (1 - 5\%)} \times 100\% = 5.02\%$$

如果按折价 460 万元发行，则其资本成本为：

$$K_b = \frac{500 \times 7\% \times (1 - 25\%)}{460 \times (1 - 5\%)} \times 100\% = 6.01\%$$

2. 长期借款成本

企业长期借款成本计算与长期债券成本计算有相似之处，即借款利息也在税前扣除；但也存在不同之处，即借款总额就是筹资总额。

长期借款成本根据计算时是否考虑货币时间价值，也可分为不考虑货币时间价值的长期借款成本和考虑时间价值的长期借款成本。本书也只介绍前者。

不考虑货币时间价值的长期借款成本用公式表示为：

$$K_L = \frac{I \cdot (1 - T)}{L \cdot (1 - F)} \times 100\%$$

式中：K_L 表示长期借款成本；I 表示长期借款年利息额；T 表示所得税税率；L 表示长期借款筹资总额，即借款本金；F 表示长期借款筹资费率。

【例 4-2】 某企业从银行取得长期借款 300 万元，年利率 8.8%，期限 3 年，每年结息一次，到期一次还本。筹资费用率为 1%。企业所得税率 25%。这笔借款的资本成本计算如下：

$$K_L = \frac{300 \times 8.8\% \times (1 - 25\%)}{300 \times (1 - 1\%)} \times 100\% = 6.67\%$$

相对而言，企业借款的筹资费用很少，有时可以忽略不计，这时长期借款成本可按下式测算：

$$K_L = R \cdot (1 - T)$$

式中：R 表示借款年利息率。

【例 4-3】 上例如果不考虑借款手续费，则这笔借款的资本成本为：

$$K_L = 8.8\% \times (1 - 25\%) = 6.60\%$$

3. 普通股成本

普通股是构成公司资本的主要部分，普通股成本的估算要比债券和优先股困难，因为普通股的股利发放受公司盈利和股利分配政策的影响，波动较大。在西方财务中，普通股成本的确定方法一般有股利折现模型、资本资产定价模型、风险溢价法等。

(1) 股利折现模型。在该模型下，普通股成本计算有以下两种情形。

(a) 若股利固定，则普通股成本为：

$$K_C = \frac{D}{P_c \cdot (1-F)} \times 100\%$$

式中：K_C 表示普通股成本；D 表示每年固定股利；P_c 表示普通股筹资总额；F 表示普通股筹资费率。

【例 4-4】 某公司准备拟发行一批普通股，发行股数 100 万股，发行价格 15 元，每股发行费用 1 元，预定每年分派现金股利 1.5 元，则该批普通股成本计算如下：

$$K_C = \frac{100 \times 1.5}{100 \times (15-1)} \times 100\% = 10.71\%$$

优先股的股利一般固定不变，因此其筹资成本的计算可参照上述公式，本书不再介绍。

(b) 股利逐年稳定增长，则普通股成本为：

$$K_C = \frac{D_1}{P_C \cdot (1-F)} \times 100\% + G$$

式中：D_1 表示普通股预计第 1 年股利；G 表示股利固定增长率；其他符号含义同前。

【例 4-5】 某公司准备等价增发普通股，总发行价格为 6 000 万元，筹资费率为 5%，预计第一年现金股利率为 13%，以后每年股利增长 4%，则该批普通股成本计算如下：

$$K_C = \frac{6\,000 \times 13\%}{6\,000 \times (1-5\%)} + 4\% = 17.68\%$$

(2) 资本资产定价模型。资本资产定价模型的含义可简单地表述为：普通股投资的必要报酬率等于无风险报酬率加上风险报酬率。用公式表示为：

$$K_c = R_f + \beta \cdot (R_m - R_f)$$

式中：R_f 表示无风险报酬率，R_m 表示市场报酬率或市场投资组合的期望收益率；β 表示某公司股票收益率相对于市场投资组合期望收益率的变动幅度。

【例 4-6】 某股份公司普通股股票的 β 值为 2，无风险报酬率为 3%，整个股票市场投资组合的期望收益率为 8%。则该公司普通股成本计算如下：

$$K_c = 3\% + 2 \times (8\% - 3\%) = 13\%$$

(3) 风险溢价模型。通常情况下，普通股股东的投资风险要大于债券投资人的投资风险，因而普通股股东会要求自己获得的报酬率也应大于债券投资报酬率，即要求普通股成本应在债券成本的基础上加上一个风险溢价。因此，在该模型下，其计算公式为：

$$K_c = K_b + R_p$$

式中：K_b 表示债券成本；R_p 表示股东比债权人承担更大风险所要求的风险溢价。

【例 4-7】 假定某股份公司普通股的风险溢价估计为 3%，债券成本为 7%，则该公司普通股筹资的成本为：

$$K_c = 7\% + 3\% = 10\%$$

4. 留存收益成本

公司的留存收益（或留存利润）是公司的净利润在向股东支付股利后留存的部分。从表面上看，公司留存收益并不花费什么成本，而事实上股东之所以愿意将这部分收益留在公司，很显然是期望获得投资报酬，其参照标准是普通股的收益。因此，留存收益也有成本，只不过是一种机会成本。留存收益成本的计算方法与普通股基本相同，只是在采用股利折现模型计算时不考虑筹资费用。

如果普通股股利固定，则留存收益成本公式为：

$$K_r = \frac{D}{P_c} \cdot 100\%$$

式中：K_r 表示留存收益成本。其他符号含义同前。

如果普通股股利逐年固定增长，留存收益成本公式为：

$$K_r = \frac{D_1}{P_C} \cdot 100\% + G$$

【例 4-8】 某公司留用利润额为 120 万元，第一年年末的股利率为 12%，预计以后每年增长 3%，则留存收益成本计算如下：

$$K_r = \frac{120 \times 12\%}{120} + 3\% = 15\%$$

（二）综合资本成本的计算

企业长期资金的来源不同，其成本也不相同。而企业大多通过多种方式筹集资本，由于个别资本成本高低不同，企业需测算综合资本成本，以更好地进行筹资和投资决策。综合资本成本是指一个企业全部长期资本的成本，通常是以各种资本占全部资本的比例为权数，对个别资本成本进行加权平均来确定的，也称加权平均资本成本。其计算公式为：

$$K_w = \sum_{j=1}^{n} K_j W_j$$

式中：K_w 表示综合资本成本，即加权平均资本成本；K_j 表示第 j 种个别资本成本；W_j 表示第 j 种个别资本占全部资本的比重，即权数。

【例 4-9】 某公司现有长期资本总额 1 000 万元，其中长期借款 200 万元，长期债券 150 万元，优先股 200 万元，普通股 100 万元，留用利润 350 万元；各种长期资本成本分别为 5.33%，6.5%，12%，15.89%和 14%。该公司综合资本成本可按如下两步测算。

第一步，计算各种长期资本的比重。

长期借款资本比重 = 200 ÷ 1 000 = 0.20
长期债券资本比重 = 150 ÷ 1 000 = 0.15
优先股资本比重 = 200 ÷ 1 000 = 0.20
普通股资本比重 = 100 ÷ 1 000 = 0.10
留用利润资本比重 = 350 ÷ 1 000 = 0.35

第二步，测算综合资本成本。

$$K_w = 5.33\% \times 0.20 + 6.5\% \times 0.15 + 12\% \times 0.20 + 15.89\% \times 0.10 + 14\% \times 0.35 = 10.94\%$$

上列计算过程可列表如 4-1 所示。

表 4-1

综合资本成本计算

资本种类	资本总额(万元)	资本比重	个别资本成本(%)	综合资本成本(%)
长期借款	200	0.20	5.33	1.07
长期债券	150	0.15	6.50	0.98
优先股	200	0.20	12.00	2.40
普通股	100	0.10	15.89	1.59
留用利润	350	0.35	14.00	4.90
合计	1 000	1	—	10.94

（三）边际资本成本的计算

边际资本成本是指企业追加筹资的资本成本，即企业每增加一个单位量的资本所需负担的成本。企业在追加筹资和追加投资的决策中必须考虑边际资本成本的高低。

边际资本成本的计算可分为以下几种情况：

(1) 追加筹资时资本结构和个别资本成本保持不变。

(2) 追加筹资时资本结构改变，而个别资本成本保持不变。

(3) 追加筹资时资本结构保持不变，但个别资本成本发生改变。

在第三种情况下，由于个别资本成本发生变化，这就会使边际资本成本同时发生变化。

边际资本成本的计算可按下列步骤进行：

步骤之一：确定追加筹资的目标资本结构。企业追加筹资既可以保留原有的资本结构，也可以改变原有的资本结构。不同的资本结构对边际资本成本的影响也不相同，本书只研究追加筹资是原有的资本结构不变的情况。

步骤之二：确定各种资本的成本。在资本市场上一般随着企业筹资规模的增大，各种资本来源的成本也会发生变动，如[例 4-10]所示。

【例 4-10】 某企业筹资情况具体资料如表 4-2 所示。

表 4-2

企业筹资情况

资本种类	目标资本结构	追加筹资的数量范围	资本成本(%)
长期负债	0.20	10 000 元以内 10 000～40 000 元 40 000 元以上	6 7 8
优先股	0.05	2 500 元以内 2 500 元以上	10 12
普通股	0.75	22 500 元以内 22 500～75 000 元 75 000 元以上	14 15 16

步骤之三：计算各种筹资方式的个别资本成本的临界点。

在资本市场上，由于企业筹资总额的变化会带动个别资本成本的变化。在某一已知的资本成本下，企业不可能筹集到无限的资金，因此有必要计算各种筹资方式的个别资本成本的临界点，这个临界点就是引起个别资本成本发生变化前的最高筹资额。其计算公式为：

$$筹资临界点=\frac{按某一个别成本筹集的某种资金的限额}{该资本在目标结构中的比重}$$

由于个别资本成本随筹资数量的变动而变动，故企业最终确定的筹资总额临界点有若干个。本例计算如表4-3所示。

表4-3

某企业筹资总额临界点计算

资本种类	个别资本成本(%)	追加筹资的数量范围	筹资总额临界点(元)	追加筹资总额范围
长期债务	6 7 8	10 000元以下 10 000～40 000元 40 000元以上	10 000÷0.2=50 000 40 000÷0.2=200 000	50 000元以下 50 000～200 000元 200 000元以上
优先股	10 12	2 500元以下 2 500元以上	2 500÷0.05=50 000	50 000元以下 50 000元以上
普通股	14 15 16	22 500元以下 22 500～75 000元 75 000元以上	22 500÷0.75=30 000 75 000÷0.75=100 000	30 000元以下 30 000～100 000元 100 000元以上

表4-3显示了特定来源资本成本变动的临界点。例如，长期债务在10 000元以内时，其资本成本为6%，而在目标资本结构中，债务资本的比例为20%，这表明当债务资本成本由6%上升到7%之前，企业可筹集到资本50 000元；当筹资总额多于50 000元时，债务资本成本就要上升到7%。

步骤之四：计算边际资本成本。根据上步骤测算出的筹资临界点，可以得出下列五个新的筹资总额范围：①30 000元以下。②30 000～50 000元。③50 000～100 000元。④100 000～200 000元。⑤200 000元以上。对这五个筹资总额范围分别测算其加权平均资金成本，即可得到各种筹资总额范围的边际资本成本，如表4-4所示。

表4-4

边际资本成本计算

序号	筹资总额范围	资本种类	目标资本结构	个别资本成本(%)	边际资本成本(%)
1	30 000元以内	长期债务 优先股 普通股	0.20 0.05 0.75	6 10 14	1.2 0.5 10.5
第一个范围的边际资本成本=12.20					

（续表）

序号	筹资总额范围	资本种类	目标资本结构	个别资本成本（%）	边际资本成本（%）
2	30 000～50 000 元	长期债务 优先股 普通股	0.20 0.05 0.75	6 10 15	1.2 0.5 11.25
第二个范围的边际资本成本＝12.95					
3	50 000～100 000 元	长期债务 优先股 普通股	0.20 0.05 0.75	7 12 15	1.4 0.6 11.25
第三个范围的边际资本成本＝13.25					
4	100 000～200 000 元	长期债务 优先股 普通股	0.20 0.05 0.75	7 12 16	1.4 0.6 12.0
第四个范围的边际资本成本＝14.00					
5	200 000 元以上	长期债务 优先股 普通股	0.20 0.05 0.75	8 12 16	1.6 0.6 12.0
第五个范围的边际资本成本＝14.20					

表 4-4 计算结果表明了企业在五个追加筹资总额范围内的边际资本成本，如企业追加筹资总额为 150 000 元，则它的边际资本成本为 14%。

第二节　财务管理杠杆效应

杠杆效应是指借助支点，用较小的力在反方向产生较大的作用力。财务管理杠杆效应是利用物理学的杠杆原理，当销售额或营业利润发生较小幅度变动时，将对公司的盈利或每股利润产生较大幅度的变动。企业在经营活动中可以获得两种杠杆效应：经营杠杆和财务杠杆。本节将分析经营杠杆利益与财务杠杆利益，以及这两种杠杆联合效应所产生的复合杠杆效应。

一、经营杠杆

（一）经营杠杆与经营杠杆利益

经营杠杆又称营业杠杆或营运杠杆，是指企业在经营活动中对固定成本的利用，即由于固定成本的存在，销售额的变动会导致营业利润更大幅度的变动。

由于固定成本在一定的营业规模内，不随产品销售量（或销售额，下同）的变动而变动，因此，随着销售量的增长，单位销售量所负担的固定成本会相对减少，从而给企业带来额外的利润。现以表4-5来加以说明。假设变动成本率为60%。

表4-5

经营杠杆利益分析

单位：万元

年份	销售额	销售额增长率(%)	变动成本	固定成本	息税前利润	利润增长率(%)
上年	60	—	36	18	6	—
计划年度	66	10	39.6	18	8.4	40

表4-5中，息税前利润＝销售额－变动成本－固定成本，变动成本＝销售额×变动成本率。上年和计划年度的息税前利润计算分别为：

上年息税前利润 $= 60 - 60 \times 60\% - 18 = 6$（万元）

计划年度息税前利润 $= 60 \times (1 + 10\%) - 60 \times (1 + 10\%) \times 60\% - 18 =$ 8.4（万元）

息税前利润增长率 $= (8.4 - 6) \div 6 \times 100\% = 40\%$

计算结果表明，当销售额增长10%时，息税前利润增长40%，相当于销售额增长的4倍，其增长幅度远远大于销售额增长幅度。可见，在一定的销售规模内，由于固定成本保持不变，随着销售额的增长，息税前利润以更快的速度增长，由此获得的利益我们称为经营杠杆利益，或称为经营杠杆正效应。

（二）经营风险

经营风险又称营业风险，是指由于企业经营上的原因给企业带来的收益上的不确定性，尤其是指利用经营杠杆而导致息税前利润变动的风险。由于固定成本的存在，当销售额下降时，息税前利润将有更大幅度的下降，从而给企业带来营业风险，这也可以看成是经营杠杆的负效应。营业风险是影响资本结构决策的重要因素。现以表4-6来加以说明。

表4-6

经营风险分析

单位：万元

年份	销售额总额	销售额降低率(%)	变动成本	固定成本	息税前利润	利润降低率(%)
上年	60	—	36	18	6	—
计划年度	54	10	32.4	18	3.6	40

根据表4-6中资料，上年和计划年度的息税前利润计算分别为：

上年息税前利润 = 60 − 60 × 60% − 18 = 6(万元)

计划年度息税前利润 = 60 × (1 − 10%) − 60 × (1 − 10%) × 60% − 18 = 3.6(万元)

息税前利润增长率 = (3.6 − 6) ÷ 6 × 100% = − 40%

计算结果表明,当销售额下降 10%时,息税前利润下降 40%,相当于销售额下降率的 4 倍,其降低幅度远远大于销售额降低幅度。

影响企业经营风险的因素,除了固定成本以外,还有其他许多因素,主要有:①产品供求的变动。②产品售价的变动。③单位产品变动成本的变动等。其中,经营杠杆对经营风险的影响最为全面。企业获得经营杠杆利益的同时,必须承担由此引起的经营风险,因此必须在收益与风险之间作出权衡。

(三) 经营杠杆系数

经营杠杆的作用程度可用经营杠杆系数来衡量。经营杠杆系数是指企业息税前利润变动率相当于销售额变动率的倍数。其计算公式为:

$$DOL = \frac{\Delta EBIT/EBIT}{\Delta S/S}$$

式中:DOL 表示经营杠杆系数;$EBIT$ 表示息税前利润;S 表示销售额;Δ 表示变动符号;$\Delta EBIT$ 表示息税前利润变动额;ΔS 表示销售变动额。

以表 4-5 资料及计算结果为例,经营杠杆系数计算如下:

$$DOL = 40\% \div 10\% = 4$$

经营标杆系数的计算还可以采用其他方法。

假设 Q 表示销售数量;P 表示单价;V 表示单位变动成本;F 表示固定成本总额;VC 表示变动成本总额;DOL_Q 表示按销售数量确定的经营杠杆系数;DOL_S 表示按销售金额确定的经营杠杆系数。则上述公式可作如下变换:

因为

$$EBIT = Q(P - V) - F$$

$$\Delta EBIT = \Delta Q(P - V)$$

所以

$$DOL_Q = \frac{Q(P - V)}{Q(P - V) - F}$$

$$DOL_S = \frac{S - VC}{S - VC - F}$$

【例 4-11】 某公司销售总额为 8 000 万元,变动成本率 60%,固定成本总额为 1 600 万元,息税前利润为 1 600 万元。其经营杠杆系数计算如下:

$$DOL = \frac{8\,000 - 8\,000 \times 60\%}{8\,000 - 8\,000 \times 60\% - 1\,600} = 2$$

在此例中，经营杠杆系数为2的意义在于：当公司销售增长1倍时，息税前利润将增长2倍；反之，当公司销售下降1倍时，息税前利润将下降2倍。前种情形表现为经营杠杆利益，后种情形则表现为经营风险。

可以证明，当企业的销售量、单价、固定成本、变动成本率等因素发生变化时，经营杠杆系数一般也会发生变动。一般而言，企业的经营杠杆系数越大，经营杠杆利益和经营风险就越高；企业的经营杠杆系数越小，经营杠杆利益和经营风险就越低。

二、财务杠杆

（一）财务杠杆与财务杠杆利益

财务杠杆又称融资杠杆，是指企业在筹资决策中对债务资本的利用导致普通股每股税后利润变动率大于息税前利润变动率的杠杆效应。企业利用财务杠杆，有时可能给股权资本的所有者带来额外的收益，即财务杠杆利益，有时可能造成一定的损失，即筹资风险。

财务杠杆利益是指利用债务筹资这个财务杠杆而给企业所有者带来的额外收益。在企业资本规模和资本结构一定的条件下，企业从息税前利润中支付的债务利息是相对固定的。当息税前利润增长时，每1元息税前利润所负担的债务利息会相应地降低，扣除企业所得税后分配给所有者的税后利润就会增加，从而给企业所有者带来额外的收益。现以表4-7来加以说明。

表4-7

财务杠杆利益分析 单位：万元

年份	息税前利润	息税前利润增长率(%)	债务利息	所得税(25%)	税后利润	税后利润增长率(%)
上年	20	—	15	1.25	3.75	—
计划年度	24	20	15	2.25	6.75	80

表4-7中，税后利润=(息税前利润－利息)×(1－所得税率)。上年和计划年度的税后利润计算分别为：

上年税后利润 = (20 − 15) × (1 − 25%) = 3.75(万元)

计划年度税后利润 = [20 × (1 + 20%) − 15] × (1 − 25%) = 6.75(万元)

税后利润增长率 = (6.75 − 3.75) ÷ 3.75 × 100% = 80%

计算结果表明，当息税前利润增长20%时，税后利润增长80%，相当于息税前利润增长率的4倍，其增长幅度远远大于息税前利润增长幅度。可见，在资本结构一定、债务利息保持固定不变的条件下，随着息税前利润的增长，税后利润以更快的速度增长，从而使企业所有者获得财务杠杆利益。

（二）筹资风险

筹资风险是指企业在经营活动中与筹资有关的风险，尤其是指利用财务杠杆导致企业所有者收益下降的风险，甚至可能导致企业破产的风险。由于财务杠杆的作用，当息税前利润下降时，税后利润下降得更快，从而给企业造成财务风险。现以表 4-8 加以说明。

表 4-8

财务风险分析　　　　单位：万元

年份	息税前利润	息税前利润下降率(%)	债务利息	所得税(25%)	税后利润	税后利润下降率(%)
上年	20	—	15	1.25	3.75	—
计划年度	16	20	15	0.25	0.75	80

根据表 4-8 中资料，上年和计划年度的税后利润计算分别为：

上年税后利润 = (20 − 15) × (1 − 25%) = 3.75(万元)

计划年度税后利润 = [20 × (1 − 20%) − 15] × (1 − 25%) = 0.75(万元)

税后利润增长率 = (0.75 − 3.75) ÷ 3.75 × 100% = −80%

计算结果表明，当息税前利润下降 20%，而税后利润下降 80%，相当于息税前利润下降率的 4 倍，其下降幅度远远大于息税前利润下降幅度。

影响企业财务杠杆利益和筹资风险的因素，除了债务资本固定利息以外，还有其他许多因素，主要有：①资本供求的变动。②资本结构的变动。③利率水平的变动。④获利能力的变动等。其中，财务杠杆对筹资风险的影响最为全面。企业获得财务杠杆利益的同时，必须承担由此引起的筹资风险，因此必须在收益与风险之间作出权衡。

（三）财务杠杆系数

财务杠杆的作用程度可用财务杠杆系数来衡量。财务杠杆系数是指企业普通股每股税后利润的变动率相当于息税前利润变动率的倍数。其计算公式为：

$$DFL = \frac{\Delta EPS/EPS}{\Delta EBIT/EBIT}$$

式中：DFL 表示财务杠杆系数；EPS 表示普通股每股收益；ΔEPS 表示普通股每股收益变动额。为便于计算，还可将上式变换如下：

因为 $$EPS = (EBIT - I)(1-T)/N$$
$$\Delta EPS = \Delta EBIT(1-T)/N$$

式中：I 表示利息；T 表示所得税税率；N 表示流通在外普通股股份数。

所以

$$DFL = \frac{EBIT}{EBIT - I}$$

由于优先股股利是税后支付，所以如果存在优先股，上式可改成下列形式：

$$DFL = \frac{EBIT}{EBIT - I - D/(1-T)}$$

式中：D 表示优先股股利。

【例 4－12】 某公司全部长期资本为 8 000 万元，负债比率为 40%，债务年利率为 10%，公司所得税率为 25%，息税前利润为 960 万元。其财务杠杆系数计算如下：

$$DFL = \frac{960}{960 - 8\,000 \times 40\% \times 10\%} = 1.5$$

在此例中，财务杠杆系数为 1.5 的意义在于：当公司息税前利润增长 1 倍时，普通股每股税后利润将增长 1.5 倍；反之，当公司息税前利润下降 1 倍时，普通股每股利润将下降 1.5 倍。前种情形表现为财务杠杆利益，后种情形则表现为筹资风险。

一般而言，财务杠杆系数越大，企业的财务杠杆利益和筹资风险就越高；财务杠杆系数越小，企业财务杠杆利益和筹资风险就越低。

三、复合杠杆

（一）复合杠杆及其效应

复合杠杆也称总杠杆、综合杠杆，是经营杠杆和财务杠杆的综合。经营杠杆是由于固定成本的作用而影响息税前利润；财务杠杆是由于固定债务利息的作用而影响税后利润或普通股每股收益。经营杠杆和财务杠杆两者最终都影响到企业税后利润或普通股每股收益。所以，复合杠杆是指同时由于固定成本和固定债务利息作用而导致普通股每股收益变动。如果普通股每股收益变动率大于销量（或销售额）的变动率，则会产生复合杠杆正效应，即获得复合杠杆利益；反之，则会产生复合杠杆负效应，即形成复合风险，包括经营风险和筹资风险。复合杠杆正因为综合了经营杠杆和财务杠杆的共同影响作用，所以当一个企业同时受到经营杠杆和财务杠杆作用时，这种影响程度会更大。

（二）复合杠杆系数

对于经营杠杆和财务杠杆的综合作用程度的大小，可以用复合杠杆系数来反映。复合杠杆系数亦称总杠杆系数，是指每股收益变动率相当于销售量（或销售额）变动率的倍数。它是经营杠杆系数与财务杠杆系数的乘积。用公式表示为：

$$DTL = DOL \times DFL = \frac{\Delta EPS/EPS}{\Delta S/S} = \frac{\Delta EPS/EPS}{\Delta Q/Q}$$

或 $$DTL = \frac{EBIT + F}{EBIT - I - D/(1-T)}$$

式中：DTL 表示复合杠杆系数。

【例 4－13】 某公司的经营杠杆系数为 2，同时财务杠杆系数为 1.5。其复合杠杆系数计算如下：

$$DTL = 2 \times 1.5 = 3$$

在此例中，复合杠杆系数为 3 的意义在于：当公司销售增长 1 倍时，税后利润或普通股每股收益将增长 3 倍；反之，当销售下降 1 倍时，税后利润或普通股每股收益将下降 3 倍。前种情形表现为综合杠杆利益，后种情形则表现为复合风险。

一般而言，企业的复合杠杆系数越大，复合杠杆利益和复合风险就越高；企业的复合杠杆系数越小，复合杠杆利益和复合风险就越低。

第三节 资 本 结 构

一、资本结构概述

（一）资本结构概念

资本结构是指企业长期资本（长期负债、优先股、普通股）的构成及其比例关系。这里不包括短期债务，企业全部债务和与其他长期资本的比例关系称为财务结构。

企业的资本结构是由企业采用各种方式筹集资本而形成的。通常，企业都采用债务筹资和权益筹资的组合，由此形成的资本结构，一般称作“杠杆资本结构”，其杠杆比率表示资本结构中债务资本和权益资本的比例关系。因此，资本结构问题总的来说是债务资本与权益资本的比例问题，即债务资本占资本总额的比例。

（二）资本结构理论

资本结构理论是财务管理理论的重要组成部分，是资本结构决策的重要理论基础。对于资本结构理论的研究最早源于西方学者，并形成了一些主流观点，归纳起来主要有三个阶段的理论。第一阶段称为早期资本结构理论，主要有净收益理论、净营业收入理论和介于两者之间的传统折中理论。第二阶段称为现代资本结构理论，主要有 MM 理论和权衡理论。第三阶段称为信息不对称资本结构理论，主要有激励理论、代理成本理论、信号传递理论、强弱顺序理论和控制权理论。这些理论的形成与发展提示了资本结构决策在财务管理中的重要作用，说明了资本结构优化与实现企业价值最大化目标的关系。

（三）影响资本结构的因素

在当前的经济状况下，影响企业资本结构的因素较多，主要有以下几个：

(1) 企业现有的财务状况。如果企业的获利能力、变现能力强，财务状况良好，则一般有能力承担筹资风险，可更多地采用举债融资。

(2) 体现企业性质的资产结构。一般来说，固定资产及其他长期资产比重大的企业，主要通过长期负债和筹集长期资本筹集资金；流动资产比重较大的企业多依赖流动负债来筹集资金。

(3) 企业所有者和经营者的态度。所有者如果重视企业控制权问题，则可能更倾向于负债或优先股方式融资。经营者对风险的态度也对资本结构有重要影响，喜欢冒险的经营者，一般会采用较高的负债比例；反之，则会使用较低的负债比例。

(4) 贷款人和信用评级机构的态度。贷款人一般不希望公司保持较高的负债比例。另外，如果企业负债比例过高，信用评级机构可能会降低企业的信用等级，这样也会影响企业的筹资能力，提高企业的融资成本。

(5) 企业所在行业的制约。企业所处的行业在资产组合上存在很大差异，不同行业的企业筹资时短期资本和长期资本的比例，以及债务资本和权益资本的比例有较大差异。企业筹资时必须考虑本企业所处的行业，以便考虑最佳的资本结构。

(6) 所得税率的高低。企业利用负债可以获得减税利益，因此所得税率越高，负债的好处越多；如果税率很低，则采用举债方式的减税利益就不十分明显。

此外，企业面临的其他环境因素如政治法律环境、利率水平等也都会对企业的资本结构产生影响。企业的资本结构正是在这些因素的共同作用下形成和变化的，企业在资本结构分析中必须考虑这些因素的影响。

二、最佳资本结构的确定方法

（一）最佳资本结构概念

最佳资本结构是指企业在一定条件下预期的综合资本成本最低、企业价值最大的资本结构。它应作为企业的目标资本结构。

（二）最佳资本结构的确定方法

确定最佳资本结构，可以采用比较资本成本法、每股收益无差别点分析法、公司价值比较法和因素分析法等，本书介绍前三种方法。

1. 比较资本成本法

比较资本成本法是计算不同资本结构或筹资组合方案的综合资本成本，并以此为标准相互比较确定最佳资本结构的方法。在该种方法下，综合资本成本最低的资本结构为最佳资本结构。

企业筹资可分为初始筹资和追加筹资两种情况。与此相对应，企业的资本结构决策可分为初始筹资的资本结构决策和追加筹资的资本结构决策。

(1) 初始资本结构决策。在企业实务中，企业对拟定的筹资总额，可以采用多种筹资方式来筹集，每种筹资方式的筹资额亦可有不同安排，由此会形成若干资本结构或筹资组合方案来供选择。

【例 4-14】 某公司在初创时需资本总额 50 000 元，有如下三个筹资组合方案可供选择，有关资料经测算汇入表 4-9。

表 4-9

筹资组合方案 单位：元

筹资方式	筹资方案Ⅰ		筹资方案Ⅱ		筹资方案Ⅲ	
	筹资额	资本成本(%)	筹资额	资本成本(%)	筹资额	资本成本(%)
长期借款	4 000	6	5 000	6.5	8 000	7.0
债券	10 000	7	15 000	8.0	12 000	7.5
优先股	6 000	12	10 000	12.0	5 000	12.0
普通股	30 000	15	20 000	15.0	25 000	15.5
合计	50 000	—	50 000	—	50 000	—

下面分别测算这三个筹资组合方案的综合资本成本，并比较其高低，从而确定最佳筹资组合方案即最佳资本结构。

方案Ⅰ：

(a) 各种筹资方式的比重：

长期借款 4 000÷50 000＝0.08 债券 10 000÷50 000＝0.2

优先股 6 000÷50 000＝0.12 普通股 30 000÷50 000＝0.6

(b) 综合资本成本：

$$K_W = 6\% \times 0.08 + 7\% \times 0.20 + 12\% \times 0.12 + 15\% \times 0.60 = 12.32\%$$

方案Ⅱ：

(a) 各种筹资方式的比重：

长期借款　　5 000÷50 000＝0.1　　债券　　15 000÷50 000＝0.3
优先股　　10 000÷50 000＝0.2　　普通股　　20 000÷50 000＝0.4

(b) 综合资本成本：

$K_W = 6.5\% \times 0.1 + 8\% \times 0.3 + 12\% \times 0.2 + 15\% \times 0.4 = 11.45\%$

方案Ⅲ：

(a) 各种筹资方式的比重：

长期借款　　8 000÷50 000＝0.16　　债券　　12 000÷50 000＝0.24
优先股　　5 000÷50 000＝0.1　　普通股　　25 000÷50 000＝0.5

(b) 综合资本成本：

$K_W = 7\% \times 0.16 + 7.5\% \times 0.24 + 12\% \times 0.10 + 15.5\% \times 0.50 = 11.87\%$

将三种筹资方案的综合资本成本相比较，方案Ⅱ为11.45%，最低。在不考虑其他因素的情况下，方案Ⅱ是最优方案，其资本结构为企业的最佳资本结构。

(2) 追加筹资的资本结构决策。企业在持续的生产经营活动过程中，由于经营业务或对外投资的需要，有时会追加筹措新资，即追加筹资。由于追加筹资以及筹资环境的变化，企业原定的最佳资本结构未必仍是最优的，需要进行调整，因此，企业应在有关情况的不断变化总寻求最佳资本结构，实现资本结构的最优化。

企业在进行追加筹资组合决策中可采用两种方法：一种方法是直接测算各备选追加筹资方案的边际资本成本，选择最优的；另一种是将备选追加筹资方案与原有最佳资本结构汇总，测算比较各个追加筹资方案下汇总资本结构的综合资本成本，从中比较选择最佳筹资方案。

【例4-15】 某公司拟追加筹资10 000元，现有两个追加筹资方案可供选择，有关资料经测算整理后列入表4-10。

表4-10

追加筹资方案　　单位:元

筹资方式	追加筹资方案Ⅰ		追加筹资方案Ⅱ	
	追加筹资额	资本成本(%)	追加筹资额	资本成本(%)
长期借款	5 000	7	6 000	7.5
优先股	2 000	13	2 000	13
普通股	3 000	16	2 000	16
合计	10 000	—	10 000	—

第一种方法:计算两个追加筹资方案的边际资本成本。

方案Ⅰ:

$$K_W=\frac{5\,000}{10\,000}\times 7\%+\frac{2\,000}{10\,000}\times 13\%+\frac{3\,000}{10\,000}\times 16\%=10.9\%$$

方案Ⅱ:

$$K_W=\frac{6\,000}{10\,000}\times 7.5\%+\frac{2\,000}{10\,000}\times 13\%+\frac{2\,000}{10\,000}\times 16\%=10.3\%$$

由计算得知,方案Ⅱ的边际资本成本为10.3%,低于方案Ⅰ,因此方案Ⅱ优于方案Ⅰ。

承接[例4-14],如果该企业原有的最优资本结构为:长期借款5 000元,债券15 000元,优先股10 000元,普通股20 000元,资本总额50 000元。则企业原有资本结构与追加筹资方案可汇总如表4-11。

表4-11

原资本结构追加筹资方案 单位:元

筹资方式	原资本结构		追加筹资方案Ⅰ		追加筹资方案Ⅱ		追加筹资后资本结构	
	筹资额	资本成本(%)	筹资额	资本成本(%)	筹资额	资本成本(%)	方案Ⅰ	方案Ⅱ
长期借款	5 000	6.5	5 000	7	6 000	7.5	10 000	11 000
债券	15 000	8.0	—	—	—	—	15 000	15 000
优先股	10 000	12.0	2 000	13	2 000	13	12 000	12 000
普通股	20 000	15.0	3 000	16	2 000	16	23 000	22 000
合计	50 000	—	10 000	—	10 000	—	60 000	60 000

第二种方法:计算两个追加筹资方案的综合资本成本。

方案Ⅰ:

$$\frac{5\,000\times 6.5\%+5\,000\times 7\%}{60\,000}+\frac{15\,000}{60\,000}\times 8\%+\frac{10\,000\times 12\%+2\,000\times 13\%}{60\,000}+\frac{20\,000+3\,000}{60\,000}\times 16\%=11.69\%$$

方案Ⅱ:

$$\frac{5\,000\times 6.5\%+6\,000\times 7.5\%}{60\,000}+\frac{15\,000}{60\,000}\times 8\%+\frac{10\,000\times 12\%+2\,000\times 13\%}{60\,000}+$$

$$\frac{20\,000+2\,000}{60\,000}\times 16\%=11.59\%$$

在上列计算中,根据股票的同股同利原则,原有股票应按新发行股票的资本成本计算,即全部股票按新发行股票的资本成本计算其总的资本成本。

最后,比较两个追加筹资方案与原资本结构汇总后的综合资本成本,方案Ⅱ与原资本结构汇总后的综合资本成本为 11.59%,低于方案Ⅰ与原资本结构汇总后的综合资本成本 11.69%。因此,追加筹资方案Ⅱ优于方案Ⅰ,由此形成的新的资本结构为该公司的最佳资本结构。

2. 每股收益无差别点分析法

每股收益无差别点分析法就是利用每股收益无差别点来进行资本结构决策的方法。所谓每股收益无差别点,是指两种或两种以上筹资方案下普通股每股收益相等时的息税前利润点,亦称息税前利润平衡点,有时亦称筹资无差别点。运用这种方法,根据每股收益无差别点,可以分析判断在什么情况下可利用债权筹资来安排及调整资本结构。其计算公式为:

$$\text{每股收益}(EPS)=\frac{(EBIT-I)(1-T)-D}{N}$$

每股收益无差别点计算公式为:

$$\frac{(EBIT_0-I_1)(1-T)-D_1}{N_1}=\frac{(EBIT_0-I_2)(1-T)-D_2}{N_2}$$

每股利润无差别点处的息税前利润的计算公式为:

$$EBIT_0=\{N_2[I_1(1-T)+D_1]-N_1[I_2(1-T)+D_2]\}/(N_2-N_1)(1-T)$$

式中:$EBIT_0$ 表示每股收益无差别点处的息税前利润;I_1, I_2 分别表示两种筹资方式下的年利息;D_1, D_2 分别表示两种筹资方式下的优先股股利;N_1, N_2 分别表示两种筹资方式下的流通在外的普通股股数。

如果公司没有发行优先股,上式可简化为:

$$EBIT_0=(N_2I_1-N_1I_2)/(N_2-N_1)$$

【例 4-16】 某公司原有资本为 1 000 万元,其中债务资本为 400 万元,债务利息为 40 万元,普通股资本为 600 万元(10 万股),公司的所得税税率为 30%。

公司准备筹集新资金 500 万元,预计增资后公司的息税前利润将达到 200 万元,可选用的筹资方式有两个:

(1) 增发普通股,增发10万股,每股50元。

(2) 采用长期借款的形式,以10%的年利率借入500万元,年利息为50万元。

要求:采用每股收益无差别点法计算分析应采用哪种筹资方式。

将上述资料的数据代入前面的公式,得到:

$$\frac{(EBIT_0-40)\times(1-0.3)}{10+10}=\frac{(EBIT_0-40-50)\times(1-0.3)}{10}$$

计算后得 $EBIT_0=140$ 万元,此时的 $EPS_1=EPS_2=3.5$ 元。

上述关系可用图4-1来表示。

从图4-1可以看出,当公司的息税前利润高于无差别点140万元时,运用负债筹资,可以获得更高的每股收益;当公司的息税前利润低于无差别点140万元时,运用普通股筹资可以获得更高的每股收益。上例中公司增资后的息税前利润将达到200万元,所以公司应该采用债务筹资,即第二个方案,增加长期借款方案。公司也可以通过计算增资后的每股收益,来选择较好的筹资方式。计算过程见表4-12所示。

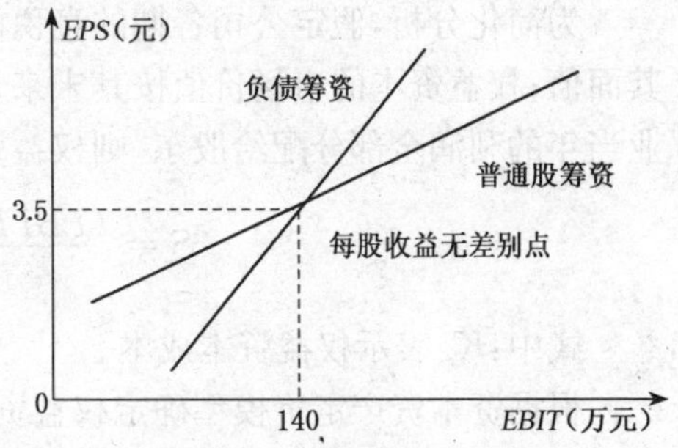

图4-1 每股收益无差别点

表4-12

预计增资后的每股收益

项目	增发普通股	增加长期借款
预计息税前利润(万元)	200	200
减:利息(万元)	40	90
税前利润(万元)	160	110
减:所得税(万元)	48	33
税后利润(万元)	112	77
普通股股数(万股)	20	10
每股收益(EPS)(元)	5.6	7.7

由表4-12可知,因预计息税前利润为200万元时,增加长期借款的每股收益是7.7元,比增发普通股的每股收益5.6元高,所以应选择负债方式筹集资金。

每股收益无差别点法的测算原理比较容易理解,测算过程也较为简单。它以普通股每股收益最高为决策标准,也没有具体测算财务风险因素,其决策目标实际上是股票价值最大化而不是公司价值最大化，该方法可用于资本规模不大、资本结构不太复杂的股份有限公司。

3. 公司价值比较法

公司价值比较法是指通过比较公司市场总价值来确定最佳资本结构的方法。通常情况下，在公司价值最大的资本结构下，公司的综合资本成本也是最低的。

假设：V 表示公司市场总价值；S 表示权益资本市场价值；B 表示债务资本市场价值。公司的市场总价值用公式表示为：

$$V = S + B$$

为简化分析，假定公司各期的息税前利润保持不变，债务资本的市场价值等于其面值；权益资本的市场价值按其未来现金流入的现值计算，假定企业零成长，企业当年的利润全部分配给股东，则权益资本的市场价值计算公式为：

$$S = \frac{(EBIT - I)(1 - T)}{K_s}$$

式中：K_s 表示权益资本成本。

根据资本资产定价模型确定权益资本成本，公式如下：

$$K_s = K_c = R_f + \beta \cdot (R_m - R_f)$$

以市场价值为权重基础确定公司的综合资本成本，公式为：

$$K_w = K_b \frac{B}{V}(1 - T) + K_s \frac{S}{V}$$

当公司的市场总价值最大时，公司的综合资本成本也最低，这时公司的资本结构是最佳的。

【例 4-17】 某公司资本总额账面价值为 4 000 万元，年息税前利润为 800 万元。假定无风险报酬率为 6%，证券市场平均报酬率为 10%，所得税率为 30%。该公司目前的资本结构不够合理，拟通过举债来进行调整。经测算，不同债务水平下的权益资本成本和债务成本如表 4-13 所示，要求运用公司价值比较法确定最佳资本结构。

表 4-13

不同债务水平下的债务资本成本和权益资本成本

债务市场价值 B（万元）	税前债务利息率 K_b（%）	股票 β 值	权益资本成本 K_s（%）
0	—	1.50	12.0

（续表）

债务市场价值 B（万元）	税前债务利息率 K_b（%）	股票 β 值	权益资本成本 K_s（%）
400	8.0	1.55	12.2
800	9.0	1.60	12.4
1 200	10.0	1.80	13.2
1 600	12.0	2.00	14.0
2 000	13.0	2.30	15.2

表 4-13 中权益资本成本根据资本资产定价模型确定。

当 $B=0$ 时，$K_s=6\%+1.50\times(10\%-6\%)=12\%$

当 $B=400$ 万元时，$K_s=6\%+1.55\times(10\%-6\%)=12.2\%$

同理，可以计算得出其余各项权益资本成本。

根据表 4-13 资料，可计算不同资本结构下公司总价值和综合资本成本。如表 4-14 所示。

表 4-14

不同资本结构下公司价值和综合资本成本

债务市场价值(B)(万元)	股票市场价值(S)(万元)	公司总价值(V)(万元)	税前债务资本成本(K_b)(%)	权益资本成本(K_s)(%)	综合资本成本(K_w)(%)
0	4 667	4 667	—	12.0	12.00
400	4 407	4 807	8.0	12.2	11.65
800	4 110	4 910	9.0	12.4	11.41
1 200	3 606	4 806	10.0	13.2	11.61
1 600	3 040	4 640	12.0	14.0	12.07
2 000	2 487	4 487	13.0	15.2	12.48

表 4-14 中：当 $B=0$ 时，

$$S=(800-0)\times(1-30\%)\div12\%=4\ 467(\text{万元})$$

$$V=4\ 467+0=4\ 467(\text{万元})$$

$$K_w=K_s=12.0\%$$

当 $B=400$ 万元时，

$$S=(800-400\times8\%)\times(1-30\%)\div12.2\%=4\ 407(\text{万元})$$

$$V = 4\,407 + 400 = 4\,807(\text{万元})$$

$$K_w = 8\% \times \frac{400}{4\,807}(1 - 30\%) + 12.2\% \times \frac{4\,407}{4\,807} = 11.65\%$$

同理,可以计算得出其余各项股票市场价值、公司总价值及综合资本成本。

通过表 4-14 可以看出,当公司没有债务资本时,其总价值就是股票的市场价值。当存在债务资本时,随着债务资本的增加,公司的总价值也增加,而综合资本成本却下降;而当债务资本增加到某一点后,即当 $B = 800$ 万元后,公司的总价值为 4 910 万元,处于最高点,而综合资本成本为 11.41%,处于最低点。之后,随着债务资本的再增加,公司的总价值却开始下降,综合资本成本随之上升。因此,该公司拟调整的最佳资本结构为债务资本 800 万元。

公司价值比较法考虑了市场风险因素,并且以企业价值最大化为标准进行资本结构决策,与企业价值最大化理财目标相一致,因此更具科学性和合理性。但由于该方法测算过程较复杂,故一般只适用于资本规模较大的上市公司的最佳资本结构确定。

本章小结

资本成本是企业筹资管理中的一个重要概念。任何企业使用资本都必须付出一定的代价,即筹资费用和占用费用。资本成本的计算包括个别资本成本的计算、综合资本成本的计算和边际资本成本的计算。其中,个别资本成本的计算又包括长期债券成本、长期借款成本、普通股成本、优先股成本和留用利润成本的计算等。综合资本成本是指一个企业全部长期资本的成本,通常是以各种资本占全部资本的比重为权数,对个别资本成本进行加权平均来确定的,也称加权平均资本成本。边际资本成本是指企业追加筹资的资本成本,即企业每增加一个单位量的资本所需负担的成本。企业在追加筹资和追加投资的决策中必须考虑边际资本成本的高低。

财务管理杠杆效应是指销售额或营业利润以较小幅度变动时,公司的盈利或每股利润以较大幅度变动。实际工作中这种效应主要有经营杠杆效应、财务杠杆效应和综合杠杆效应,每种效应均有正负之分,正效应表现为标杆利益,负效应分别表现为经营风险、财务风险和复合风险。标杆的作用程度主要用杠杆系数来衡量。一般而言,杠杆系数越大,其对应的利益和风险也就越大;反之,其对应的利益和风险也就越小。资本结构总的来说是债务资本占资本总额的比例问题。企业在经营活动中应保持最佳资本结构。所谓最佳资本结构,是指企业在一定的条件下预期的综合资本成本最低,企业价值最大的资本结构。最佳资本结构的确定方法主要有比较资本成本法、每股收益无差别点分析法、公司价值比较法和因素分析法等,具体采用何种方法应根据企业的资本规模、资本结构等因素进行选择。

复习思考题

1. 什么是资本成本？资本成本的性质和作用有哪些？

2. 影响资本成本的因素有哪些？

3. 如何计算边际资本成本？

4. 什么是经营杠杆？如何衡量其杠杆效应？

5. 什么是财务杠杆？如何衡量其杠杆效应？

6. 什么是综合杠杆？如何衡量其杠杆效应？

7. 什么是资本结构？影响资本结构的因素有哪些？

8. 什么是最佳资本结构？最佳资本结构确定的方法有哪些？

练 习 题

1. 某企业等价发行面值1 000元，票面利率8%的5年期债券，筹资费为发行额的3%，企业所得税税率为25%。试计算该债券成本。假设该债券溢价发行，发行价为1 080元。试计算该债券成本。

2. 某公司准备拟发行一批普通股，发行价格为18元，每股发行费用为1元，预定每年分派现金股利1.2元。试计算普通股成本。

3. 某公司发行普通股，市价为6 000万元，第一年的股利率为10%，预计以后每年增长5%，该普通股筹资费率为3%。试计算普通股成本。

4. 某股份公司某种普通股股票的β值为1.5，无风险利率为5%，整个股票市场投资组合的期望收益率为10%。试计算普通股成本。

5. 假定某股份公司普通股的风险溢价估计为8%，而债务资本成本为6%。试计算普通股成本。

6. 某企业长期资本总额为5 000万元，资本结构如表4-15所示。

表4-15

某企业资本结构　　　　单位:万元

各种资金来源	筹资状况	金额
长期借款	资本成本为5.5%	1 200
公司债券	年利率8%筹资费率为3%	1 000
普通股	预计第一年股息率12%，以后每年股利增长6%，筹资费率为5%	1 500
留用利润		1 300
合计	—	5 000

要求：计算企业综合资本成本（假设企业所得税税率为25%）。

7. 某企业销售额为9 000万元，固定成本为2 000万元（不包括债务利息），变动成本为5 400万元，全部资本为6 000万元，负债比率为45%，负债利率为12%。试计算营业杠杆系数、财务杠杆系数、复合杠杆系数。

8. 某公司资本总额为4 000万元，负债比率为50%，负债利率为10%，复合杠杆系数为4.5，税息前利润为450万元。试计算营业杠杆系数，并说明当销售额增长10%时，息税前利润额增长多少？

9. 某企业经过测定，选定从银行长期借款、发行长期债券和普通股三个来源筹集资金，其有关资料如表4-16所示。

表4-16

某企业资本结构

资本来源	未定资本来源结构(%)				资本成本(%)
	A	B	C	D	
长期借款	20	30	45	40	7
长期债券	30	20	25	30	8
普通股	50	50	30	30	12
合计	100	100	100	100	—

试运用比较资本成本法来确定上述最优资本结构。

10. 某公司2006年资本总额为2 000万元，其中普通股1 200万元(48万股)，负债总额为800万元，债务利率为10%，假设所得税率40%。该公司2007年准备将资本总额增加至2 400万元，需追加资本400万元。现有两个追加筹资方案可供选择：①发行债券，年利率12%。②增发普通股16万股。预计2007年息税前利润为600万元。

要求：

(1) 计算2007年两个追加筹资方案下的每股收益无差别点以及无差别点的每股收益。

(2) 计算两个追加筹资方案下2007年每股收益。

(3) 运用每股收益无差别分析法进行资本结构决策。

案例分析题

案例一

光明公司计划年初资本结构如下：长期债券600万元，年利率为8%，普通股

10 万股,每股面值 100 元,共 1 000 万元,今年期望每股股利 15 元,预计今后每年增长 5%,所得税率为 30%。假设发行债券和普通股的筹资费率分别为 2%、3%。该公司拟增资 400 万元,现有甲、乙两种方案可供选择。

甲:发行长期债券 400 万元,年利率增至 10%,筹资费率不变,普通股股利增加至每股 18 元,但市价将跌至每股 95 元,股利增长率不变。

乙:发行普通股 400 万元,预计股利增加到 20 元,同时市价上升到每股 140 元,股利增长率不变。

要求:如果你是公司财务人员,请对上述筹资方案作出决策。

案例二

大华公司有关资料如表 4-17 所示。

表 4-17

大华公司筹资情况

筹资方式	最优资本结构(%)	新筹资数量	资本成本(%)
普通股	60	120 万元以下	10
		120 万～240 万元	12
		240 万元以上	15
长期负债	40	40 万元以下	6
		40 万～120 万元	8
		120 万元以上	13

要求:如果你是公司财务人员,请你完成以下工作:

(1) 计算公司的资金边际成本。

(2) 如果公司要新筹集 350 万元进行投资,则投资报酬率至少达到多少?

案例三

东方公司资本总额账面价值为 2 000 万元,年息税前利润为 600 万元。假定无风险报酬率为 8%,证券市场平均报酬率为 12%,所得税率为 30%。该公司目前的资本结构不够合理,拟通过举债来进行调整。经测算,不同债务水平下的债务资本成本和股票 β 值如表 4-18 所示。

表 4-18

不同债务水平下的债务资本成本和股票 β 值

债务市场价值 B(万元)	税前债务资本成本(K_b)(%)	股票 β 值
0	—	1.60

（续表）

债务市场价值 B（万元）	税前债务资本成本（K_b）（%）	股票 β 值
200	8.0	1.65
400	8.5	1.70
600	9.0	1.80
800	10.0	2.00
1 000	12.0	2.30

要求：如果你是公司财务人员，请运用公司价值比较法确定公司的最佳资本结构。

第五章　企业项目投资管理

【本章学习目的】 本章主要阐述了企业项目投资的相关理论知识、投资决策指标的计算及应用。通过学习，要求了解企业项目投资的概念、特点和现金流量的构成，掌握现金流量、贴现与非贴现现金流量指标的计算，掌握固定资产更新改造投资决策、资本限量投资决策、投资开发时机决策和项目寿命周期不等决策的方法。

【关键词】 现金流量　投资回收期　平均报酬率　净现值　内含报酬率　净现值率　获利指数

第一节　企业项目投资管理概述

一、企业项目投资的概念与特点

（一）企业项目投资的概念

企业项目投资是一种以特定项目为投资对象的长期投资行为，它与企业的新建项目或更新改造项目直接有关。从性质上看，它是企业直接的、生产性投资，通常包括固定资产投资、无形资产投资、开办费投资和流动资金投资等内容。

（二）企业项目投资的特点

与其他形式的投资相比，项目投资具有以下主要特点。

1. 投资金额大

项目投资直接与新建项目或更新改造项目有关，所以投资金额往往比较大，有的甚至是企业及其投资人多年的资金积累，在企业总资产中占有相当大的比重。因此，项目投资对企业未来的现金流量和财务状况都将产生深远的影响。

2. 投资期限长

项目投资是一种长期投资行为，故投资期及发挥作用的时间都比较长，对企业未来的生产经营活动和长期经营活动将产生重大影响。

3. 变现能力差

项目投资一般不准备在 1 年或一个营业周期内变现，而且即使在短期内变现，其变现能力也较差。因为，项目投资一旦完成，要想改变是相当困难的，不是无法实现，就是代价太大。

4. 投资风险高

项目投资未来收益受多种因素影响，同时其投资金额大、投资的期限长和变现能力差，因此使得其投资风险比其他投资高，对企业未来的命运产生决定性影响。

二、企业项目投资的类型

企业项目投资的类型主要包括新建项目和更新改造项目。新建项目以新增生产能力为目的，按其涉及内容可进一步细分为单纯固定资产投资项目和完整工业投资项目。单纯固定资产投资项目简称固定资产投资，其特点在于：在投资中只包括为取得固定资产而发生的垫支资本投入而不涉及周转资本的投入；完整工业投资项目则不仅包括固定资产投资，而且还涉及流动资金投资，甚至包括其他长期资产项目(如无形资产)的投资。因此，不能将项目投资简单地等同于固定资产投资。更新改造项目，以恢复或改善生产能力为目的，按其涉及的内容也可进一步细分为更新项目和改造项目。

三、企业项目计算期构成

企业项目计算期是指投资项目从投资建设开始到最终清理结束整个过程的全部时间，即该项目的有效持续期间。完整的项目计算期包括项目建设期和经营期。项目建设期是指项目从投资建设开始到完工投产所需要的时间。建设起点一般为第一年年初(记作第〇年)，建设终点一般为投产日(记作 S 年)；生产经营期是指从投产之日起到项目终结点之间持续的时间(记作 P)。项目终结点一般为项目计算期最后一年末(记作第 n 年)。其之间数量关系表示为：

$$n = S + P$$

四、企业项目投资额的确定及资金投入方式

(一) 企业项目投资额的确定

1. 原始总投资

原始总投资又称初始投资额，是企业为使项目完全达到设计生产能力、正常开展生产经营而投入的全部现实资金，包括建设投资和流动资金投资。其中，建设投资又包括固定资产投资、无形资产投资和开办费投资。

固定资产投资是指由于项目购置或安装固定资产所发生的投资；无形资产投资是指用于项目取得无形资产而发生的投资；开办费投资是指为组织项目投资的企业在筹建期发生的，不能计入固定资产和无形资产价值的那部分投资；流动资金投资是指项目投资前后一次或分次投放于流动资产项目的资金额；也称垫支流动资金。

2. 企业项目投资总额

企业项目投资总额是指以价值形式反映的与企业项目投资有关的所有资金总

和，它等于项目原始总投资与建设期资本化利息之和。其中，建设期资本化利息是指在项目建设期发生的购建项目所需的固定资产、无形资产等长期资产的借款利息。

【例 5-1】 某企业拟新建一条生产线，需在建设起点一次发生固定资产投资 250 万元，无形资产投资 50 万元，流动资金投资 20 万元。其中，固定资产和无形资产投资所需资金均来源于银行借款，年利率为 8%。预计项目建设期为 1 年，则该企业项目投资有关指标计算为：

$$建设投资额 = 250 + 50 = 300(万元)$$

$$原始总投资 = 250 + 50 + 20 = 320(万元)$$

$$投资总额 = 320 + (250 + 50) \times 8\% = 344(万元)$$

（二）企业项目投资的资金投入方式

企业项目投资的资金投入方式可分为集中性一次投入和分散性分次投入两种。如果企业的资金在建设期内的某个时点一次投入，而不涉及两个或两个以上的时点，这种方式就属于集中性一次投入方式；反之，就属于分散性分次投入方式。

五、企业项目投资的程序

企业项目投资的程序主要包括以下步骤。

（一）项目提出

投资项目的提出是项目投资的第一步，它通常是由企业管理当局或企业高层管理人员、企业的各级管理部门或相关部门领导，根据企业的长远发展战略、中长期投资计划和投资环境的变化，在把握良好投资机会的情况下提出的。

（二）项目评价

投资项目的评价主要涉及以下几项工作：

(1) 对提出的投资项目进行适当分类，为分析评价做好准备。

(2) 计算有关项目的建设周期，测算有关项目投产后的收入、费用和经济效益，预测有关项目的现金流入和现金流出。

(3) 运用各种投资评价指标，把各项投资按可行程度进行排序。

(4) 根据预测结果，写出详细的评价报告。

（三）项目决策

投资项目评价后，应按分权管理的决策权限由企业高层管理人员或相关部门经理作最后决策。投资额小的战术性项目投资或维持性项目投资，其决策一般由部门经理作出，特别重大的项目投资还需要报董事会或股东大会批准同意后决策。不管由谁最后决策，其结论一般都不外乎三种情况：

(1) 接受这个投资项目，可以进行投资。

(2) 拒绝这个项目，不能进行投资。

(3) 发还给项目提出的部门，重新评价论证后，再行决策。

(四) 项目执行

项目决策同意后，要积极筹措资金，实施项目投资。在投资项目的执行过程中，要对工程进度、工程质量、施工成本和工程概算进行监督、控制和审核，防止工程建设中的舞弊行为，确保工程质量，保证按时完成。

(五) 项目再评价

在投资项目的执行过程中，应判断原来作出的投资决策是否科学合理和正确，一旦出现新的情况，就要随时根据变化的情况作出新的评价。如果情况发生重大变化，原来投资决策变得不合理，那么，就要进行是否终止投资或怎样终止投资的决策，以避免造成更大的经济损失。

第二节　现 金 流 量

一、现金流量的概念

企业项目投资决策中所说的现金流量是指与项目投资决策有关的现金流入和流出的数量。这里的现金是指广义的现金，包括货币资金和非货币资源的变现价值。现金流量是评价投资方案是否可行时必须事先计算的一个基础性指标。

企业项目投资决策中之所以要以按收付实现制计算的现金流量作为评价项目经济效益的基础，而不以按权责发生制计算的收入、成本及利润作为评价项经济效益的基础，主要是因为采用现金流量有利于科学地考虑资金的时间价值，而且会使投资决策更符合客观实际情况。

二、现金流量的构成

企业项目投资决策中的现金流量构成可以从其内容和时间上来看。

(一) 从现金流量的内容上来看

从内容上来看，现金流量由现金流入量、现金流出量和现金净流量三部分构成。

1. 现金流入量

现金流入量是指项目投资所引起的企业现金收入的增加额。主要包括以下内容：

(1) 营业现金收入。它是指项目投产后企业因销售商品或提供劳务而取得的本期现销收入和收回的前期赊销收入。营业现金收入是现金流入量的主要内容。

(2) 固定资产残值收入。它是指项目报废或中途转让时，固定资产报废清理或转让的变价收入扣除清理费用后的净额。

(3) 垫支的流动资金回收收入。它是指项目终结时收回的原垫支在流动资产的流动资金。

2. 现金流出量

现金流出量是指项目投资所引起的企业现金支出的增加额。它主要包括以下内容:

(1) 建设投资。它是指建设期内所发生的固定资产、无形资产和开办费等投资的总和,主要有土地购买或租赁费用、土建工程费用、购买生产设备及其安装支出、人员培训费用等。

(2) 流动资产上的投资。它是指项目运营期内为正常经营活动而投放在流动资产上的流动资金。

(3) 付现成本。它是指项目运营期内需用现金支付的各种成本费用。

(4) 所得税。企业缴纳的所得税一般也会发生现金支出,故属于现金流出。

3. 现金净流量

现金净流量也称净现金流量,是指一定期间项目投资所引起的现金流入量与流出量的差额。

(二) 从现金流量的时间上来看

从时间上来看,现金流量由初始现金流量、营业现金流量和终结现金流量三部分构成。

1. 初始现金流量

初始现金流量是指项目开始投资时发生的现金流量,一般包括以下几个部分:

(1) 固定资产上的投资,包括固定资产的购入或建造成本、运输成本和安装成本等。

(2) 无形资产和其他资产投资,应根据需要和可能,逐项按有关资产的评估方法和计价标准进行估算。

(3) 流动资产上的投资。可按下列公式估算:

某年流动资金投资额 = 本年流动资金需用数 − 截止上年的流动资金投资额

或 = 本年流动资金需用数 − 上年流动资金需用数

本年流动资金需用数 = 该年流动资产需用数 − 该年流动负债可用数

上式中的流动资产只包括材料、在产品、产成品等存货及现金、应收账款、预付账款等。流动负债只包括应付账款和预收账款。

【例 5-2】 某企业一完整工业投资项目投产第一年预计流动资产需用额为 50 万元,流动负债可用额为 30 万元,假设该项投资发生在建设期末;投产第二年预计流动资产需用额为 80 万元,流动负债可用额为 50 万元。假设该项投资发生在投产后的第一年年末，则估算每次发生流动资金的投资额分别为：

(1) 投产第一年的流动资金需用额 = 50 − 30 = 20(万元)

第一次流动资金投资额 = 20 − 0 = 20(万元)

(2) 投产第二年的流动资金需用额 = 80 − 50 = 30(万元)

第二次流动资金投资额 = 30 − 20 = 10(万元)

(4) 其他投资费用。它指与长期投资有关的职工培训费、谈判费、注册费用等。

(5) 原有固定资产的变价收入。它指固定资产更新时原有固定资产变卖所得的现金收入。

以上五项内容中前四项为现金流出量，最后一项为现金流入量。

2. 营业现金流量

营业现金流量是指投资项目投入使用后，在其寿命周期内由于生产经营所带来的现金流入和流出的数量，一般按年度进行计算。这里的现金流入一般是指营业现金收入，通常以一个投资项目的每年销售收入表示；现金流出是指营业现金支出和缴纳的营业税金及附加，一般以一个投资项目的每年付现成本表示。其中，营业现金支出一般以经营成本表示，主要包括外购原材料燃料和动力费、职工工资及福利费、修理费及其他费用，即：

年经营成本＝该年外购原材料燃料和动力费＋该年工资及福利费＋该年修理费＋该年其他费用

由于企业固定资产的折旧费、无形资产及开办费的摊销额当期不发生现金支出，故经营成本一般是企业不包括财务费用的总成本费用减去折旧费、摊销额后的余额。因此，上述公式也可表述为：

年经营成本＝该年不包括财务费用的总成本费用－该年折旧费－该年无形资产和开办费的摊销额

营业税金及附加是指在营业期内应交纳的营业税、消费税、土地增值税、资源税、城市维护建设税和教育费附加等。

付现成本与总成本费用(不含财务费用)之间的关系是：

总成本费用 = 付现成本 + 折旧额 + 摊销额

3. 终结现金流量

终结现金流量是指投资项目完结时所发生的现金流量，一般包括以下几个部分：

(1) 固定资产的残值净收入或变价净收入。

(2) 原来垫支在各种流动资产上的资金的收回。

(3) 停止使用的土地变价收入等。

上述几项内容均属于现金的流入量。

三、现金净流量的计算

(一) 现金净流量计算的相关前提条件

为克服现金净流量计算的复杂性,简化计算过程,本书以下列假设作为前提条件:

(1) 投资项目的类型假设。即假设投资项目只包括单纯固定资产投资项目、完整工业投资项目和更新改造投资项目三种类型。

(2) 项目全投资假设。即站在企业投资者的立场上,考虑全部投资的运动情况,而不具体区分自有资金和借入资金,即使实际存在借入资金也将作为自有资金对待(但在计算固定资产原值和总投资时还需要考虑借款利息因素)。

(3) 经营期与折旧年限一致假设。即假设项目主要固定资产的折旧年限或使用年限与经营期一致。

(4) 时点指标假设。即假设现金流量具体内容所涉及的价值指标都是在时点发生的,均作为时点指标来考虑。如建设投资在建设期的有关年初或年末发生,流动资金投资在年初发生,经营期内各年的收入、成本、折旧、摊销、利润、税金等项目也均确认在年末发生,项目最终报废或清理均发生在项目的终结点(更新改造项目除外)。

(5) 项目财务可行性假设。即假设项目已经具备技术可行性和国民经济可行性。

(二) 现金净流量的计算方法

现金净流量的计算公式为:

$$\text{某年现金净流量}(NCF_t) = \text{该年现金流入量} - \text{该年现金流出量} = CI_t - CO_t (t = 0, 1, 2, \cdots)$$

一般情况下,在项目计算期内都存在现金净流量,只不过其数额不同。在项目的建设期内,现金净流量大都小于或等于零,而在经营期内则都大于零。

项目建设期内和项目终结点的现金净流量计算比较简单,项目经营期内的现金净流量计算则相对复杂。其计算公式为:

$$\text{每年营业现金净流量(税前)}(NCF) = \text{每年营业收入} - \text{每年付现成本}$$

$$\text{每年营业现金净流量(税后)}(NCF) = \text{每年营业收入} - \text{每年付现成本} - \text{所得税}$$

或 $$\text{每年营业现金净流量(税后)}(NCF) = \text{年净利} + \text{年折旧额} + \text{年摊销额}$$

【例 5-3】 光明公司准备购入一台设备以扩充生产能力。现有甲、乙两个方案可供选择，甲方案需投资 10 000 万元，使用寿命为 5 年，采用直线法计提折旧，5 年后设备无残值。5 年中每年销售收入为 6 000 万元，每年的付现成本为 2 000 万元。乙方案需投资 12 000 万元，采用直线折旧法计提折旧，使用寿命也为 5 年，5 年后有残值收入 2 000 万元。5 年中每年的销售收入为 8 000 万元，付现成本第一年为 3 000 万元，以后随着设备陈旧，逐年将增加修理费 400 万元，另需垫支营运资金 3 000 万元，假设所得税税率为 25%，试计算两个方案的现金流量。

为计算现金流量，必须先计算两个方案每年的折旧额：

$$甲方案每年折旧额 = 10\,000 \div 5 = 2\,000(万元)$$

$$乙方案每年折旧额 = (12\,000 - 2\,000) \div 5 = 2\,000(万元)$$

下面先用表 5-1 计算两个方案的营业现金净流量，然后再结合初始现金流量和终结现金流量编制两个方案的全部现金净流量计算表，如表 5-2 所示。

表 5-1

投资项目的营业现金净流量(税后)计算 单位：万元

t	1	2	3	4	5
甲方案					
销售收入(1)	6 000	6 000	6 000	6 000	6 000
付现成本(2)	2 000	2 000	2 000	2 000	2 000
折旧(3)	2 000	2 000	2 000	2 000	2 000
税前净利(4) [(4)=(1)-(2)-(3)]	2 000	2 000	2 000	2 000	2 000
所得税(5)=(4)×25%	500	500	500	500	500
税后净利(6)=(4)-(5)	1 500	1 500	1 500	1 500	1 500
现金净流量(税后)(7)[(7) =(1)-(2)-(5)或=(3)+(6)]	3 500	3 500	3 500	3 500	3 500
乙方案					
销售收入(1)	8 000	8 000	8 000	8 000	8 000
付现成本(2)	3 000	3 400	3 800	4 200	4 600
折旧(3)	2 000	2 000	2 000	2 000	2 000
税前净利(4) [(4)=(1)-(2)-(3)]	3 000	2 600	2 200	1 800	1 400
所得税(5)=(4)×25%	750	650	550	450	350

（续表）

t	1	2	3	4	5
税后净利(6)＝(4)－(5)	2 250	1 950	1 650	1 350	1 050
现金净流量(税后)(7) [(7)＝(1)－(2)－(5) 或＝(3)＋(6)]	4 250	3 950	3 650	3 350	3 050

表 5-2

投资项目现金净流量计算 单位:万元

t	0	1	2	3	4	5
甲方案						
固定资产投资	－10 000					
营业现金净流量		3 500	3 500	3 500	3 500	3 500
现金净流量	－10 000	3 500	3 500	3 500	3 500	3 500
乙方案						
固定资产投资	－12 000					
营运资金垫支	－3 000					
营业现金净流量		4 250	3 950	3 650	3 350	3 050
固定资产残值						2 000
营运资金回收						3 000
现金净流量	－15 000	4 250	3 950	3 650	3 350	8 050

在表 5-1 和表 5-2 中，$t=0$ 代表第一年年初，$t=1$ 代表第一年年末，$t=2$ 代表第二年年末……

需要说明的是，上述列表计算的现金净流量也可简化为下列方法计算：

甲方案 $NCF_0 = 0 - 10\,000 = -10\,000$（万元）

$NCF_{1-5} = 6\,000 - 2\,000 - 500 = 3\,500$（万元）

或 $NCF_{1-5} = 2\,000 + 1\,500 = 3\,500$（万元）

乙方案 $NCF_0 = 0 - (12\,000 + 3\,000) = -15\,000$（万元）

$NCF_1 = 8\,000 - 3\,000 - 750 = 4\,250$（万元）

或 $NCF_1 = 2\,250 + 2\,000 = 4\,250$（万元）

$NCF_2 = 8\,000 - 3\,400 - 650 = 3\,950$（万元）

或 $NCF_2 = 1\,950 + 2\,000 = 3\,950$（万元）

$NCF_3 = 8\,000 - 3\,800 - 550 = 3\,650$（万元）

或 $NCF_3 = 2\,650 + 2\,000 = 3\,650$（万元）

$$NCF_4 = 8\,000 - 4\,200 - 450 = 3\,350(\text{万元})$$

或 $$NCF_4 = 1\,350 + 2\,000 = 3\,350(\text{万元})$$

$$NCF_5 = (8\,000 + 2\,000 + 3\,000) - 4\,600 - 350 = 8\,050(\text{万元})$$

或 $$NCF_5 = (1\,050 + 2\,000) + (2\,000 + 3\,000) = 8\,050(\text{万元})$$

第三节 项目投资决策评价指标

一、项目投资决策评价指标的类型

项目投资决策评价指标是指用于衡量和比较投资项目可行性,据以进行方案决策的定量标准与尺度。它主要分为两大类:一类是不考虑资金时间价值的指标,即静态投资决策评价指标,如静态投资回收期、平均报酬率等;也称非贴现现金流量指标。另一类是考虑资金时间价值的指标,即动态投资决策评价指标,如净现值、净现值率、获利指数和内部报酬率等;也称贴现现金流量指标。以上指标中,从在决策评价中的重要性来看,净现值、内部报酬率等属于主要指标,静态投资回收期属于次要指标,平均报酬率属于辅助指标。从指标的性质来看,除静态投资回收期属反指标外,其余五项都是正指标,即指标数值在一定范围内越大越好。

二、非贴现现金流量指标

(一) 静态投资回收期

1. 静态投资回收期指标的含义

静态投资回收期是指回收初始投资额所需要的时间,也可看成为是投资项目营业现金净流量抵减原始总投资所需要的全部时间。它有"包括建设期的投资回收期(记作 PP)"和"不包括的建设期的投资回收期(PP')"两种形式。投资回收期一般以年为单位,它是一种使用较广的投资决策评价指标。

2. 静态投资回收期指标的计算

静态投资回收期的计算,因每年的营业现金净流量是否相等而有所不同。

(1) 每年的营业净现金流量(NCF)相等。当每年的营业现金净流量相等,且其合计大于或等于建设期发生的原始投资合计时,则静态投资回收期可按下式计算:

$$\text{静态投资回收期} = \frac{\text{原始投资额}}{\text{每年 } NCF}$$

需要说明的是,上述公式中计算出的投资回收期是不包括建设期的投资回收期,如果投资项目有建设期,则应予以考虑。

(2) 每年的营业现金净流量(NCF)不相等。当每年的营业现金净流量不相等时，则计算回收期要根据每年年末尚未回收的投资额加以确定。其计算公式为：

静态投资回收期 = 即将收回投资额之前的年份 + 到该年尚未收回投资额的部分 ÷ 下一年的现金净流量

或 静态投资回收期 = 已收回投资额的年份 − 到该年多收回投资额的部分 ÷ 该年的现金净流量

需要说明的是，若投资项目有建设期，则上述公式中的回收期应是包含建设期的投资回收期。

【例 5-4】 光明公司的有关资料详见表 5-2，分别计算甲、乙两个方案的回收期。

甲方案每年 *NCF* 相等，且 $3\,500 \times 5 = 17\,500$(万元) > 原始投资额 10 000(万元)，所以：

$$甲方案回收期 = 10\,000 \div 3\,500 = 2.86(年)$$

乙方案每年现金净流量不等，所以应先计算其各年尚未回收的投资额(见表 5-3)：

$$乙方案回收期 = 3 + (3\,150 \div 3\,350) = 3.94(年)$$

或

$$乙方案回收期 = 4 - (3\,350 - 3\,150) \div 3\,350 = 3.94(年)$$

因甲、乙两个方案建设期均为零，故所计算出的回收期不需要考虑建设期。

表 5-3

投资回收期计算 单位：万元

年度	每年现金净流量	年末尚未回收的投资额
1	4 250	10 750
2	3 950	6 800
3	3 650	3 150
4	3 350	—
5	8 050	—

3. 静态投资回收期指标的决策评价标准

静态投资回收期属于反指标，其数值越小越好。其决策评价标准是：在只有一个备选方案的投资决策中，如果计算的投资回收期小于或等于基准投资回收期，则该方案具有财务可行性，否则就不可行；如果有多个方案，则小于或等于基准投资回收期的方案中，投资回收期最短的为最优方案。

假定该公司设定的基准投资回收期为4年，从上述计算结果可以看出，甲方案投资回收期为2.86年，乙方案投资回收期3.94年，均低于基准投资回收期，故甲、乙两种方案都具备财务可行性，但甲方案的投资回收期较短，故甲方案为最优方案。

4. 静态投资回收期指标的优缺点

静态投资回收期指标的优点是能够直观地反映原始投资额的返本期限，概念容易理解，而且计算也比较简单；但这一指标的缺点是没有考虑资金的时间价值，没有考虑回收期满后的现金流量状况，因此该方法不科学。现举例如下。

【例5-5】 有两个方案的预计现金流量详见表5-4，试计算回收期，并比较优劣。

表5-4

预计现金流量 单位：元

项目	第〇年	第一年	第二年	第三年	第四年	第五年
A方案现金流量	−10 000	4 000	6 000	4 000	4 000	4 000
B方案现金流量	−10 000	4 000	6 000	6 000	6 000	6 000

从上表可以看出两个方案的回收期相同，都是2年，如果用回收期进行评价，两者结果相同，但实际上B方案明显优于A方案，因为B方案回收期满后的各年现金净流量均大大高于A方案。

(二) 平均报酬率

1. 平均报酬率指标的含义

平均报酬率(记作*ARR*)是投资项目寿命周期内平均的年投资报酬率，是年平均营业现金净流量与初始投资额的比值。

2. 平均报酬率指标的计算

$$平均报酬率=\frac{年平均现金净流量}{初始投资额}\times 100\%$$

式中：年平均现金净流量是指一定期间内各年现金净流量之和除以年数。

【例5-6】 仍以前例光明公司的资料(见表5-1和表5-2)，计算平均报酬率。

$$甲方案\quad ARR=\frac{3\,500}{10\,000}\times 100\%=35\%$$

$$乙方案\quad ARR=\frac{(4\,250+3\,950+3\,650+3\,350+8\,050)\div 5}{15\,000}\times 100\%=31\%$$

3. 平均报酬率指标的决策评价标准

平均报酬率属于正指标，其数值越大越好。其决策评价标准是：在只有一个备选方案的投资决策中，如果计算的平均报酬率高于基准的平均报酬率，则该方案具有财务可行性，否则就不可行；如果有多个互斥方案，则平均报酬最高的方案为最优方案。

假定该企业设定的基准平均报酬率为 30%，从上述计算结果可以看出，甲方案的平均报酬率为 35%，乙方案的平均报酬率为 31%，均高于基准平均报酬率，故甲、乙两种方案都具备财务可行性，但甲方案平均报酬率高于乙方案，故甲方案为最优方案。

4. 平均报酬率指标的优缺点

平均报酬率指标的优点是计算简单、易懂。其主要缺点是没有考虑资金的时间价值，一定期间内各年现金净流量被视为具有相同的价值，很不合理。所以，利用该方法进行投资决策时，有可能会作出错误的结论。

非贴现现金流量指标除了上述两个指标外，还有总投资报酬率和会计收益率等指标，其计算方法和决策标准与平均报酬率很相似，本书不再另作介绍。

三、贴现现金流量指标

(一) 净现值

1. 净现值指标的含义

净现值(记作 NPV)是指投资项目投产后各年的现金净流量，按一定的折现率折算为现值，减去初始投资额现值之和以后的余额，或称为企业未来报酬的总现值与初始投资额现值之和的差额。

2. 净现值指标的计算

净现值指标的计算公式为：

$$NPV=\sum_{t=m+1}^{n}\frac{NCF_t}{(1+k)^t}-\sum_{t=0}^{m}\frac{C_t}{(1+k)^t}$$

即　　　净现值＝未来报酬总现值－初始投资额现值之和

式中：NPV 表示净现值；NCF_t 表示第 t 年的现金净流量；K 表示贴现率(资本成本或企业要求的报酬率)；m 表示建设期，n 表示项目预计使用年限；C 表示建设期内第 t 年的投资额。

当项目建设期为零，原始投资是在建设起点一次投入时，净现值指标的计算公式也可表示为：

$$NPV=\left[\frac{NCF_1}{(1+k)^1}+\frac{NCF_2}{(1+k)^2}+\cdots+\frac{NCF_n}{(1+k)^n}\right]-C=$$

$$\sum_{t=1}^{n} \frac{NCF_t}{(1+k)^t} - C$$

即　　　　　　　净现值＝未来报酬的总现值－初始投资额

式中：C 表示初始投资额。

其计算步骤如下：

第一步：计算每年的营业现金净流量。

第二步：计算未来报酬的总现值。这又可分成三步：

(1) 将每年的营业现金净流量折算成现值。

如果每年的营业 NCF 相等，则按普通年金现值计算公式折成现值；如果每年的营业 NCF 不相等，则先对每年的 NCF 进行贴现，然后加以合计。

(2) 将终结现金流量折算成现值。

(3) 计算未来报酬的总现值。

第三步：计算净现值。

$$\text{净现值} = \text{未来报酬的总现值} - \text{初始投资额}$$

需要说明的是，如果各年的营业现金净流量相等，且项目终结点无残值等回收额。则净现值公式可简化为：

$$NPV = NCF_t \cdot (P/A, K, n) - C$$

净现值的计算还可以应用下列公式：

$$NPV = \sum_{t=0}^{n} \frac{CFAT_t}{(1+k)^t}$$

或

$$NPV = \sum_{t=0}^{n} CFAT_t \cdot (P/F, K, t)$$

式中：n 表示开始投资至项目寿命终结时的年数；$CFAT_t$ 表示第 t 年的现金流量；K 表示贴现率(资本成本或企业要求的报酬率)。

在这种方法下净现值的定义可表述为：净现值是指从项目投资开始至项目寿命终结时所有一切现金流量(包括现金流出和现金流入)的现值之和。

【例 5-7】 根据前面所举光明公司的资料(见表 5-1 和表 5-2)，假设资本成本为 10%，计算净现值如下。

甲方案的年营业 NCF 相等，项目建设期为零，原始投资是在建设起点一次投入，且项目终点无回收额，故可用简化方法计算如下：

$$\text{甲方案 } NPV = \text{未来报酬的总现值} - \text{初始投资额} =$$

$$NCF \times (P/A, K, n) - 10\,000 =$$
$$3\,500 \times (P/A, 10\%, 5) - 10\,000 =$$
$$3\,500 \times 3.790\,8 - 10\,000 =$$
$$3\,267.8(\text{万元})$$

乙方案的年营业 *NCF* 不相等,可列表进行计算,详见表 5-5。

表 5-5

乙方案净现值计算　　单位:万元

年度	各年的 *NCF* (1)	现值系数 (2)	现值 (3)=(1)×(2)
1	4 250	0.909 1	3 863.68
2	3 950	0.826 4	3 264.28
3	3 650	0.751 3	2 742.25
4	3 350	0.683 0	2 288.05
5	8 050	0.620 9	4 998.25
未来报酬的总现值			17 156.51
减:初始投资额			15 000
净现值(*NPV*)			2 156.51

乙方案净现值的计算也可采用下列公式,其计算过程如下:

$$NPV = \sum_{t=0}^{n} CFAT_t \cdot (P/F, K, t) =$$
$$-15\,000 \times (P/F, 10\%, 0) + 4\,250 \times (P/F, 10\%, 1) +$$
$$3\,950 \times (P/F, 10\%, 2) + 3\,650 \times (P/F, 10\%, 3) +$$
$$3\,350 \times (P/F, 10\%, 4) + 8\,050 \times (P/F, 10\%, 5) =$$
$$-15\,000 \times 1 + 4\,250 \times 0.909\,1 + 3\,950 \times 0.826\,4 +$$
$$3\,650 \times 0.751\,3 + 3\,350 \times 0.683\,0 + 8\,050 \times 0.620\,9 =$$
$$2\,156.51(\text{万元})$$

两种计算方法结果完全相同。

3. 净现值指标的决策评价标准

净现值指标属于正指标,其数值越大越好。其决策评价标准是:在只有一个备选方案的投资决策中,净现值大于零,则该方案具有财务可行性;净现值小于零,则方案不可行。在有多个备选方案的互斥投资决策中,净现值是正值的方案中,最大者为最优方案。

从上面计算结果可以看出，甲、乙两个方案的净现值分别为 3 267.8 万元和 2 156.51 万元，均大于零，故都具有财务可行性，但甲方案的净现值大于乙方案，故甲方案为最优方案。

4. 净现值指标的优缺点

净现值指标的优点是考虑了资金的时间价值，能够反映各种投资方案的净收益，因而是一种较好的方法。其缺点是不能揭示各个投资方案本身可能达到的实际报酬率是多少。

（二）净现值率

1. 净现值率指标的含义

净现值率（记作 *NPVR*）是投资项目的净现值占初始投资额现值之和的比率，也可理解为单位原始投资现值所创造的净现值。

2. 净现值率指标的计算

净现值率指标的计算公式为：

$$\text{净现值率} = \frac{\text{项目的净现值}}{\text{初始投资额现值之和}}$$

若项目建设期为零，且原始投资在建设起点一次投入，则：

$$\text{净现值率} = \frac{\text{项目的净现值}}{\text{初始投资额}}$$

即

$$NPVR = \frac{NPV}{|C|}$$

【例 5-8】 根据前面所举光明公司的资料（见表 5-1 和表 5-2），计算净现值率（保留 4 位小数）。

根据[例 5-7]中净现值计算结果，计算甲、乙两方案的净现值率如下：

$$\text{甲方案} \qquad NPVR = \frac{3\,267.8}{|-10\,000|} \approx 0.326\,8$$

$$\text{乙方案} \qquad NPVR = \frac{2\,156.51}{|-15\,000|} \approx 0.143\,8$$

3. 净现值率指标的决策评价标准

净现值率指标属于正指标，其数值越大越好。其决策评价标准与净现值完全相同，故不再重述。

从以上计算结果可知，甲、乙两方案的净现值率分别为 0.326 8 和 0.143 8，均大于零，故都具有财务可行性，但甲方案的净现值率大于乙方案，故甲方案为最优方案。

4. 净现值率指标的优缺点

净现值率指标的优点是考虑了资金的时间价值，可以从动态的角度反映项目投资的资金投入与净产出之间的关系。其缺点是这一指标同样无法直接揭示各个投资方案本身可能达到的实际报酬率是多少，且计算通常建立在净现值指标的计算基础上。

（三）获利指数

1. 获利指数指标的含义

获利指数又称利润指数（记作 PI），是指投资项目未来报酬的总现值与初始投资额的现值之和之比。

2. 获利指数指标的计算

获利指数指标的计算公式为：

$$\text{获利指数}=\frac{\text{未来报酬的总现值}}{\text{初始投资额现值之和}}$$

未来报酬的总现值与初始投资额现值之和的计算方法同净现值指标的计算。

若项目建设期为零且原始投资在建设起点一次投入，则：

$$\text{获利指数}=\frac{\text{未来报酬的总现值}}{\text{初始投资额}}$$

即 $$PI=\left[\frac{NCF_1}{(1+i)^1}+\frac{NCF_2}{(1+i)^2}+\cdots+\frac{NCF_n}{(1+i)^n}\right]\Big/C=\sum_{t=1}^{n}\frac{NCF_t}{(1+i)^t}\Big/C$$

或 $$PI=\sum_{t=1}^{n}\left[NCF_t\cdot(P/F,\ i,\ t)\right]\Big/C$$

获利指数与净现值率的关系为：

$$PI=1+NPVR$$

【例 5-9】 根据前面所举光明公司的资料（见表 5-1 和表 5-2），计算获利指数（保留 4 位小数）。

根据例[5-6]中计算资料，计算甲、乙两方案的获利指数如下：

甲方案 $$PI=\frac{13\,267.8}{10\,000}\approx 1.326\,8$$

乙方案 $$PI=\frac{17\,156.51}{15\,000}\approx 1.143\,8$$

以上计算结果也可用 PI 和 $NPVR$ 的关系验证：根据例 5-8 中 $NPVR$ 计算结

果可知，甲方案的 $NPVR$ 为0.326 8，故 $PI=1+0.326\,8=1.326\,8$；乙方案的 $NPVR$ 为0.143 8，故 $PI=1+0.143\,8=1.143\,8$。

3. 获利指数指标的决策评价标准

获利指数指标属于正指标，其数值越大越好。其决策评价标准是：在只有一个备选方案的投资决策中，获利指数大于或等于1，则该方案具有财务可行性；获利指数小于1，则方案不可行。在有多个方案的互斥投资决策中，获利指数超过1最多的投资方案为最优方案。

从以上计算结果可知，甲、乙两个方案的获利指数分别为1.326 8和1.143 8，均大于1，故都具有财务可行性，但甲方案的获利指数大于乙方案，故甲方案为最优方案。

4. 获利指数指标的优缺点

获利指数指标的优点是考虑了资金的时间价值，能够真实地反映投资项目的盈亏程度，有利于在初始投资额不同的投资方案之间进行对比。其缺点是这一指标也无法直接反映投资项目的实际收益率，而且其概念不便于理解。

（四）内部报酬率

1. 内部报酬率指标的含义

内部报酬率又称内含报酬率（记作 IRR），是使投资项目净现值等于零时的贴现率，也是项目投资实际期望达到的收益率。

2. 内部报酬率指标的计算

根据内部报酬率指标的含义，IRR 应满足下列等式：

$$\sum_{t=0}^{n}\frac{NCF_t}{(1+IRR)}=0$$

或

$$\sum_{t=0}^{n}[NCF_t\cdot(P/F,\ IRR,\ t)]=0$$

若项目建设期为零且原始投资在建设起点一次投入，则：

$$\frac{NCF_1}{(1+IRR)^1}+\frac{NCF_2}{(1+IRR)^2}+\cdots+\frac{NCF_n}{(1+IRR)^n}-C=0$$

即

$$\sum_{t=1}^{n}\frac{NCF_t}{(1+IRR)}-C=0$$

或

$$\sum_{t=1}^{n}[NCF_t\cdot(P/F,\ IRR,\ t)]-C=0$$

内部报酬率指标的计算方法如下：

（1）如果项目建设期为零，全部投资均于建设起点一次投入，且每年的营业 NCF 相等，则可采用特殊方法进行计算。其步骤如下：

第一步：计算年金现值系数。

$$年金现值系数=\frac{初始投资额}{每年\ NCF}$$

第二步：查"1元年金现值表"，在相同的期数内，找到与上述年金现值系数相邻近的较大和较小的两个贴现率。

第三步：根据上述两个邻近的贴现率和已求得的年金现值系数，采用插值法计算出该投资方案的内部报酬率。插值法计算公式为：

$$IRR=i_1+\frac{\beta_1-\chi}{\beta_1-\beta_2}\cdot(i_2-i_1)$$

式中：χ 表示年金现值系数；β_1 表示与 χ 相邻的较大的系数；i_1 表示对应的折现率；β_2 表示与 χ 相邻的较小的系数；i_2 表示对应的折现率。

（2）如果不满足上述条件，则只能采用一般方法进行测算，其步骤如下：

第一步：先预估一个贴现率，并按此贴现率计算净现值。如果计算出的净现值为正数，则表示预估的贴现率小于该项目的实际内部报酬率，应提高贴现率，再进行测算；如果计算出的净现值为负数，则表明预估的贴现率大于该方案的实际内部报酬率，应降低贴现率，再进行测算。经过如此反复测算，找到净现值由正到负和由负到正，并且比较接近于零的两个贴现率。

第二步：根据上述两个邻近的贴现率再使用插值法，计算出方案的实际内部报酬率。

插值法的计算公式为：

$$IRR=i_1+\frac{NPV_1}{NPV_1-NPV_2}\cdot(i_2-i_1)$$

式中：NPV_1 表示与零相邻较大的净现值，i_1 表示对应的贴现率；NPV_2 表示与零相邻较小的净现值，i_2 表示对应的贴现率。

【例5-10】 根据前面所举光明公司的资料（见表5-1和表5-2），计算内部报酬率。

由于甲方案符合采用特殊方法的条件，故可采用以下方法计算内部报酬率：

（1）$年金现值系数=\frac{初始投资额}{每年\ NCF}=\frac{10\,000}{3\,500}=2.857\,1$

（2）查"1元年金现值表"，第五年与2.857 1相邻近的年金现值系数在20%～24%之间。

(3) 采用插值法计算如下：

贴现率			年金现值系数		
20%	$IRR-20\%$	4%	2.990 6	0.133 5	0.245 2
IRR			2.857 1		
24%			2.745 4		

$$\frac{IRR-20\%}{4\%}=\frac{0.133\,5}{0.245\,2}$$

或
$$IRR=20\%+\frac{2.990\,6-2.857\,1}{2.990\,6-2.745\,4}\times(24\%-20\%)$$

$$IRR=20\%+2.18\%=22.18\%$$

乙方案不符合采用特殊方法条件，故只能按一般方法逐次进行测算，测算过程如表 5-6 所示。

表 5-6

内部报酬率测算　　单位：万元

年度	NCF_t	测试 16%		测试 15%	
		复利现值系数	现值	复利现值系数	现值
0	−15 000	1.000	−15 000	1.000	−15 000
1	4 250	0.862 1	3 663.925	0.869 6	3 695.8
2	3 950	0.743 2	2 935.64	0.756 1	2 986.595
3	3 650	0.640 7	2 338.555	0.657 5	2 399.875
4	3 350	0.552 3	1 850.205	0.571 8	1 915.53
5	8 050	0.476 1	3 832.605	0.497 2	4 002.46
NPV	—	—	−379.07	—	0.26

在表 5-6 中，先按 16%的贴现率进行测算，净现值为−379.07 万元，再把贴现率调低到 15%，进行第二次测算，净现值为 0.26 万元，符合插值法的应用条件，故用插值法计算如下：

$$IRR=15\%+\frac{0.26}{0.26-(-379.07)}\times(16\%-15\%)=15.07\%$$

由于贴现率为 15%时，净现值几乎等于零，故也可将该项目的内部报酬率近似确定为 15%。

3. 内部报酬率法的决策评价标准

内部报酬率指标属于正指标，其数值越大越好。其决策标准是：在只有一个备选方案的投资决策中，如果计算的内部报酬率大于或等于企业的资本成本或必要报酬率，则该方案具有财务可行性，否则就不可行；在有多个备选方案的互斥投资决策中，内部报酬率超过资本成本或必要报酬率最多的方案为最优方案。

假定该企业的资本成本为 10% ，从以上计算结果可以看出，甲、乙两个方案的内部报酬率分别为 22.18%和 15.07%，均高于资本成本，故都具有财务可行性，但甲方案的内部报酬率高于乙方案，故甲方案为最优方案。

4. 内部报酬率指标的优缺点

内部报酬率指标的优点是考虑了资金的时间价值，反映了投资项目的真实报酬率，概念也易于理解。但其缺点是计算过程比较复杂，特别是每年营业 *NCF* 不相等的投资项目，一般要经过多次测算才能求得。

第四节　项目投资决策评价指标的运用

了解了项目投资决策评价指标的内涵、计算及决策标准后，就可以在实际项目投资决策评价中进行具体运用。本书将对固定资产更新、资本限量、投资开发时机和项目寿命周期不等决策等决策中有关决策评价指标的运用加以介绍。

一、固定资产更新决策

由于科技的不断进步，企业的固定资产更新周期大大缩短。因此，固定资产更新决策便成为企业项目投资决策的一项重要内容。固定资产更新决策一般采用净现值法，可以通过计算相关方案净现值的差量，也可以先计算出相关方案的净现值，然后比较其大小，以此来确定固定资产是否进行更新。

【例 5-11】 南方公司考虑用一台新的、效率更高的设备来代替旧设备，以减少成本，增加收益。旧设备原购置成本为 400 000 元，使用 5 年，估计还可使用 5 年，已提折旧 200 000 元，假定使用期满后无残值，如果现在销售可得价款 200 000 元，使用该设备每年可获收入 500 000 元，每年的付现成本为 300 000 元。该公司现准备用一台新设备来代替原有的旧设备，新设备的购置成本为 600 000 元，估计可使用 5 年，期满有残值 100 000 元，使用新设备后，每年收入可达 800 000 元，每年付现成本为 400 000 元。假设该公司的资本成本为 10%，所得税税率为 40%，新、旧设备均用直线法计提折旧。试作出该公司是继续使用旧设备还是对其进行更新的决策。

在本例中，一个方案是继续使用旧设备，另一个方案是出售旧设备而购置新设备。为此，可采用差量分析法来计算一个方案比另一个方案增减的现金流量，所有增减额均用希腊字母“Δ”表示。

从新设备的角度计算两个方案的差量现金流量如下：

（1）分别计算初始投资额与折旧的现金流量的差量。

$$\Delta 初始投资额 = 600\,000 - 200\,000 = 400\,000(元)$$

$$\Delta 年折旧额 = 100\,000 - 40\,000 = 60\,000(元)$$

（2）利用表 5-7 来计算各年营业现金流量的差量。

表 5-7

各年营业现金流量差量 单位:元

项　　目	第一年至第五年
Δ销售收入(1)	300 000(800 000－500 000)
Δ付现成本(2)	100 000(400 000－300 000)
Δ折旧额(3)	60 000
Δ税前净利(4)＝(1)－(2)－(3)	140 000
Δ所得税(5)＝(4)×40％	56 000
Δ税后净利(6)＝(4)－(5)	84 000
Δ营业现金净流量(7)＝(6)＋(3)＝(1)－(2)－(5)	144 000

（3）利用表 5-8 计算两个方案现金净流量的差量。

表 5-8

两个方案各年现金净流量差量 单位:元

项　　目	第零年	第一年	第二年	第三年	第四年	第五年
Δ初始投资	－400 000					
Δ营业净现金流量		144 000	144 000	144 000	144 000	144 000
Δ终结现金流量						100 000
Δ现金净流量	－400 000	144 000	144 000	144 000	144 000	244 000

（4）计算净现值的差量。

$$\Delta NPV = 144\,000 \times (P/A,\ 10\%,\ 4) + 244\,000 \times (P/F,\ 10\%,\ 5) - 400\,000 =$$
$$144\,000 \times 3.169\,9 + 244\,000 \times 0.620\,9 - 400\,000 =$$
$$207\,965.2(元)$$

通过计算可知，投资项目更新后，可增加净现值 207 965.2 元，故应对原设备进行更新。

上述例题，也可通过分别计算两个方案的净现值来进行对比，其结论是一样的。

二、资本限量决策

资本限量是指企业项目投资额受到资金量的限制，不能投资于所有可接受的项目。也就是说，有很多获利项目可供投资，但无法筹集到足够的资金。在这种情况下，为了使企业获得最大的利益，应投资于一组使净现值最大的项目。这样的一组项目必须采用适当的方法进行选择，最常用的方法有获利指数法和净现值法。

（一）获利指数法

该方法的步骤如下：

第一步：计算所有项目的获利指数，不能漏掉任何项目，并列出每一个项目的初始投资额。

第二步：接受 $PI \geqslant 1$ 的项目，如果所有可接受的项目都有足够的资金，则说明资本没有限量，这一过程即可完成。

第三步：如果资金不能满足所有 $PI \geqslant 1$ 的项目，那么就要对第二步进行修正。这一修正的过程是：对所有项目在资本限量内进行各种可能的组合，然后计算出各种组合的加权平均获利指数。

第四步：接受加权平均获利指数最大的一组项目。

（二）净现值法

该方案步骤如下：

第一步：计算所有项目的净现值，并列出项目的初始投资额。

第二步：接受 $NPV \geqslant 0$ 的项目，如果所有可接受的项目都有足够的资金，则说明资本没有限量，这一过程即可完成。

第三步：如果资金不能满足所有的 $NPV \geqslant 0$ 的投资项目，那么就要对第二步进行修正。这一修正的过程是：对所有的项目都在资本限量内进行各种可能的组合，然后，计算出各种组合的净现值总额。

第四步：接受净现值的合计数最大的组合。

【例 5-12】 假设天龙公司有五个可供选择的项目 A_1、B_1、B_2、C_1、C_2，其中 B_1 和 B_2、C_1 和 C_2 是互斥项目，天龙公司资本的最大限量是 4 000 000 元。详细资料如表 5-9 所示。

表 5-9

投资项目获利指数与净现值资料 单位：元

投资项目	初始投资	获利指数 PI	净现值 NPV
A_1	1 200 000	1.56	670 000

（续表）

投资项目	初始投资	获利指数 *PI*	净现值 *NPV*
B_1	1 500 000	1.53	795 000
B_2	3 000 000	1.37	1 110 000
C_1	1 250 000	1.17	210 000
C_2	1 000 000	1.18	180 000

如果天龙公司想选取获利指数最大的项目，那么它将选用 A_1 项目（获利指数为 1.56），B_1 项目（获利指数为 1.53）和 C_2 项目（获利指数为 1.18）；如果天龙公司按每一项目的净现值的大小来选取，那么它将首先选用 B_2 项目，另外可选择的只有 C_2 项目。

然而，以上两种选择方法都是错误的，因为它们选择的都不是能使企业净现值最大的项目组合。

为了选出最优的项目组合，必须列出在资本限量内的所有可能的项目组合。可通过表 5-10 计算所有可能的项目组合的加权平均获利指数和净现值合计数。

表 5 - 10

项目组合加权平均获利指数与净现值合计计算汇总 单位：元

项目组合	初始投资	加权平均获利指数	净现值合计
$A_1B_1C_1$	3 950 000	1.420	1 675 000
$A_1B_1C_2$	3 750 000	1.412	1 647 000
A_1B_1	2 700 000	1.367	1 465 000
A_1C_1	2 450 000	1.221	880 000
A_1C_2	2 200 000	1.213	850 000
B_1C_1	2 750 000	1.252	1 000 000
B_2C_2	4 000 000	1.322	1 290 000

在表 5-10 中 $A_1B_1C_1$ 的组合有 50 000 元资金没有用完，假设这 50 000 元可投资于有价证券，获利指数为 1（以下其他组合也如此）。则 $A_1B_1C_1$ 组合的加权平均获利指数可按以下方法计算：

$$\frac{1\,200\,000}{4\,000\,000}\times 1.56+\frac{1\,500\,000}{4\,000\,000}\times 1.53+\frac{1\,250\,000}{4\,000\,000}\times 1.17+\frac{50\,000}{4\,000\,000}\times 1.00=1.42$$

其他组合计算方法同上，故不再列示。

从表 5-10 中可以看出，天龙公司应选用 A_1、B_1 和 C_1 三个项目组成的投资组合，其净现值为1 675 000元，在所有项目组合中数额最大。

三、投资开发时机决策

投资开发时机决策是项目投资决策中十分重要，也很普遍的一个决策问题。在现实生活中，一方面有些资源开发早，可能取得的收入反而会少，而开发晚则可能获得更高的收入。但另一方面，投资决策又必须考虑资金的时间价值因素，所以项目投资中经常要研究投资开发时机问题。

在进行此类决策时，决策的基本标准也是寻求使净现值最大的方案，但由于两个方案的开发时间可能不一样，故不能把净现值简单对比，而必须把晚开发所获得的净现值换算为在开发的第一年年初($t=0$)时的现值，然后再进行对比。

【例5－13】 东方公司拥有一稀有矿藏，这种矿产品的价格在不断上升。根据预测，6年后价格将一次性上升30%，因此，公司要研究现在开发还是6年后开发的问题。不论现在开发还是6年后开发，初始投资均相同，建设期均为1年，从第二年开始投产，投产后5年就把矿藏全部开采完。有关资料如表5-11所示。

表5－11

东方公司项目投资开发资料

投资与回收		收入与成本	
固定资产投产	800万元	年产销量	20 000吨
营运资金垫支	100万元	现投资开发每吨售价	0.1万元
固定资产残值	0	6年后投资开发每吨售价	0.13万元
资本成本	10%	付现成本	600万元
		所得税税率	40%

(一) 计算现在开发的净现值

(1) 通过表5-12计算现在开发的营业现金流量。

表5－12

东方公司现在开发营业现金流量计算 单位：万元

项　　目	第二年至第六年
销售收入(1)	2 000
付现成本(2)	600
折旧(3)	160
税前利润(4)	1 240
所得税(5)	496

（续表）

项　　目	第二年至第六年
税后利润(6)	744
营业现金流量(7)[(7)=(1)-(2)-(5)=(3)+(6)]	904

(2) 根据营业现金流量、初始投资和终结现金流量编制现金流量表(见表5-13)。

表5-13

东方公司现在开发现金流量　　　　单位:万元

项目	第零年	第一年	第二年至第五年	第六年
固定资产投资	-800			
营运资金垫支	-100			
营业现金流量		0	904	904
营运资金回收				100
现金流量	-900	0	904	1 004

(3) 计算现在开发的净现值。

$$NPV = 904 \times (P/A, 10\%, 4) \times (P/F, 10\%, 1) + 1\,004 \times (P/F, 10\%, 6) - 900 = 904 \times 3.169\,9 \times 0.909\,1 + 1\,004 \times 0.564\,5 - 900 = 2\,271.87(\text{万元})$$

(二) 计算6年后开发的净现值

(1) 通过表5-14,计算6年后开发的营业现金流量。

表5-14

东方公司6年后开发营业现金流量计算　　　　单位:万元

项目	第二年至第六年
销售收入(1)	2 600
付现成本(2)	600
折旧(3)	160
税前利润(4)	1 840
所得税(5)	736
税后利润(6)	1 104
营业现金流量(7)[(7)=(1)-(2)-(5)=(3)+(6)]	1 264

(2) 通过表 5-15,计算 6 年后开发的现金流量。

表 5-15

东方公司 6 年后开发现金流量　　单位:万元

项目	第零年	第一年	第二年至第五年	第六年
固定资产投资	−800			
营运资金垫支	−100			
营业现金流量		0	1 264	1 264
营运资金回收				100
现金流量	−900	0	1 264	1 364

(3) 计算 6 年后开发的净现值。

$$NPV = 1\,264\times(P/A,\ 10\%,\ 4)\times(P/F,\ 10\%,\ 1)+1\,364\times(P/F,\ 10\%,\ 6)-900=$$
$$1\,264\times3.169\,9\times0.909\,1+1\,364\times0.564\,5-900=$$
$$3\,512.52(\text{万元})$$

(4) 将 6 年后开发的净现值折算为立即开发的现值。

$$6\text{年后开发的净现值的现值}=3\,512.52\times(P/F,\ 10\%,\ 6)=$$
$$3\,512.52\times0.564\,5=$$
$$1\,982.82(\text{万元})$$

通过上述计算结果可知,早开发的净现值为 2 271.87 万元,6 年后开发的净现值为 1 982.82 万元,因此,应早开发。

四、项目寿命周期不等的投资决策

大部分固定资产投资都可能涉及两个或两个以上的寿命不同的投资项目的选择问题。由于项目的寿命周期不相等,因此就不能简单地运用净现值、内部报酬率、净现值率和获利指数等指标进行直接比较,这就需要采用其他方法进行比较决策。本书仅介绍年等额净回收额法和最短寿命周期统一法这两种方法。

(一) 年等额净回收额法

年等额净回收额法是指通过比较所有投资方案的年等额净回收额指标的大小来选择最优方案的决策方法。年等额净回收额(记作 *ANPV*)是某方案净现值与相关回收系数(或年金现值系数的例数)的乘积。其计算公式为:

$$\text{年等额净回收额}=\text{净现值}\times\text{回收系数}$$

或

$$\text{年等额净回收额}=\text{净现值}\times\frac{1}{\text{年金现值系数}}$$

即 $$ANPV = NPV/(P/A, i, n)$$

在该种方法下，年等额净回收额大于零且最大的方案为最优方案。

【例 5－14】 红光公司拟投资建设一条生产线。现有两个方案可供选择：A 方案项目的初始投资额为 125 万元，寿命周期为 11 年，净现值为 95.87 万元；B 方案项目的初始投资额为 110 万元，寿命周期为 10 年，净现值为 92 万元。该公司行业基准折现率为 10%，试用年等额净回收额法作出投资决策。

根据上述资料计算 A、B 两个方案的年等额净回收额如下：

A 方案 $ANPV = 95.87 \div (P/A, 10\%, 11) = 95.87 \div 6.4951 = 14.76$(万元)

B 方案 $ANPV = 92 \div (P/A, 10\%, 10) = 92 \div 6.1446 = 14.97$(万元)

从以上计算结果可以看出，A、B 两个方案的年等额净回收额分别为 14.76 万元和 14.97 万元，均大于零，但 B 方案的年等额净回收额大于 A 方案，故 B 方案为最优方案，应选 B 方案。

(二) 寿命周期统一法

寿命周期统一法是指通过对寿命周期不相等的多个互斥方案选定统一的计算分析期，根据该计算期计算的评价指标来选择最优方案的一种方法。它包括最小公倍数法和最短寿命周期法。

1. 最小公倍数法

最小公倍数法是指以各方案寿命周期的最小公倍数作为统一的计算分析期来计算有关指标，并据此进行比较决策的一种方法。该方法的步骤为：

(1) 计算每个方案原寿命周期内的评价指标(一般为净现值)。

(2) 对比每个方案的寿命周期，确定出最小公倍数。

(3) 按最小公倍数分别对每个方案原寿命周期内计算出的净现值进行再折现，并求和。

(4) 比较每个方案的净现值，并按净现值决策标准进行决策。

【例 5－15】 宏达公司拟投资建设一条生产线。现有两个方案可供选择：A 方案项目的初始投资额为 160 万元，每年的净现金流量为 80 万元，项目寿命周期为 3 年，期满后必须更新且无残值；B 方案项目的初始投资额为 210 万元，每年的净现金流量为 64 万元，项目寿命周期为 6 年，期满后必须更新且无残值。假定该公司的资本成本为 16%，试用最小公倍数法作出投资决策。

根据上述资料计算并决策如下：

(1) 分别计算 A、B 两个方案的净现值

A 方案 $NPV = 800\,000 \times (P/A, 16\%, 3) - 1\,600\,000 =$

$800\,000 \times 2.2459 - 1\,600\,000 = 196\,720$(元)

B 方案 $NPV = 640\,000 \times (P/A, 16\%, 6) - 2\,100\,000 =$

$$640\,000 \times 3.6847 - 2\,100\,000 = 258\,208(\text{元})$$

(2) A、B两方案的项目寿命周期分别为3年和6年,故最小公倍数为6。

(3) 按最小公倍数对A方案进行再折现,并计算总现值。

$$NPV' = 196\,720 + 196\,720 \times (P/F, 16\%, 3) = 196\,720 + 196\,720 \times 0.6407 \approx 322\,758.5(\text{元})$$

B方案的项目寿命周期即为最小公倍数,故其现值不需要进行调整。

(4) 比较A、B两个方案调整后的净现值,A方案净现值为322 758.5元,大于B方案的258 208元,故A方案为最优方案,应选A方案。

2. 最短寿命周期法

最短寿命周期法是指在将所有方案的净现值还原为年等额净回收额的基础上,再按照最短的寿命周期来计算出相应的净现值,并据此进行比较决策的一种方法。该方法的步骤为:

(1) 将所有方案的净现值还原为年等额净回收额。

(2) 确定所有方案的最短寿命周期。

(3) 对还原的年等额净回收额按最短寿命周期计算出净现值。

(4) 比较所有方案的净现值,并按净现值决策标准进行决策。

【例5-16】 以[例5-15]资料为例,试用最短寿命周期法作出投资决策。

根据上述资料计算并决策如下:

(1) 将B方案的净现值还原为年等额净回收额。

$$ANPV = 258\,208 \div (P/A, 16\%, 6) = 258\,208 \div 3.6847 = 70\,075.72(\text{元})$$

A方案的项目寿命周期即为最短寿命周期,故净现值不需要还原再计算。

(2) 计算B方案按还原后的年等额净回额计算的净现值。

$$NPV' = 70\,075.72 \times (P/A, 16\%, 3) = 70\,075.72 \times 2.2459 = 157\,383.06(\text{元})$$

(3) 比较A、B两个方案调整后的净现值,A方案的净现值为196 720元,大于B方案的157 383.06元,故A方案为最优方案,应选A方案。

本章小结

项目投资是一种以特定项目为对象直接与新建项目或更新改造项目有关的长期投资行为。它与其他形式的投资相比,具有投资金额大、投资时间长、变现能力差和投资风险高等特点。工业企业投资项目主要包括新建项目和更新改造项目两类,新建项目按其涉及内容又可分单纯固定资产项目和完整工业投资项目。项目投资资金投入的方式通常有集中性一次投入和分散性分次投入。企业项目投资决策中的现金流量是指与项目投资决策有关的现金流入和流出的数量。从现金流量的内容上来看,现金流量包括现金流入量、现金流出量和现金净流量三个部分。现金流入量是指项目投资所引起的企业现金收入的增加额;现金流出量是指项目投资所引起的企业现金支出的增加额;现金净流量也称净现金流量,是指一定期间项目投资所引起的现金流入量与流出量的差额。从现金流量的时间上来看,现金流量包括初始现金流量、营业现金流量和终结现金流量三个部分。确定现金流量是计算投资决策评价指标的基础。

企业项目投资决策评价的指标通常有贴现和非贴现现金流量指标。贴现现金流量指标是指考虑资金时间价值的指标,主要包括净现值、内部报酬率、净现值率和获利指数等。非贴现现金流量指标是指不考虑资金时间价值的指标,主要包括静态投资回收期和平均报酬率等。每种投资决策指标都有其优缺点,而且其决策标准也不一样,因此在具体应用时应根据实际情况区别采用。项目投资决策评价指标通常运用于固定资产更新、资本限量、投资开发时机和项目周期不等等决策中。

复习思考题

1. 什么是项目投资?它有何特点?

2. 项目投资总额、原始总投资、建设投资这三者之间的数量关系如何?

3. 投资项目现金流量构成有哪些?

4. 折旧与所得税对现金净流量的计算有何影响?

5. 项目投资决策评价的指标有哪些?如何计算?其各自的决策评价标准和优缺点如何?

6. 项目投资决策指标在实际工作中如何运用?

练 习 题

1. 某企业拟新建一项目,需在建设起点发生固定资产投资 100 万元,无形资产投资 30 万元,流动资金投资 20 万元。除流动资金投资外其他投资额均来源于银行贷款,贷款利率为 10%。预计该项目建设期为 1 年,试计算该投资项目的建设投资额、原始总投资和投资总额。

2. 某企业拟投资一项目,需购买固定资产 200 万元,购买流动资产 50 万元。预计该项目寿命周期为 5 年,期末有净残值 20 万元,按直线法计提折旧。该项目无建设期,在项目寿命周期内每年可获得销售收入 150 万元,发生付现成本 64 万元。企业所得税税率为 25%,要求计算该项目各年的税后现金净流量。

3. 某企业拟投资一项目,其各年现金净流量如表 5-16 所示。

表 5-16

某项目现金净流量表 单位:万元

年份	0	1	2	3	4	5
NCF	−100	30	20	40	50	60

试计算:①静态投资回收期;②平均报酬率。

4. 某企业有 A、B 两个方案,其计算期分别为 2 年和 3 年,有关资料如表 5-17,折现率为 10%。

表 5-17

净现金流量表 单位:万元

年份	0	1	2	3
A	−500	200	400	—
B	−1 000	200	500	600

要求:分别用寿命周期统一法中的最小公倍数法和最短寿命周期法作出最终的投资决策。

案例分析题

案例一

红星公司为扩大生产能力,计划进行固定资产投资,现有 A、B 两个方案可供选择。A 方案需投入 600 000 元,用于购置固定资产,使用寿命为 8 年,采用直线法计提折旧,期末无残值;每年的销售收入为300 000元,付现成本为 130 000 元。B 方案需投入 800 000 元,用于购置固定资产,使用寿命也是 8 年,采用直线法计提折旧,期末有残值 80 000 元;另外需垫支营运资金 40 000 元。该项目每年的销售收入为 400 000 元,第一年的付现成本为 170 000 元,以后随着设备的陈旧,逐年增加设备维修费用 2 000 元。假设该公司所得税税率为 25%,资本成本为 10%。

作为公司财务人员,请你完成以下工作:

(1) 计算两个方案的税后现金净流量。

(2) 计算两个方案的净现值。

(3) 计算两个方案的净现值率。

(4) 计算两个的获利指数。

(5) 计算两个方案的内部报酬率。

(6) 根据计算结果对两个方案作出决策评价。

案例二

东南集团是一家高新技术企业，设备更新速度快。最近，企业应生产需要，准备用一台性能更好的A设备代替原有B设备，以降低成本，提高效益。据资料显示，B设备购置成本为120万元，已使用6年，估计还可用6年，设备已提折旧60万元，预计使用期满后无残值，如果现在销售可得价款60万元。使用该设备目前每年可获收入80万元，发生付现成本50万元。若公司购置A设备，需投资150万元，估计可使用6年，期满有净残值30万元。使用A设备后，每年收入可达120万元，付现成本为60万元。

该集团其他有关资料为：按直线法计提折旧；资本成本为10%；所得税税率为25%。

要求：作为集团财务人员，请对是否更新设备作出决策。

第六章　企业证券投资管理

【本章学习目的】 本章主要阐述了证券投资的基本理论知识及几种常见的证券投资类型。通过学习，要求了解证券投资的概念、种类、目的以及风险与收益等方面的知识，掌握债券、股票、基金三种投资收益率的计算、估价及优缺点，掌握投资组合的风险与收益率的确定方法，投资组合的策略与组合方法。

【本章关键词】 债券　股票　基金　投资组合　收益率　估价

第一节　证券投资概述

一、证券与证券投资的含义

（一）证券的含义

从法律意义上说，证券是指各类记载并代表一定权利的法律凭证的统称，用于证明持券人有权依其所持证券记载的内容而取得应有的权益。从一般意义上来说，证券是用于证明或设定权利而做成的书面凭证，它表明证券持有人或第三者有权取得该证券所拥有的特定权益。本书所讲的证券是有价证券的简称。它是指票面载有一定金额，代表财产所有权或债权，可以有偿转让的凭证，主要包括股票、债券及基金证券等。

（二）证券投资的含义

证券投资又称有价证券投资，是指投资者将资金投资于股票、债券、基金及衍生证券等资产，从而取得投资收益的一种投资行为，它是企业投资的重要组成部分。科学地进行证券投资管理，能增加企业收益，降低风险，有利于财务管理目标的实现。

二、证券投资的种类

（一）证券的种类

证券的种类很多，按不同的标准可以作不同的分类。

1. 按证券的发行主体分类

按照证券的发行主体的不同，可分为政府证券、金融证券和公司证券三种。政府证券是指中央政府或地方政府为筹集资金而发行的证券。金融证券是指银行或其他金融机构为筹措资金而发行的证券。公司证券又称企业证券，是指工商企业为筹集资金而发行的证券。从证券的风险来看，一般来说，政府证券的风险较小，金融证券次之，公司证券的风险则视企业的规模、财务状况和其他情况而定。

2. 按证券的收益状况分类

按照证券收益稳定性的不同，可分为固定收益证券和变动收益证券两种。固定收益证券是指在证券的票面上规定有固定收益率的证券，如债券票面上一般有固定的利息率，优先股票面上一般有固定的股息率，这些证券都属于有固定收益的证券。变动收益的证券是指证券的票面不标明固定的收益率，其收益情况随企业经营状况而变动的证券，普通股股票是最典型的变动收益证券。一般来说，固定收益证券风险较小，但报酬不高，而变动收益证券风险大，但报酬较高。

3. 按证券体现的权益关系分类

按照证券所体现的权益关系，可分为所有权证券和债权证券两种。所有权证券是指证券的持有人是证券发行单位的所有者的证券。这种证券的持有人一般对发行单位都有一定的管理和控制权。股票是典型的所有权证券，股东便是发行股票的企业的所有者。债券证券是指证券的持有人是发行单位的债权人的证券。这种证券的持有人一般无权对发行单位进行管理和控制。当一个发行单位破产时，债券证券要优先清偿，而所有权证券要在最后清偿，所以所有权证券一般都要承担比较大的风险。

4. 按证券的到期日分类

按照证券到期日的长短，可分为短期证券和长期证券两种。短期证券是指到期日短于1年的证券，如短期国债、商业票据、银行承兑汇票等。长期证券是指到期日长于1年的证券，如股票、债券等。一般而言，短期证券的风险小，变现能力强，但收益率相对较低。长期证券的收益一般较高，但时间长，风险大。

（二）证券投资的种类

根据证券投资的对象，证券投资的种类主要有股票投资、债券投资、基金投资、期货投资、期权投资和组合投资等。

1. 股票投资

股票投资是指投资者将资金投向于股票，通过股票的买卖获取收益的投资行为。根据股票的性质不同，又可分为优先股投资和普通股投资。企业投资于股票，尤其是普通股票，要承担较大的风险，但在通常情况下，也会获得较高收益。

2. 债券投资

债券投资是指投资者购买债券以取得资金收益的一种投资活动。企业将资金投向各种各样的债券，例如国库券、公司债券和短期融资券等都属于债券投资。与股票投资相比，债券投资的风险较小，相应地，其收益也比较低。

3. 基金投资

基金投资是指投资者通过购买投资基金股份或受益凭证来获取收益的投资方

式。这种方式可使投资者享受专家服务，有利于分散风险，获得较大投资收益。

4. 期货投资

期货投资是指投资者通过买卖期货合约来规避价格风险或赚取高额利润的一种投资方式。所谓期货合约，是指在将来一定时期以既定的价格买卖一定数量和质量的商品而由商品交易所制定的统一的标准合约，它是确定期货交易关系的一种契约，是期货市场的交易对象。

5. 期权投资

期权投资是指投资者为了实现营利目的或规避风险而进行期权买卖的一种投资方式。所谓期权，也称选择权，是期货合约买卖选择权的简称，是一种能在未来某个特定期间以特定价格买入或卖出一定数量的某种特定商品的权利。

6. 组合投资

组合投资又称证券投资组合，是指企业将资金同时投资于多种证券，例如既投资于国库券，又投资于企业债券或企业股票、基金等。组合投资可以有效地分散证券投资风险，是企业等法人单位进行投资时常用的投资方式。

本书将在后面章节重点介绍债券投资、股票投资、基金投资和组合投资。

三、证券投资的目的

企业进行证券投资，最根本的目的是为了获得投资收益。除此之外，还有以下几个方面的目的。

（一）暂时存放闲置资金

企业一般都持有一定量的有价证券，以替代较大量的非盈利的现金余额，并在现金流出超过现金流入时，将持有的有价证券售出，以增加现金。短期证券的投资在多数情况下都是出于预防的动机，因为大多数企业都依赖银行信用来应付短期交易对现金的需要，但银行信用有时是不可靠的或不稳定的，因此，必须持有有价证券以防银行信用不佳造成的短缺。

（二）与筹集长期资金相配合

处于成长期或扩张期的公司一般每隔一段时间就会发行长期证券（股票或公司债券）。但发行长期证券所获得的资金一般并不一定一次性用完，而是逐渐、分次使用。这样，暂时不用的资金可投资于有价证券，以获取一定收益，而当企业进行投资需要资金时则可卖出有价证券，以获得现金。

（三）满足季节性经营对现金的需求

从事季节性经营的公司在1年内的某些月份有剩余现金，而在另几个月会出现资金短缺，这些公司通常在现金有剩余时购入有价证券，而在现金短缺时出售有价证券。

（四）满足未来的财务需求

假如企业在不久的将来有一笔现金需求，如建一座厂房或归还到期债务，则将现有现金投资于有价证券,以便到时出售,满足所需要的现金。

（五）获得对相关企业的控制权

有些企业往往从战略上考虑要控制另外一些企业,这可以通过股票投资加以实现,即购买这些公司的股票,直到所拥有的股权达到可以控制这家公司为止,从而实现对这家公司的控制。

四、证券投资的风险和收益

（一）证券投资的风险

证券投资风险是指投资者在证券投资过程中遭受损失或达不到预期收益的可能性。在整个证券投资过程中,都蕴含着风险因素。风险既是对投资者进行证券投资行为的约束,同时也提供了获取较高收益的机会。

证券投资风险按风险性质分为系统性风险和非系统性风险两大类。

1. 系统性风险

系统性风险也称为市场风险或不可分散风险,是指由于外部经济环境因素变化引起整个金融市场不确定性加强,从而对市场上所有证券都产生影响的共同性风险。具体来说,系统性风险主要包括以下几种:

(1) 利率风险。利率风险是指由于利率变动而引起金融资产价格波动,使投资者遭受损失的风险。证券的价格,将随利率的变动而变动。一般而言,银行利率上升,则证券价格下跌;银行利率下降,则证券价格上升。不同期限的证券,利率风险不一样。一般来说,期限越长,风险越大。

(2) 购买力风险。购买力风险是指由于通货膨胀而使货币购买力下降的风险。在通货膨胀时期,购买力风险对于投资者相当重要。一般而言,变动收益的证券,其购买力风险会低于固定收益的证券。例如,普通股受通货膨胀的影响较小,而收益长期固定的债券受到的影响较大,前者更适合作为减少通货膨胀损失的避险工具。

(3) 再投资风险。再投资风险是指由于市场利率下降而造成的无法通过再投资而实现预期收益的风险。购买短期证券,而没有购买长期证券,就可能会有再投资风险。例如,长期债券的利率为12%,短期债券的利率为10%,为减少利率风险,投资者买了短期债券。在短期债券到期收回现金时,如果利率降低到9%,投资者只能找到报酬率大约9%的投资机会,不如当初购买长期债券,现在仍可获得12%的收益。

2. 非系统性风险

非系统性风险也称为企业特有风险或可分散风险,是指由于特定经营环境或特定事件变化引起的不确定性,从而对个别证券产生影响的特有性风险。具体来说,非系统性风险主要包括以下几种:

(1) 违约风险。它是指证券发行人无法按期支付利息或偿还本金的风险。例如,财政部发行的国库券,由于有政府作担保,所以没有违约风险;除中央政府以外的金融机构和其他公司发行的债券，则或多或少地存在违约风险。

(2) 变现力风险。它是指无法在短期内以合理的价格来出售证券的风险，也称为流动性风险。通常那些发行量大、知名度高的有价证券具有较好的流动性；而对于那些发行量小、知名度低的有价证券则流动性风险较大。

(3) 破产风险。它是指在证券发行者破产清算时，投资者无法收回应得权益的风险。当证券发行者由于经营管理不善而持续亏损、现金周转不畅而无力清偿债务，或其他原因导致难以持续经营时，投资者可能会申请破产保护。破产保护会导致债务清偿的豁免，使得投资者无法取得应得的投资收益，甚至无法收回投资的本金。

(二) 证券投资的收益

证券投资收益包括证券交易现价与原价的价差以及定期的股利或利息收益两部分。证券投资收益的高低是影响证券投资的主要因素。证券投资的收益有绝对数和相对数两种表示方法。在财务管理中通常用相对数，即用收益率来表示。

第二节　企业债券投资

一、企业债券投资的目的

企业债券按投资时间长短可分为短期债券投资和长期债券投资。企业进行短期债券投资的目的主要是为了配合企业对资产的需求，调节现金余额，使现金余额达到合理水平。当企业现金余额太多时，便投资于债券，使现金余额降低；反之，当现金余额太少时，则出售原来投资的债券，收回现金，使现金余额提高。

企业进行长期债券投资的目的主要是为了获得稳定的收益。企业债券投资收益包括债券利息和债券买卖价差两部分。

二、企业债券投资收益率的计算

企业债券投资收益率是指债券投资收益额与债券投资总额的比率，是衡量企业债券投资收益水平高低的基本指标。债券投资收益率通常可按投资期限长短分为短期债券投资收益率和长期债券投资收益率两种。短期债券投资收益率的计算一般比较简单，因为期限短，所以一般不用考虑资金时间价值因素；而长期债券投资收益率，因为期限长，故在计算时要考虑资金时间价值因素。

(一) 短期债券投资收益率的计算

短期债券投资收益率计算公式为：

$$K=\frac{S_1-S_0+P}{S_0}\cdot 100\%$$

式中：S_0 表示债券购买价格；S_1 表示债券出售价格；P 表示债券投资报酬（利息）；K 表示债券投资收益率。

【例 6-1】 某企业于 20×8 年 1 月 5 日投资 800 元购进一张面值为 1 000 元，票面利率为 5%，每年付息一次的债券，并于 2009 年 1 月 5 日以 850 元的市价出售，则持有期投资收益率为：

$$K = \frac{850 - 800 + 1\,000 \times 5\%}{800} \times 100\% = 12.5\%$$

需要说明的是，上述公式中的投资收益率是指整个持有期的收益率，若要计算持有期年均收益率，则还要考虑持有的期限，即：

$$\text{持有期年均收益率} = \frac{\text{持有期收益率}}{\text{实际持有天数}} \times 360 \times 100\%$$

（二）长期债券投资收益率的计算

长期债券投资收益率是按复利计算的收益率，是指能使未来现金流入现值等于债券买入价格的贴现率。对于按年支付利息的长期债券，企业进行债券投资，一般每年能获得固定的利息，并在债券到期时收回本金或在中途出售而收回资金。因此，长期债券投资收益率的计算方法是求解含有贴现率的方程，即：

$$V = \frac{I}{(1+i)^1} + \frac{I}{(1+i)^2} + \cdots + \frac{I}{(1+i)^n} + \frac{F}{(1+i)^n} =$$
$$I \times (P/A, i, n) + F \times (P/F, i, n)$$

式中：V 表示债券的购买价格；I 表示每年获得的固定利息；F 表示债券到期收回的本金或中途出售收回的资金；i 表示长期债券投资收益率；n 表示投资期限。

从式中可以看出，投资收益率 i 无法直接计算出，而只能通过估算并采用插值法才能计算出来。

【例 6-2】 某公司于 20×8 年 1 月 1 日购入昌盛公司当日发行的一张面值为 1 000 元、期限为 6 年的债券，票面利率为 6%，购入价格为 912.50 元，该债券每年末付息一次，6 年后债券到期按面值收回本金，试计算该债券的投资收益率。

根据长期债券投资收益率的计算公式，则有：

$$912.50 = 1\,000 \times 6\% \times (P/A, i, 6) + 1\,000 \times (P/F, i, 6)$$

(1) 先采用估算法测试。

当 i 取 7%时：

$$V = 1\,000 \times 6\% \times (P/A, 7\%, 6) + 1\,000 \times (P/F, 7\%, 6) =$$
$$60 \times 4.766\,5 + 1\,000 \times 0.666\,3 =$$
$$952.29(\text{元})$$

由于 952.29 元大于 912.50 元，说明收益率应大于 7%，下面用 8%再一次测试，其计算如下：

$$V = 1\,000 \times 6\% \times (P/A,\ 8\%,\ 6) + 1\,000 \times (P/F,\ 8\%,\ 6) =$$
$$60 \times 4.622\,9 + 1\,000 \times 0.630\,2 =$$
$$907.57(\text{元})$$

由于 907.57 元小于 912.50 元，说明收益率应小于 8%。由此可知，实际投资收益率应在 7%～8%。

(2) 再用插值法计算收益率。

$$\left.\begin{matrix} \left.\begin{matrix} 7\% \\ i \end{matrix}\right\} i-7\% \\ 8\% \end{matrix}\right\} 1\% \qquad \left.\begin{matrix} \left.\begin{matrix} 952.29 \\ 912.50 \end{matrix}\right\} 39.79 \\ 907.57 \end{matrix}\right\} 44.72$$

$$\frac{i-7\%}{8\%-7\%} = \frac{912.50-952.29}{907.57-952.29}$$

则 $$i = 7\% + 0.89\% = 7.89\%$$

通过计算可以看出该公司的债券投资收益率为 7.89%。

三、企业债券的估价

债券若作为一种投资，现金流出是其购买价格，现金流入是利息和归还的本金或者出售时得到的现金。债券未来现金流入的现值，称为债券价值。对于投资者来说，一般只有当债券的价值大于或等于购买价格时，才值得购买。

(一) 债券价值计算的基本模型

债券价值计算的基本模型是指一次还本按期复利计息方式计算的基本债券价值的方式。其计算公式为：

$$P = \sum_{t=1}^{n} \frac{I}{(1+K)^t} + \frac{F}{(1+K)^n} =$$
$$I \cdot (P/A,\ K,\ n) + F \cdot (P/F,\ K,\ n)$$

式中：P 表示债券价值；I 表示债券每年利息；F 表示债券面值；K 表示贴现率，即市场利率或投资者要求的必要收益率；n 表示付息总期数。

【例 6－3】 某种债券面值为 100 元，期限为 3 年，票面利率为 8%。该债券采用一次还本，按年复利计息方式。现有一投资者想要投资这种债券，当时市场利率为 10%，则当债券价格为多少时该投资者才能进行投资？

根据上述公式计算如下：

$$P = 100 \times 8\% \times (P/A, 10\%, 3) + 100 \times (P/F, 10\%, 3) =$$
$$8 \times 2.4869 + 100 \times 0.7513 =$$
$$95.03(元)$$

即该投资者如果能以低于95.03元的价格买到这种债券，对他来说是合算的，因为债券的价值比他支付的价格高。

(二) 利随本清债券价值的计算

利随本清是指一次还本付息且不计复利的方式。其计算公式为：

$$P = \frac{F + I}{(1 + K)^n} =$$
$$(F + F \cdot i \cdot n) \cdot (P/F, K, n)$$

式中：i 表示债券票面利率，其他符号的含义同前式。

【例6-4】 某投资者准备购买一家公司发行的利随本清的公司债券，该债券面值为1 000元，期限为3年，票面利率为8%，不计复利，当时市场利率为6%，则该债券价格为多少时该投资者才能进行投资？

根据上述公式计算如下：

$$P = (1\,000 + 1\,000 \times 8\% \times 3) \times (P/F, 6\%, 3) =$$
$$1\,240 \times 0.8396 =$$
$$1\,041.10(元)$$

即当该债券价格低于1 041.10元时，投资者买入债券比较有利。

(三) 零息债券价值的计算

零息债券又称纯贴现债券，这是以贴现方式发行的债券，一般没有票面利率，只支付终值，即到期按面值偿还。这类债券价值的计算公式为：

$$P = \frac{F}{(1 + K)^n} = F \cdot (P/F, K, n)$$

公式中的符号含义同前式。

【例6-5】 某种债券面值为1 000元，期限为5年，以折现方式发行，期内不计利息，到期按面值偿还，当时市场利率为10%，则当债券价格为多少时该投资者才能进行投资？

根据上述公式计算如下：

$$P = 1\,000 \times (P/F, 10\%, 5) =$$
$$1\,000 \times 0.6209 =$$
$$620.90(元)$$

即当该债券价格低于620.90元时，投资者买入债券比较有利。

四、债券投资的优缺点

（一）债券投资的优点

（1）本金安全性高。与股票相比，债券投资风险比较小。政府发行的债券有国家财力作后盾，其本金安全性非常高，通常视为无风险证券。企业债券的持有者拥有优先求偿权，即当企业破产时，优先于股东分得企业资产，因此，其本金损失的可能性也比较小。

（2）稳定性强。债券票面一般都标有固定利息率，债券的发行人有按时支付利息的法定义务。因此，在正常情况下，投资于债券都能获得比较稳定的收入。

（3）流动性好。许多债券都具有较好的流动性。政府及大企业的债券一般都可以在金融市场上迅速出售，流动性很好。

（二）债券投资的缺点

（1）购买力风险较大。债券的面值和利息率在债券发行时就已经确定，如果投资期间的通货膨胀率比较高，则本金和利息的购买力将不同程度地受到侵蚀。在通货膨胀率非常高时，投资者的实际收益下降。

（2）没有经营管理权。企业投资于债券只能获得固定的利息，而无权对债券发行单位施以影响和控制。

第三节　企业股票投资

一、企业股票投资的目的

企业进行股票投资的目的主要有两种：一是获利，即获取股利收入和股票买卖差价；二是控股，即通过大量购买某一企业的股票达到控制该企业的目的。在第一种情况下，企业将股票作为一般的证券投资，因此不应冒险将大量资金投资于某一企业的股票上。而在第二种情况下企业应集中资金投资于被控企业的股票上，这时考虑更多的不应是眼前利益——股票投资收益的高低，而应是长远利益——占有多少股权才能达到控制的目的。

二、企业股票投资收益率的计算

企业进行股票投资，每年获得的股利是经常变动的，当企业出售股票时，也可收回一定资金。企业股票投资收益率的计算也有长短期之分，短期投资收益率的计算与短期债券投资相同，故不再介绍，本书只介绍长期股票投资收益率的计算。长期股票投资收益率的计算，同样要考虑货币的时间价值，并按复利计算，它是使未来现金流入的现值等于目前购买价格的贴现率。长期股票投资收益率可按下式计算：

$$V=\sum_{j=1}^{n}\frac{D_j}{(1+i)^j}+\frac{F}{(1+i)^n}$$

式中:V 表示股票的购买价格;F 表示股票的出售价格;D_j 表示股票投资报酬(各年获得的股利);i 表示股票投资收益率;n 表示投资期限。

和长期债券投资收益率的计算相似,一般无法直接计算出股票投资收益率,也只能采用估算法和插值法来进行计算。

【例 6-6】 盛大公司在 2006 年 5 月 1 日投资 510 万元购买 A 股票 100 万股,在 2007 年、2008 年和 2009 年的 4 月 30 日每股各分得现金股利 0.5 元、0.6 元和 0.8 元,并于 2009 年 4 月 30 日以每股 6 元的价格将股票全部出售,试计算该项股票投资的收益率。

现采用估算法来进行测算,逐次测试的结果如表 6-1 所示。

表 6-1

股票投资收益率计算 单位:万元

时间(年)	股利及出售股票的现金流量	测试 20%		测试 18%		测试 16%	
		系数	现值	系数	现值	系数	现值
2007	50	0.833 3	41.67	0.847 5	42.38	0.862 1	43.11
2008	60	0.694 4	41.66	0.718 2	43.09	0.743 2	44.59
2009	680	0.578 7	393.52	0.608 6	413.85	0.640 7	435.68
合计	—	—	476.85	—	499.32	—	523.38

在表 6-1 中,先按 20%的收益率进行测算,得到现值为 476.85 万元,比原来的投资额 510 万元小,说明实际收益率低于 20%;于是把收益率调到 18%,进行第二次测算,得到的现值为 499.32 万元,还比 510 万元小,说明实际收益率比 18%还要低;然后再把收益率调到 16%,进行第三次测算,得到的现值为 523.38 万元,比 510 万元大,说明实际收益率要比 16%高。由此可见,实际投资收益率应在 16%~18%,采用插值法计算如下:

$$\left.\begin{matrix}16\% \\ i \\ 18\%\end{matrix}\right\}\begin{matrix}\left.\begin{matrix}\\ \end{matrix}\right\} i-16\% \\ \\ \end{matrix}\Bigg\} 2\% \qquad \left.\begin{matrix}523.38 \\ 510 \\ 499.32\end{matrix}\right\}\begin{matrix}\left.\begin{matrix}\\ \end{matrix}\right\} 13.38 \\ \\ \end{matrix}\Bigg\} 24.06$$

$$\frac{i-16\%}{18\%-16\%}=\frac{510-523.38}{499.32-523.38}$$

$$i=16\%+\frac{523.38-510}{523.38-499.32}\times(18\%-16\%)=17.11\%$$

通过计算可以看出该公司股票的投资收益率为17.11%。

三、企业股票的估价

股票估价的主要目的是计算其价值，并将它与股票市价比较来决定是否购入该种股票。对投资者来说，只有当股票的内在价值高于市场价格时，才值得购买。现介绍几种最常见的股票估价模型。

（一）股票价值计算的基本模型

股票价值计算的基本模型适用于暂时持有、未来准备出售的股票。在一般情况下，投资者投资于股票，不仅希望得到股利收入，还希望在未来出售股票时从股票价格的上涨中获得收益，即：股票的投资收益包括股利收入和出售时得到的价格收入两部分。因此，股票的价值就等于一系列股利与将来出售股票时售价的现值之和。

其基本计算公式为：

$$V = \frac{V_n}{(1+K)^n} + \sum_{t=1}^{n} \frac{D_t}{(1+K)^t} =$$

$$V_n \cdot (P/F, K, n) + \sum_{t=1}^{n} D_t \cdot (P/F, K, t)$$

式中：V 表示股票的内在价值；V_n 表示未来出售时预计的股票价格；D_t 表示第 t 期的股利；K 表示贴现率，即投资者要求的必要收益率；n 表示投资期限。

【例 6-7】 某公司拟购买一种股票，预计 3 年后出售可获得 50 000 元的现金收入，该股票在未来的 3 年中每年可获得的股利收入分别为 1 000 元、1 500 元和 1 800元，公司要求股票投资的必要报酬率为 15%，试计算该种股票的内在价值。

$$\begin{aligned} V = {} & 50\,000 \times (P/F, 15\%, 3) + 1\,000 \times (P/F, 15\%, 1) + \\ & 1\,500 \times (P/F, 15\%, 2) + 1\,800 \times (P/F, 15\%, 3) = \\ & 50\,000 \times 0.657\,5 + 1\,000 \times 0.869\,6 + \\ & 1\,500 \times 0.756\,1 + 1\,800 \times 0.657\,5 = \\ & 36\,062.25(\text{元}) \end{aligned}$$

即该公司的股票价格在 36 062.25 元以下时，才能购买。

（二）长期持有、股利稳定不变的股票估价模型

在每年股利稳定不变，投资者持有期间很长的情况下，股票股利的支付过程类似一个永续年金的支付。因此，这种股票价值的计算公式可简化为：

$$V = \frac{D}{K}$$

式中：V 表示股票的内在价值；D 表示每年的固定股利；K 表示投资者要求的必要收益率。

【例 6-8】 某公司购买一批股票，该批股票每年每股分配股利 3 元，该公司投资普通股的必要报酬率为 10%，公司准备长期持有这批股票，试计算该批股票每股的价值。

$$V=\frac{3}{10\%}=30(\text{元})$$

即该公司的股票价格在 30 元以下时，才能购买。

（三）长期持有、股利固定增长的股票估价模型

如果一种股票的股利不断增长，投资者的投资期限又很长，则股票的估价就更困难了，只能计算近似数。该计算公式为：

$$V=\frac{D_0 \cdot (1+g)}{(K-g)}=\frac{D_1}{K-g}$$

式中：D_0 表示上年股利；D_1 表示第一年股利；g 表示股利增长率；K 表示公司必要报酬率。

【例 6-9】 大华公司购入时代公司的股票，该股票上年每股股利为 3 元，预计以后每年以 2%的增长率增长，大华公司的投资必要报酬率为 10%，试计算该种股票的内在价值。

$$V=\frac{3\times(1+2\%)}{10\%-2\%}=38.25(\text{元})$$

即时代公司的股票价格在 38.25 元以下时，大华公司才能购买。

四、股票投资的优缺点

（一）股票投资的优点

(1) 投资收益高。股票的价格虽然不稳定，但从长期看，优质股票的价格大多是上涨的，如果选择得当，就能取得较高的投资收益。

(2) 购买力风险低。普通股属变动收益证券，在通货膨胀率比较高时，由于物价普遍上涨，股份公司盈利增加，股利支付也随之增加，因此，与固定收益证券相比，普通股能有效地降低购买力风险。

(3) 拥有一定的经营控制权。普通股股东属股份公司的所有者，有权监督和控制企业的生产经营情况，因此，和债券投资相比，能拥有一定的经营控制权。

（二）股票投资的缺点

(1) 求偿权居后。普通股对企业资产和盈利的求偿权均居于最后。企业破产时，普通股股东原来的投资能否得到全额补偿，主要取决于债权人和优先股股东的清偿情况。

(2) 价格不稳定。政治因素、经济因素、投资者的心理因素、企业的盈利状况、风险情况等,都会影响企业股票价格,使其不稳定,这也使股票投资具有较高的风险。

(3) 收入不稳定。普通股股利的有无或多少,视企业经营状况和财务状况而定,无法律上的保证,其收入的风险也往往大于固定收益证券。

第四节 企业基金投资

一、企业基金投资的目的

基金投资是一种利益共享、风险共担的集合投资方式,其目的是在取得较高投资收益的同时,尽可能通过专家理财和资金规模优势降低投资风险。

二、投资基金的种类

投资基金的种类较多,可以按不同的标准进行分类,通常有以下几种分类。

(一) 按照投资基金组织形态的不同,可以分为契约型基金和公司型基金

1. 契约型基金

契约型基金又称单位信托基金,是指把受益人(投资者)、管理人、托管人三者作为基金的当事人,由管理人和信托人通过签订信托契约的形式发行受益凭证而设立的一种基金。契约型基金是基于基金契约原理而组织起来的代理投资行为,通过信托契约来规范三方当事人的行为。

2. 公司型基金

公司型基金是按照《公司法》以公司形态组成的股份制投资公司。该投资公司以发行股份的方式募集资金,一般投资者购买该公司的股份即为认购基金,也就成为该公司的股东,凭其持有的基金份额依法享有投资收益。

契约型基金与公司型基金相比较,两者资金的性质不同。契约型基金的资金是信托资产,而公司型基金的资金是公司法人的资本。

(二) 按照投资基金变现方式的不同,可以分为封闭式基金和开放式基金

1. 封闭式基金

封闭式基金是指基金的发起人在设立基金时,限定了基金单位的发行总额,筹集到这个总额后,基金即宣告成立,并进行封闭,在一定时期内不再接受新的投资。基金单位的流通采取在交易所上市的办法,投资者以后要买卖基金单位都必须经过证券经纪商,在二级市场上进行竞价交易。封闭式基金的期限是指基金的存续期,即基金从成立之日起到结束之日止的整个时间。

2. 开放式基金

开放式基金是指基金的发起人在设立基金时,基金单位的总数是不固定的,可

视经营策略和发展需要追加发行。投资者也可根据市场状况和各自的投资决策，或者要求发行机构按现期净资产值扣除手续费后赎回股份或受益凭证，或者再买入股份或受益凭证，增加基金单位份额的持有比例。

封闭式基金与开放式基金相比较，有以下不同点：

(1) 期限不同。封闭式基金有固定的封闭期，而开放式基金没有固定期限，投资者可随时向基金管理者赎回。

(2) 发行规模要求不同。封闭式基金一般对基金单位的发行规模给予了限定，而开放式基金则没有发行规模的限制。

(3) 基金单位的转让方式不同。封闭式基金的基金单位在封闭期限内不能要求基金公司赎回，而开放式基金的投资者可以在首次发行结束一段时间(一般为3个月)后，随时向基金管理者或中介机构提出购买或赎回申请。

(4) 投资策略不同。封闭式基金的基金单位数不变，资本不会减少，因此可进行长期投资。而开放式基金因基金单位可能随时被赎回，必须要保证基金资产的流动性，因此，基金资产不能全部用来投资。

(三) 按照基金投资投资标的不同，可分为股票基金、债券基金、货币基金、期货基金、期权基金、认股权证基金、专门基金等。

1. 股票基金

股票基金是指投资于股票的投资基金，它是所有基金品种中最为流行的一种类型。其投资对象通常包括普通股和优先股，其风险程度较个人投资股票市场要低得多，且具有较强的变现性和流动性，因此它也是一种比较受欢迎的基金类型。

2. 债券基金

债券基金是指投资管理公司为稳健型投资者设计的，投资于政府债券、市政公债、企业债券等各类债券品种的投资基金。债券基金一般情况下定期派息，其风险和收益水平通常较股票基金低。

3. 货币基金

货币基金是指由货币存款构成投资组合，协助投资者参与外汇市场投资，赚取较高利息的投资基金。其投资工具包括银行短期存款、国库券、政府公债、公司债券、银行承兑票据及商业票据等。这类基金的投资风险小，投资成本低，安全性和流动性较高，在整个基金市场上属于低风险的安全基金。

4. 期货基金

期货基金是指投资于期货市场以获取较高投资回报的投资基金。由于期货市场具有高风险和高回报的特点，因此，投资期货基金既可能获得较高的投资收益，同时投资者也面临着较大的投资风险。

5. 期权基金

期权基金是指以期权作为主要投资对象的基金。期权是一种选择权，是买卖期货合约的选择权利。期权交易就是期权购买者向期权出售者支付一定费用后，取得在规定时期内的任何时候，以事先约定好的协议价格，向期权出售者购买或出售一定数量的某种商品合约的权利的一种买卖。

6. 认股权证基金

认股权证基金是指以认股权证为主要投资对象的基金。认股权证是指由股份有限公司发行的、能够按照特定的价格，在特定的时间内购买一定数量该公司股票的选择权凭证。由于认股权证的价格是由公司的股价决定的，一般来说，认股权证的投资风险较通常的股票要大得多，因此，认股权证基金也属于高风险基金。

7. 专门基金

专门基金是指由股票基金发展演化而成，属于分类行业股票基金或次级股票基金。它包括黄金基金、资源基金、科技基金、地产基金等。这类基金的投资风险较大，收益水平容易受到市场行情的影响。

三、企业基金投资收益率的计算

基金投资收益是基金资产在运作过程中所产生的超过自身价值的部分。其投资收益率用于反映基金价值增值的情况，可通过基金净资产的价值变化来衡量。其计算公式为：

$$\text{基金投资收益率}=\frac{\begin{matrix}\text{年末基金单}\\\text{位持有份数}\end{matrix}\times\begin{matrix}\text{年末基金}\\\text{单位净值}\end{matrix}-\begin{matrix}\text{年初基金单}\\\text{位持有份数}\end{matrix}\times\begin{matrix}\text{年初基金}\\\text{单位净值}\end{matrix}}{\text{年初持有份数}\times\text{年初基金单位净值}}\times 100\%$$

如果年初和年末投资基金单位的持有份数相等，其计算公式可简化为：

$$\text{基金投资收益率}=\frac{\text{年末基金单位净值}-\text{年初基金单位净值}}{\text{年初基金单位净值}}\times 100\%$$

此时，基金投资收益率就视同为基金单位净值在本年内的增减变动率。上式中年初的基金单位净值有时相当于是购买基金资产的本金投资。

【例 6-10】 某企业 2008 年年初持有 A 基金单位 100 万份，基金单位净值为 1.2 元，2008 年年末该企业持有基金单位份数不变，基金单位净值为 1.26 元，试计算该基金投资收益率。

根据上述公式计算如下：

$$\text{基金投资收益率}=\frac{100\times 1.26-100\times 1.2}{100\times 1.2}\times 100\%$$

或 $$\text{基金投资收益率}=\frac{1.26-1.2}{1.2}\times 100\%=5\%$$

四、企业投资基金估价

对投资基金进行估价就是计算投资基金的价值，这种价值取决于基金净资产的现在价值，可用基金单位净值表示。所以，基金单位净值，实际上就是单位净资产值，是在某一时点每一基金单位所具有的市场价值。其计算公式为：

$$基金单位净值=\frac{基金资产总额-基金负债总额}{基金单位总份数}$$

式中，基金负债总额除以基金名义以外的融资借款外，还包括应付股利、应付基金公司的首次认购费、经理费用等各项基金费用。

【例 6－11】 某公司 2008 年年初基金总资产市价为 10 000 万元，包括以基金名义对外融资借款的各种基金费用为 4 500 万元，公司持有基金单位 5 000 万份，试计算该公司 2008 年初基金单位净值。

根据上述公式计算为：

$$基金单位净值=(10\,000-4\,500)\div5\,000=1.1(元)$$

五、基金投资的优缺点

（一）基金投资的优点

（1）具有专家理财优势。投资基金的管理人都是投资方面的专家，他们在投资前均进行多种研究，这能够降低投资风险，提高投资收益。

（2）具有资金规模优势。我国的投资基金一般拥有资金 20 亿元以上。西方大型投资基金一般拥有资金百亿美元以上，这种资金优势有利于进行充分的投资组合，能够分散风险，提高收益。

（二）基金投资的缺点

（1）无法获得很高的投资收益。投资基金在投资组合过程中，在风险分散的同时，也可能会丧失获得巨大投资收益的机会。

（2）投资收益不稳定。基金投资经常会受到股市行情的影响，投资收益有时不够稳定，特别是在股市大盘整体大幅度下跌的情况下，进行基金投资也可能会损失较多，投资人要承担较大风险。

第五节　证券投资组合

一、证券投资组合的目的

证券投资组合又称证券组合，是指在进行证券投资时，不是将所有的资金都投向单一的某种证券，而是有选择地投向一组证券，这种同时投资多种证券的做法就叫证券的投资组合。

证券投资组合的目的是通过有效地进行证券投资组合，使证券风险得到分散，从而进一步降低投资风险。

二、证券投资组合的风险与收益率

(一) 证券投资组合的风险

证券投资组合的风险可以分为两种性质完全不同的风险，即非系统性风险和系统性风险。

1. 非系统性风险

非系统性风险又称可分散风险或公司特别风险，是指某些因素对单个证券造成经济损失的可能性。它包括行业风险、企业经营风险、企业违约风险等。非系统性风险属于个别风险，可通过证券持有的多样化将其分解并有效防范，即多买几家公司的股票，其中某些公司的股票收益上升，另一些股票的收益下降，从而将风险抵销。现举例说明如下。

【例 6-12】 假设 W 股票和 M 股票构成一个证券组合，每种股票在证券组合中各占 50%，它们的收益率和风险的详细情况如表 6-2 所示。

表 6-2

完全负相关的两种股票构成的证券组合的收益情况

时间(年)	W 股票 K_w (%)	M 股票 K_m (%)	WM 的组合 K_p (%)
19×7	40	−10	15
19×8	−10	40	15
19×9	35	−5	15
20×0	−5	35	15
20×1	15	15	15
平均收益率(K)	15	15	15
标准离差(δ)	22.6	22.6	0

从表 6-2 中可以看出，如果分别持有两种股票，都有很大风险，但如果把它们组合成一个证券组合，则没有风险。

W 股票和 M 股票之所以能组合起来组成一个无风险的证券组合，是因为它们收益的变化正好成相反的循环——当 W 股票的收益下降时，M 股票的收益正好上升；反之，收益则下降。我们把股票 W 和 M 叫做完全负相关，这里相关系数 $r=-1.0$。

与完全负相关相反的是完全正相关($r=1.0$)，两个完全正相关的股票的收益将一起上升或下降，这样的两种股票组成的证券组合，不能抵消任何风险。

实际上，大部分股票之间存在着一种正相关关系，但又不完全正相关。若我们随机取两种股票，相关系数为＋0.6左右的最多，而且绝大多数两种股票的相关系数位于＋0.5～＋0.7之间，即部分正相关。在这种情况下，把两种股票组合成证券投资组合，能减少证券投资的风险，但不能完全消除风险。不过，如果股票种类较多，则能分散掉大部分非系统风险。而当股票种类足够多时，几乎能把所有的非系统风险分散掉。

2. 系统性风险

系统性风险又称不可分散风险或市场风险，是指由于政治、经济及社会环境的变动而影响证券市场上所有证券的风险，表现为整个股市平均收益率的变动。这类风险不能通过证券组合分散掉，而只能靠更高的收益率来补偿。对投资者来说，这种风险是无法消除的，故称不可分散风险。

系统性风险通常用β系数来计量。作为整体的证券市场的β系数为1。如果某种股票的风险情况与整个证券市场的风险情况一致，则这种股票的β系数等于1；如果某种股票的β系数大于1，则说明其风险大于整个证券市场的风险；如果某种股票的β系数小于1，则说明其风险小于整个证券市场的风险。比如，某种股票的β系数为2.0，则说明该种股票的风险是整个市场股票风险的两倍；某种股票的β系数为0.5，则说明该种股票的风险只有整个市场股票风险的一半。

单个证券的β系数可以由有关的投资服务机构提供。投资组合的β系数是单个证券β系数的加权平均数，权数为各种证券在投资组合中所占的比重。其计算公式为：

$$\beta_{\mathrm{p}} = \sum_{i=1}^{n} X_i \beta_i$$

式中：β_p表示证券组合的β系数；n表示证券组合中股票的数量；X_i表示证券组合中第i种股票所占的比重；β_i表示第i种股票的系数。

【例6-13】 某公司持有共100万元的三种股票，该组合中A股票20万元，B股票40万元，C股票40万元，它们的β系数分别是1.5、1.0和0.8，试计算该投资组合的β系数。

根据上述公式计算如下：

$$\beta_p = 20\% \times 1.5 + 40\% \times 1.0 + 40\% \times 0.8 = 1.02$$

（二）证券投资组合的风险收益

证券组合的风险收益是投资者因承担不可分散风险而要求的、超过时间价值的那部分额外收益，可用下列公式计算：

$$R_p = \beta_p \cdot (K_m - R_F)$$

式中：R_p 表示证券组合的风险收益率；β_p 表示证券组合的 β 系数；K_m 表示所有股票的平均收益率，也就是由市场上所有股票组成的证券组合的收益率，简称市场收益率；R_F 表示无风险收益率，一般用政府公债的利息率来衡量。

【例 6-14】 某企业投资于甲、乙、丙三种股票，构成投资组合，经测算，它们的 β 系数分别为 1.0、0.5、1.5，甲、乙、丙三种股票在投资组合中所占的比重分别为 20%、30%、50%，股票市场平均收益率为 16%，无风险收益率为 12%，该企业拟投资的总额为 100 万元，试计算这种证券组合的风险收益率和风险收益额。

(1) 确定证券组合的 β 系数。

$$\beta_p = 20\% \times 1.0 + 30\% \times 0.5 + 50\% \times 1.50 = 1.10$$

(2) 计算该证券组合的风险收益率。

$$R_p = 1.10 \times (16\% - 12\%) = 4.4\%$$

(3) 计算该证券组合的风险收益额。

$$\text{风险收益额} = 100 \times 4.4\% = 4.4(\text{万元})$$

从以上计算可以看出，在其他因素不变的情况下，风险收益率的大小主要取决于证券组合的 β 系数，β 系数越大，风险收益率就越大；反之，则越小。

(三) 投资组合风险和收益率的关系

一般来说，风险越大，投资者期望的收益率越高。因此，风险和收益率的关系密不可分。在实际工作中，揭示投资组合风险和收益率关系的最常用方法是利用资本资产定价模型，这一模型为：

$$K_i = R_F + \beta_i \cdot (K_m - R_F)$$

式中：K_i 表示第 i 种股票或第 i 种证券组合的必要收益率；R_F 表示无风险收益率；β_i 表示第 i 种股票或第 i 种证券组合的 β 系数；K_m 表示所有股票或所有证券的平均收益率。

【例 6-15】 中兴公司投资 A、B、C 三种股票，其投资组合的 β 系数为 1.5，无风险收益率为 4%，市场上所有股票的平均收益率为 10%，试计算该投资组合的风险收益率和必要收益率。

根据上述公式计算为：

(1) 投资组合的风险收益率 $R_p = 1.5 \times (10\% - 4\%) = 9\%$

(2) 投资组合必要收益率 $K_i = 4\% + 9\% = 13\%$

资本资产定价模型，说明了必要收益率 K 与不可分散风险 β 系数之间的关系。β 值越高，要求的风险收益率就越高，在无风险收益率不变的情况下，必要收益率也就越高。

三、证券投资组合的策略与方法

（一）证券投资组合策略

证券投资组合的策略有很多种，现介绍其中最常见的几种。

1. 保守型策略

这种策略认为，最佳证券投资组合策略是要尽量模拟市场现状，将尽可能多的证券包括进来，以便分散掉全部非系统风险，得到与市场所有证券的平均收益同样的收益。这种投资组合有以下优点：①能分散掉全部可分散风险。②不需要高深的证券投资的专业知识。③证券投资的管理费比较低。但这种组合获得的收益不会高于证券市场上所有证券的平均收益。因此，此种策略属于收益不高、风险不大的策略，故称为保守型策略。

2. 冒险型策略

这种策略认为，与市场完全一样的组合不是最佳组合，只要投资组合做得好，就能取得远远高于平均水平的收益。在这种组合中，一些成长型的股票比较多，而那些低风险、低收益的证券不多，其组合的随意性强，变动频繁。这种策略收益高，风险大，因此称为冒险型策略。

3. 适中型策略

这种策略介于保守型策略与冒险型策略之间。采用这种策略的人，一般都善于对证券进行分析，如行业分析、企业业绩分析、财务分析等，通过分析，选择高质量的股票和债券，组成投资组合。他们认为，股票的价格，是由特定企业的经营业绩来决定的，市场上股票价格的一时沉浮并不重要，只要企业经营业绩好，股票一定会升到其本来的价值水平。适中型策略如果做得好，可获得较高的收益，而又不会承担太大风险，是一种最常见的投资组合策略。但进行这种组合的人必须具备丰富的投资经验，拥有进行证券投资的各种专业知识。

（二）证券投资组合方法

进行证券投资组合的方法很多，但最常见的方法通常有以下几种。

1. 选择足够数量的证券进行组合

这是一种最简单的证券投资组合方法。在采用这种方法时，不是进行有目的的组合，而是随机选择证券。随着证券数量的增加，可分散风险会逐步减少。当证券数量足够多时，大部分可分散风险都可分散掉。

2. 按证券的风险等级组合

这种组合方法又称 1/3 法，是指把全部资金的 1/3 投资于风险大的证券，1/3

投资于风险中等的证券，1/3 投资于风险小的证券。一般而言，风险大的证券对经济形势的变化比较敏感，当经济处于繁荣时期，风险大的证券可获得高收益，但当经济衰退时，风险大的证券会遭到巨额损失；相反，风险小的证券对经济形势的变化则不十分敏感，一般都能获得稳定收益，而不致遭受损失。因此，这种 1/3 的投资组合法，是一种进可攻、退可守的组合法，虽不会获得太高的收益，但也不会承担巨大风险，是一种常见的组合方法。

3. 把投资收益呈负相关的证券放在一起进行组合

一种股票的收益上升而另一种股票的收益下降的两种股票，称为负相关股票。把收益呈负相关的股票组合在一起，能有效地分散风险。例如，某企业同时持有一家汽车制造公司的股票和一家石油公司的股票，当石油价格大幅度上升时，这两种股票便呈负相关。因为油价上升，石油公司的收益会增加，但油价的上升，会影响汽车的销售，使汽车公司的收益降低。由此可见，只要股票选择得当，这样的组合对降低风险有十分重要的意义。

本章小结

企业证券投资是指投资者将资金投资于股票、债券、基金及衍生证券等资产上，从而获得投资收益的一种投资行为，它是企业投资的重要组成部分。企业证券投资按其对象可分为债券投资、股票投资、基金投资、各种衍生证券资产投资及组合投资等。不同种类的投资，其具体目的不一样，但基本目的都是为了取得一定的投资收益。证券投资收益一般包括证券买卖价差和利息、股息、红利等两方面内容。不同证券投资收益率及价值的计算方法不同。科学地进行证券投资管理，有利于增加投资收益，降低投资风险。证券投资的风险通常包括系统性风险等和非系统性风险，前者主要有利率风险、购买力风险和再投资风险等，后者主要有违约风险、变现力风险和破产风险。证券投资组合是指同时投资于多种证券的做法。其目的是为了有效地分散证券的非系统性风险。投资组合的系统性风险通常用 β 系数来计量。β 系数越大，表明风险越大，风险收益率就越高。揭示风险与收益率之间的关系，最常用的方法是采用资本资产定价模型。进行证券投资组合应采取必要的策略和方法。证券投资组合的策略一般有保守型策略、冒险性策略和适中型策略。证券投资组合的方法主要有选择足够数量的证券进行组合、1/3 投资组合法和把投资收益呈负相关的证券放在一起进行组合等。

复习思考题

1. 什么是证券投资？它有何目的？

2. 证券投资的种类有哪些？

3. 证券投资的风险有哪些？

4. 债券、股票和基金投资的优缺点分别是什么？

5. 债券、股票和基金投资的收益率如何计算？

6. 债券、股票如何估价？

7. 证券投资组合的风险收益率及必要收益率如何计算？

8. 证券投资组合的策略与方法有哪几种？

练 习 题

1. 2008 年 6 月 30 日，甲公司购买乙公司每股市价为 20 元的股票。2009 年 1 月，甲公司每股获现金股利 1 元。2009 年 6 月 30 日，甲公司将该股票以每股 22.50元的价格出售。要求：计算该种股票的投资收益率。

2. 某企业于 2009 年 6 月 10 日投资 1 800 元购进一张面值为 2 000 元，票面利率为 5%，每年付息一次的债券，并于 2010 年 6 月 10 日以 1 850 元的价格出售。要求：计算该种债券的投资收益率。

3. 丙公司于 2005 年 1 月 31 日以 1 850 元购入一张面值为 2 000 元的债券，其票面利率为 8%，每年 1 月 31 日计算并支付一次利息，该债券于 2009 年 2 月 1 日到期，按面值收回本金。要求：计算该债券的到期收益率。

4. 某债券面值为 2 000 元，票面利率为 10%，期限为 5 年，该债券采用一次还本，按年复利计息方式。A 企业拟对这种债券进行投资，当前的市场利率为 12%。要求：计算该债券价格为多少时才能进行投资。

5. B 企业拟购买 C 企业发行的利随本清的企业债券，该债券面值为 2 000 元，期限为 10 年，票面利率为 12%，不计复利，当前的市场利率为 10%。要求：计算该债券的发行价格为多少时企业才能购买？

6. 某债券面值为 2 000 元，期限为 5 年，以折现方式发行，期内不计利息，到期按面值偿还，当时市场利率为 8%，要求：计算该种债券价格为多少时企业才能购买。

7. H 公司准备投资购买 Y 公司的股票，该股票上年每股股利为 2.5 元，预计以后每年以 6%的增长率递增，H 公司经分析后，认为必须得到 12%的报酬率，才能购买 Y 公司的股票。要求：计算该种股票的价值。

8. 先锋公司持有 A、B、C 三种股票构成的证券组合，其 β 系数分别是 1.8、1.5和 0.7，在证券组合中所占的比重分别为 50%、30%和 20%，股票的市场平均收益率为 15%，无风险收益率为 12%。要求：计算该证券组合的风险收益率和必要收益率。

9. 某公司股票的 β 系数为 2.5，目前无风险收益率为 6%，市场上所有股票的平均收益率为10%,若该股票为固定成长股,成长率为6%,预计1年以后的股利为1.5元。

要求:①测算该股票的风险收益率。②测算该股票的必要投资收益率。③该股票的价格为多少时可购买。

10. 宏达公司计划利用一笔长期资金投资购买股票。现有M公司股票和N公司股票可供选择,公司只准备投资一家公司股票。已知M公司股票现行市价为每股9元,上年每股股利为0.15元,预计以后每年以6%的增长率增长。N公司股票现行市价为每股7元,上年每股股利为0.60元,股利分配政策将一贯坚持固定股利政策。公司所要求的投资必要报酬率为8%。要求:利用股票估价模型,公司做出股票投资决策。

案例分析题

万盛公司是一家以证券投资为主的投资咨询公司,近些年,该公司由于能及时掌握证券市场的有关信息,并认真研究,谨慎决策,因此始终能取得比较好的投资收益,公司的经济实力逐步壮大。近期,公司又进行了两项投资:一项是于2008年7月1日公司以51 000元的价格购入一张面值为50 000元的公司债券,其票面利率为8%,并于每年的7月1日和1月1日支付两次利息,该债券于2011年7月1日到期,到期按面值收回本金。另一项是于同日投资了140 400元购买了10 000股普通股票,该股票于2009年、2010年和2011年的7月1日分别发放现金股利每股为0.90元、0.70元和1.40元,并于2011年7月1日以每股14.50元的价格出售。

要求:试通过计算,说明万盛公司选择哪项投资更有利。

第七章　企业营运资金管理

【本章学习目的】 本章主要介绍了营运资金及现金、应收账款和存货这三种流动资产的相关理论知识和管理方法。通过学习，要求了解营运资金的概念、特征；熟悉和掌握现金、应收账款和存货管理的目标、内容及具体的管理方法。

【本章关键词】 营运资金　现金　应收账款　存货

第一节　营运资金概述

一、营运资金及其管理目标

营运资金是指一个企业维持日常经营所需要的资金，通常是指流动资产总额减去流动负债总额后的余额。流动资产是指可以在1年或者超过1年的一个营业周期内变现或耗用的资产，包括现金、短期投资、应收账款、存货等。流动负债是指将在1年内或者超过1年的一个营业周期内需偿还的债务，主要有短期借款、应付账款、应付票据、预收账款等。

营运资金是企业日常生产经营活动的重要基础，企业持有一定数量的营运资金是十分必要的。企业对营运资金管理的目标是：在经营过程中要使营运资金保持一个适当的量，既要满足生产经营的需要，又要避免持有过多。因为营运资金虽流动性较强，持有的营运资金数量越多，风险越小，但持有过多却会降低企业资金的总体收益；而持有过少，会对企业的生产经营带来不利影响，可能会增加企业经营风险。因此，企业要在风险和收益之间进行权衡，将营运资金的持有量控制在适当的范围内。

二、营运资金的特征

营运资金的特征主要体现在流动资产和流动负债的特征上。

（一）流动资产的特征

流动资产的特征体现在以下五个方面。

1. 流动性

流动资产在企业的资金循环中其形态会不断发生变化，即按现金→材料→在产品→产成品→应收账款→现金顺序变化。这种变化循环往复，周而复始，决定了其有较强的流动性，变现能力较强，能满足企业的临时性资金需求。

2. 短期性

流动资产的回收期一般在1年或一个营业周期内，这与固定资产等长期资产相比，时期较短。

3. 并存性

流动资产在周转中会以各种不同的形态并存于企业生产的不同阶段，因此，应合理安排流动资产各项目的比例，保证生产顺利进行。

4. 继起性

这主要是指流动资产占用的资金形态在时间上相互继起，一种形态结束，另一种形态又开始，此起彼伏，始终不会间断。

5. 波动性

随着企业生产的进行，流动资产占用资金的数量是不断变化的，具在波动性特征。季节性企业如此，非季节性企业也是如此。

（二）流动负债的特征

流动负债的特征体现在以下四个方面。

1. 筹资速度快

短期借款的金额一般不是很大，而且期限较短，因此，借款的取得往往比其他长期筹资方式更容易，更便捷，筹资的速度也相对较快。

2. 筹资成本低

短期负债利息和筹资费用通常比长期负债低，因此资本成本较低。而应付税金、应计费用等"自然性融资"项目则没有利息负担，无需考虑资本成本。

3. 筹资风险大

一方面，短期借款利率不稳定，它会随市场利率的变动而变动，这对企业筹资必然产生一定的影响；另一方面，短期借款的偿还期短，需要企业在短时期内还本付息。因此，如果企业筹集的短期负债过多，短期现金偿付的压力必然过大，这会使企业面临较大的筹资风险。

4. 筹资弹性大

短期借款的限制条件通常比长期债务少，这使其比长期债务具有更大的灵活性。特别是对季节性企业，这种特征尤为明显。

由于有关流动负债的内容已在"企业资金筹集管理"一章中述及，因此本章重点介绍流动资产的管理。

第二节 现 金 管 理

一、现金及其管理目标

现金有广义和狭义之分。广义的现金是指在企业的生产经营过程中暂时处于货币形态的资金，主要包括企业的库存现金、银行存款、银行本票、银行汇票等。狭义的现金仅指库存现金。本书所讲的现金是广义的现金。

现金在企业所有的资产中流动性最强，具有普遍的可接受性。企业持有一定数量的现金不仅能满足日常生产经营开支的各种需要，而且能依法履行纳税义务，如期偿还负债本息。但是，现金属非营利性资产，即使是银行存款，其收益也是最低的。因此，企业的日常管理中必须加强对现金的管理。企业现金管理的目标是：在保证企业生产经营所需现金的同时，节约使用资金，并从暂时闲置的现金中获得最多的利息收入。现金管理应力求做到既保证企业经营所需资金，降低风险，又不致使企业有过多的闲置现金，从而影响企业的总体收益。

二、企业持有现金的动机

企业持有现金的动机主要包括三个方面。

（一）交易性动机

交易性动机是指企业持有现金以便满足日常交易的需要，如用于购买材料、支付工资、缴纳税款、偿还到期债务、支付股利等，这是企业持有现金最主要的动机。企业每天的现金收入和现金支出很少同时等额发生，保留一定的现金余额可使企业在现金支出大于现金收入时，不致中断交易。企业为满足交易动机需要所持有的现金余额主要取决于企业的销售水平。企业销售扩大，销售量增加，则所需现金的余额也会随之增加；反之，减少。

（二）预防性动机

预防性动机是指企业持有现金以应付意外事件对现金的需求，这是企业持有现金余额的重要动机。在现实生活中，企业经常会碰到一些无法预见的意外事件，如地震、水灾、火灾等自然灾害，生产事故以及主要客户未能及时付款等。这些事件的发生对企业的现金收支会产生重大的影响。因此，企业持有较多的现金，便可更好地应付这些意外事件的发生，同时又不会影响生产经营活动。预防性动机所需现金余额的多少主要取决于企业预测现金收支的可靠程度、企业的借款能力以及企业愿意承担的风险程度。

（三）投机性动机

投机性动机是指企业持有现金以便用于一些不寻常的购买机会，这是企业持有现金的次要动机。例如，当证券价格剧烈波动时，企业从事投机活动，从中获得收益；或遇到廉价原材料，企业大批量购进等。通常，企业为投机性动机而保存的现金数量一般很少。

需要说明的是，由于各种动机所需的现金可以调剂使用，且上述动机所需保持的现金，并不一定要求必须是货币形态，因此，企业持有的现金余额并不完全等于上述三种动机所需现金余额的简单加总，前者一般小于后者。

三、现金的成本

企业现金的成本一般有以下三部分组成。

(一) 持有成本

现金的持有成本是指企业因保留一定数量的现金余额而增加的管理费用和丧失的再投资收益。

管理费用是指企业为管理现金而发生的相关费用,如现金管理人员的工资、必要的安全防范措施费等。这部分费用属固定成本,在一定范围内与现金持有量多少关系不大,因此它是现金管理决策的无关成本。

再投资收益是指企业不能同时用该现金进行有价证券投资所产生的机会成本,这种成本在数量上与资本成本相等,在性质上属变动成本,它与现金持有量多少成正比例关系。现金持有量越多,机会成本越大;反之,越小。因此 ,它是现金管理决策的相关成本。

(二) 转换成本

现金的转换成本是指企业用现金购买有价证券或出售有价证券换取现金时所发生的交易费用,即现金与有价证券之间相互转换的成本,如委托买卖佣金、委托手续费、证券过户费、实物交割手续费等。

转换成本可以分为两类:一类是变动性转换成本,即与委托成交金额相关的费用,如委托买卖佣金和证券交易的印花税等,其数额大小是按照委托成交金额的一定比例计算的,它与成交金额成正比,而与现金持有量和转换的次数关系不大。因此,它是现金管理决策的无关成本。另一类是固定性转换成本,即与委托成交金额无关,而与转换次数有关的费用,如证券过户费、委托手续费等,其数额大小是按照交易次数和每次固定的交易费用计算的,它与交易次数成正比,与现金持有量成反比。现金持有量越多,交易的次数越少,转换成本越小;反之,越大。因此,固定性转换成本是现金管理决策的相关成本。

(三) 短缺成本

现金的短缺成本是指因现金余额不足并又无法及时弥补而给企业带来的损失,包括直接损失和间接损失。直接损失是由于现金短缺致使企业的生产经营及投资活动受到影响而造成的损失。如由于现金短缺而不能购进急需的材料,从而使企业生产经营中断而遭受的损失。间接损失是由于现金短缺而给企业造成的无形损失。如由于现金短缺而不能及时足额偿付本息,从而影响企业的信用和企业形象,由此产生的经济损失。

短缺成本是否属于现金管理决策的相关成本,主要取决于企业是否允许出现现金短缺。如果企业不允许出现现金短缺,则该项成本不存在,属无关成本;如果企业允许出现现金短缺,则该项成本就属于相关成本,而且与现金持有量成反比例关系。通常，企业持有的现金越多，则短缺成本越小；反之，越大。

四、最佳现金持有量的确定

最佳现金持有量是指企业现金管理的相关总成本最小时的现金持有量，其确定模式通常有以下三种。

（一）成本分析模式

成本分析模式是根据现金的相关成本，分析预测其总成本最低时现金持有量的一种方法。

该模式涉及的现金的相关成本只包括持有现金而产生的机会成本和短缺成本，而不包括管理费用和转换成本，即：

现金管理相关总成本 = 机会成本 + 短缺成本

其中　机会成本=现金持有量×机会成本率（有价证券利率或投资报酬率）

在成本分析模式下，最佳现金持有量就是持有现金所产生的机会成本与短缺成本之和最小时的现金持有量。

【例 7-1】 某企业现有甲、乙、丙、丁四种备选方案，有关成本资料如表 7-1 所示。

表 7-1

现金持有量备选方案　　单位：元

项　目	甲	乙	丙	丁
现金持有量	300 000	400 000	500 000	600 000
机会成本率	10%	10%	10%	10%
短缺成本	45 000	33 000	20 000	12 000

根据表 7-1，采用成本分析模式，可编制该企业最佳现金持有量测算表，如表 7-2所示。

表 7-2

最佳现金持有量测算　　单位：元

方案	机会成本	短缺成本	相关总成本
甲	30 000	45 000	75 000
乙	40 000	33 000	73 000
丙	50 000	20 000	70 000
丁	60 000	12 000	72 000

通过上表测算结果可知，丙方案的相关总成本为 70 000 元，在四种方案中最

低，故该方案下的现金持有量 500 000 元，即为企业最佳现金持有量。

（二）存货模式

存货模式是根据存货经济订货量模型，分析预测现金管理相关总成本最低时现金持有量的一种方法。该模式的相关成本只包括持有现金而产生的机会成本和固定性转换成本，而不包括管理费用、变动性转换成本和短缺成本。即：

现金管理相关总成本 = 持有现金的机会成本 + 固定性转换成本

在存货模式下，最佳现金持有量就是指持有现金所产生的机会成本与固定性转换成本之和最小时的现金持有量。

假设一定时间内的现金需求总量为 T，最佳现金持有量为 M，每次的转换成本为 b，持有现金的相关总成本为 C，有价证券的年利率为 i，则：

$$C = M/2 \cdot i + T/M \cdot b$$

式中：机会成本是按现金持有量的一半来计算的，因为随着生产经营活动的不断进行，现金持有量逐步减少，它不可能始终保持在最高持有水平上，因此对其进行平均计算较为合理。

现金管理相关总成本与机会成本、固定性转换成本的关系如图 7-1 所示。

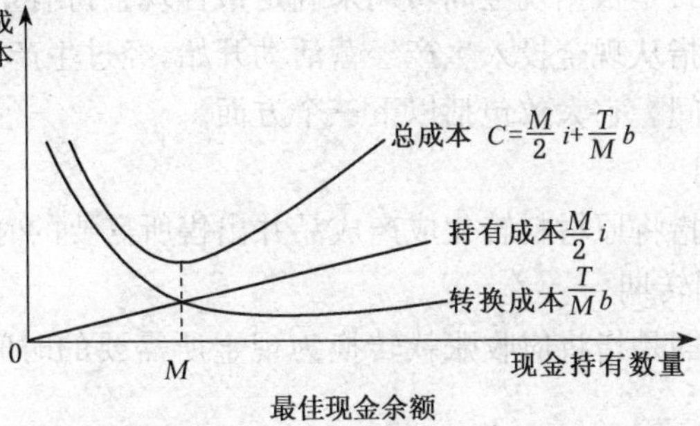

图 7-1 存货模式

从图 7-1 可以看出，C 是一条凹形曲线，由数学定理可证明当机会成本与固定性转换成本相等时，现金管理的相关总成本最低，该点所对应的现金持有量便是最佳现金持有量。也可用求导方法得出最小值，令 C 的一阶导数等于零，可以得出令总成本 C 最小的 M 值，即：

最佳现金持有量 $M=\sqrt{\frac{2Tb}{i}}$

最低现金管理总成本 $C=\sqrt{2Tbi}$

【例 7-2】 某企业现金收支状况比较稳定，预计全年需要现金 800 000 元，现金与有价证券的转换成本为每次 100 元，有价证券的年利息率为 10%。则：

最佳现金持有量 $M = \sqrt{\dfrac{2 \times 800\,000 \times 100}{10\%}} = 40\,000$(元)

最低现金管理相应总成本 $C = \sqrt{2 \times 800\,000 \times 100 \times 10\%} = 4\,000$(元)

其中 有价证券转换次数 $= 800\,000 \div 40\,000 = 20$(次)

转换成本 $= (800\,000 \div 40\,000) \times 100 = 2\,000$(元)

持有机会成本 $= (40\,000 \div 2) \times 10\% = 2\,000$(元)

需要说明的是，采用存货模式确定最佳现金持有量，是以下列假设为前提的：

(1) 企业预算期内现金总量可以预测。

(2) 企业所需要的现金可以通过证券变现取得，且证券变现的不确定性很小。

(3) 现金的支出过程比较稳定，波动较小，且不允许出现现金短缺。

(4) 证券利率或报酬率及每次固定性交易费用可以获悉。

如果以上条件得不到满足，则不能采用该模式。

(三) 现金周转期模式

现金周转期模式是根据现金周转期来确定最佳现金持有量的一种方法。

现金周转期是指从现金投入生产经营活动开始，经过生产经营过程，到最终销售转化为现金的时间。它大致包括以下三个方面。

1. 存货周转期

存货周转期是指将原材料转化成产成品并出售所需要的时间。

2. 应收账款周转期

应收账款周转期是指将应收账款转换为现金所需要的时间，即从产品销售到收回现金的期间。

3. 应付账款周转期

应付账款周转期是指从收到尚未付款的材料开始到现金支出之间用的时间。

其数量关系用公式表示为：

现金周转期 = 存货周转期 + 应收账款周转期 − 应付账款周转期

现金周转期确定后，便可计算最佳现金持有量。其计算公式为：

最佳现金持有量 = (年现金需求总额 ÷ 360) × 现金周转期

从式中可以看出，最佳现金持有量与现金周转期成正比例关系，现金周转期越短，现金持有量越小；反之，越大。

【例 7-3】 某企业预计存货周转期为 80 天,应收账款周转期为 30 天,应付账款周转期为 20 天,预计全年需要现金 1 080 万元,要求计算最佳现金持有量。

$$现金周转期 = 80 + 30 - 20 = 90(天)$$
$$最佳现金持有量 = 1\,080 \div 360 \times 90 = 270(万元)$$

采用现金周转期模式确定最佳现金持有量简单明了,易于计算。但是这种方法假设材料采购与产品销售产生的现金流量在数量上一致,企业的生产经营过程在 1 年中持续稳定地进行,即现金需要和现金供应不存在不确定的因素。如果以上假设条件不存在,则求得的最佳现金持有量将发生误差。

五、现金的日常管理

现金的日常管理是现金管理中一项非常重要的内容,其主要目的是尽快收回现金,尽可能延迟支付现金,以加快现金的周转速度;同时,要严格遵守现金管理的有关规定,合理地使用现金,提高其利用效果。

现金的日常管理主要包括以下几个方面。

(一) 现金回收管理

为了提高现金的使用效率,加速现金周转,企业应尽量加速收款,即在不影响未来销售的情况下,尽可能地加快现金的收回。企业账款的回收时间包括客户付款的邮寄时间、收到票据与结算的间隔时间、企业票据结算时间。为缩短前两个阶段的时间,常用的方法一般有集中银行法、锁箱法等。

1. 集中银行法

集中银行法是指通过设立多个收款中心来加速账款回收的一种方法。其目的是缩短从客户寄出账款到现金收入企业账户这个阶段的时间。

具体做法是:企业设立若干收款中心,并指定一个主要开户行为集中银行(通常是公司总部所在地);客户收到结算单据后直接邮寄给当地的收款中心,中心收款后立即存入当地银行,当地银行在票据交换后直接转给总部的银行。这种方法缩短了客户邮寄的票据到达的时间,也就缩短了款项从客户到企业的间隔时间。但该种方法的缺点是:开设的收款中心的相关开支成为此种决策的相关成本,企业要综合权衡后,才能作出是否采用这种方法的决策。在该种方法下企业要计算分散账款收益净额,其计算公式为:

$$\begin{aligned}分散收账收益净额 = &(分散收账前应收账款数额 - 分散收账后应收账款数额) \times \\ &企业综合资本成本 - 因增设收款中心每年增加的费用额\end{aligned}$$

若分散收账收益净额大于零,则企业可以采用银行集中法;否则,不能采用该方法。

【例 7-4】 某企业现有应收账款数额为 800 万元,企业为加速账款回收拟采用集中银行法。预计采用该种方法后,应收账款数额可减少为 700 万元,但由于企业增加收款中心，因此，每年多增加支出 6 万元。假设企业加权平均的资本成本为 10%，问是否应采用集中银行法？

分散收账收益净额 = (800 − 700) × 10% − 6 = 4(万元)

计算结果表明，分散收账收益净额为 4 万元，大于零，故该企业可采用集中银行法。

2. 锁箱法

锁箱法又称邮政信箱法，企业可以在业务比较集中的地区租用专门的邮政信箱，并开立分行存款户，通知客户把付款邮寄到指定的信箱，授权当地银行每日开启信箱，在取得客户票据后立即予以结算，将款项拨给企业所在地银行。

采用锁箱法，大大地缩短了公司办理收款、货款存入银行等手续的时间，也就是消除了公司从收到票据到这些票据完全存入银行的时间。采用这种方法也有缺点，被授权开启邮政信箱的当地银行要扣除补偿性余额，另外还收取一定的手续费，因此成本较高。是否采用销箱法，要看节约资金带来的收益与支出的费用的大小而定。

(二) 现金支出管理

现金支出管理一般是尽可能延缓现金的支付时间，在不违背合同支付期的情况下，企业尽量推迟货款的支付，以增加现金的利用效率。在财务管理实务中，延期支付的方法有以下几种。

1. 运用现金“浮游量”

所谓现金的浮游量，是指企业账户上现金余额与银行账户上所示的现金余额之间的差额。有时，企业账簿上的现金余额已为零或负数，而银行账簿上该企业的现金余额还有很多。这是因为有些企业已开出的支票由于客户的原因尚未送达银行，因此银行并未付款出账。如果能正确预测浮游量并加以利用，则可节约大量资金。

2. 控制支出时间

为了最大限度地利用现金，合理地控制现金支出的时间是十分重要的。例如，企业在采购材料时，如果付款条件是“1/10，n/30”，应安排在发票开出日期后的第 10 天付款。这样，企业可以最大限度地利用现金而又不丧失现金折扣。如果由于资金上的原因无意取得现金折扣，也应在最后一天，即第三十天付款，以最大限度地利用资金。

3. 利用员工工资

许多公司都为支付工资而单独开设一个存款账户。为了最大限度地减少这一存款数额，公司可以合理预测所开出支付工资的支票到银行兑现的具体时间。例如，某公司在每月 6 日支付工资，根据历史资料，其 6 日、7 日、8 日、9 日及 9 日以后的兑现比率分别为 30%、40%、20%、5%和 5%。这样，公司就不必在 6 日存够全部工资所需资金。

4. 采用汇票付款

汇票分为商业承兑汇票和银行承兑汇票，它与支票不同的是其付款方式不是"见票即付"，因此可以推迟企业调入资金支付汇票的实际时间，这样就可以在银行保持较少的现金余额。当然，采用汇票方式可能比采用支票要支付较高的手续费。

（三）现金收支的综合控制

1. 力争现金流入与流出同步

如果企业能尽量使它的现金流入与现金流出发生的时间趋于一致，就可以使其所持有的交易性现金余额降到较低水平，从而减少有价证券与现金的转换次数，节约转换成本。

2. 实行内部牵制制度

在现金管理中，要实行管钱的不管账，管账的不管钱，使出纳人员和会计人员互相牵制，互相监督。凡有库存现金收付，应坚持复核制度，以减少差错，堵塞漏洞。出纳人员调换时，必须办理交接手续，做到责任清楚。

3. 及时进行现金的清理

在现金管理中，要及时进行现金的清理。库存现金的收支应做到日清月结，确保库存现金的账面余额与实际库存额相互符合；银行存款账户余额与银行对账单余额相互符合；现金、银行存款日记账数额分别与现金、银行存款总账数额相互符合。

4. 遵守国家规定的库存现金的使用范围

5. 做好银行存款的管理

企业超过库存现金限额的现金，应存入银行，由银行统一管理。

6. 适当进行证券投资

企业库存现金没有利息收入，银行活期存款的利息率也比较低，因此，当企业有较多闲置不用的现金时，可投资于国库券、大额定期可转让存单、企业债券、企业股票，以获取较多的利息收入；而当企业现金短缺时，再出售各种证券获取现金。这样，既能保证有较多的利息收入，又能增强企业的变现能力。因此，进行证券投资是调整企业现金余额的一种比较好的方法。

第三节　应收账款管理

一、应收账款及其管理目标

应收账款是企业因对外赊销商品、材料、供应劳务等方面向购货或接受劳务的单位收取的款项。

应收账款是企业流动资产的一个非常重要的项目。随着社会商品经济的发展，商业信用在商业往来中日益重要。企业提供商业信用，采用赊销方式，可以扩大产品销售，提高产品的市场占有率，从而增加销售收入和利润。但企业在销售收入增加的同时，由于应收账款数额大大增加，也必然会增加相关的成本费用，如机会成本、管理成本和坏账成本等。因此，企业必须要加强对应收账款的管理。企业应收账款管理的目标是：在应收账款增加的收益与增加的成本之间进行权衡，对企业是否提供商业信用作出科学合理地选择；同时尽量加速应收账款回收，降低应收账款的相关成本。

二、应收账款的功能

应收账款的功能是指应收账款在企业生产经营中所具有的作用。主要有以下两个方面。

（一）扩大销售

企业产品销售方式有现销和赊销两种，通常后者对客户具有更大的吸引力，所以在市场竞争比较激烈的情况下，赊销是扩大销售的一种重要方式。当今市场是买方市场，企业面临激烈的市场竞争，不论是从巩固原有市场还是从开拓新市场的角度，赊销是战胜众多竞争对手的极为重要的一种手段。

（二）减少存货

企业大量地采用赊销增加应收账款的同时，也会使企业的库存存货减少。存货减少必然使存货管理的相关费用，如管理费、仓储费和保险费等支出降低。相反，企业持有应收账款数额较少，也有可能说明存货积压较多，存货占用资金也较多。

三、应收账款的成本

企业在采取赊销方式扩大销售、减少存货的同时，也会因为持有应收账款而付出一定的代价，这种代价就是应收账款的成本。其内容包括以下几个方面。

（一）机会成本

应收账款的机会成本是指企业因资金被占用在应收账款上无法用来投资而丧失的其他收入。企业资金如果不被占用在应收账款上，便可用于其他投资并获得收益，如投资于有价证券会有利息收入。

通常，机会成本与应收账款占用资金成正比例关系，应收账款占用金越多，机会成本就越大。其计算步骤如下：

第一步，计算应收账款平均余额。

应收账款平均余额＝每日赊销额×平均收现期

第二步，计算应收账款占用资金。

应收账款占用资金＝应收账款平均余额×变动成本率

第三步，计算应收账款机会成本。

应收账款机会成本＝应收账款占用资金×资本成本

以上计算公式中:资本成本可按有价证券利息率表示;变动成本率为变动成本总额与销售收入的比例;每日赊销额为年赊销总额除以360天(假定1年以360天计算);平均收账期按以享受和不享受折扣的客户比例为权数加权平均计算。如果企业不提供现金折扣,则平均收账期即为信用期。上述公式也可表达为:

应收账款机会成本 =(年赊销额 ÷ 360)× 平均收账期 × 变动成本率 × 资本成本

【例7-5】 某企业预计本年度赊销总额为600万元,应收账款平均收账天数为60天,变动成本率为60%,设资本成本为15%,则应收账款的机会成本可计算如下:

应收账款平均余额 =(600 ÷ 360)× 60 = 100(万元)

应收账款占用资金 = 100 × 60% = 60(万元)

应收账款机会成本 = 60 × 15% = 9(万元)

或 应收账款机会成本 =(600 ÷ 360)× 60 × 60% × 15% = 9(万元)

(二)管理成本

应收账款的管理成本是指企业对应收账款进行管理而发生的各种费用。它主要包括:①调查客户信用情况的费用。②收集各种信息的费用。③账簿的记录费用。④收账费用。⑤其他费用等,其中收账费用所占比重较大,所以有时企业的管理成本也仅指收账费用。

通常,管理成本与应收账款数额成正比例关系,应收账款数额越大,管理成本就越大。

(三)坏账成本

应收账款的坏账成本是指应收账款因故不能收回而发生的损失,它与应收账款数额呈同方向变动。一般来讲,应收账款数额越大,发生坏账损失的机会就越多,由此形成的坏账成本也就越大。因此,坏账成本一般与应收账款数额成正比例关系。

四、应收账款信用政策

信用政策也称应收账款的管理政策,是指企业对应收账款进行管理与控制而制定的基本方针和策略,包括信用标准、信用条件和收账政策三部分内容。在成本效益分析的基础上制定适当的应收账款信用政策,是企业财务决策的一个重要组成部分。

(一)信用标准

信用标准是指客户获得企业商业信用所应具备的最低条件,通常以预期的坏账损失率表示。如果顾客达不到信用标准,便不能享受企业的信用或只能享受较低的信用优惠。信用标准的制定,受多种因素的影响,其中最重要的是评估客户的信用风险。信用风险是在以信用关系为纽带的交易过程中,交易一方不能履行给付承诺而给另一方造成损失的可能性。信用风险评估是企业对客户信用的整体评价,主要包括研究客户的还款意愿和还款能力两个方面。信用风险评估的方法很多，常用的有以下三种方法。

1. “五C”评估法

企业在设定某一客户的信用标准时，往往先要评估它赖账的可能性，这可以通过“五C”评估法来进行，这是对客户信用标准的定性分析。所谓“五C”评估法，是指评估顾客信用品质的五个方面，即品质、能力、资本、抵押品和条件。由于这五个方面都是以字母C开头，因此称为“五C”评估法。

(1) 品质(character)，是指顾客的信誉条件，即履行偿债义务的可能性。这一点常常被视为评价客户信用的首要因素，主要通过考察客户以往的还款记录来评价。

(2) 能力(capacity)，是指客户的偿债能力，一般取决于客户流动资产的数量和质量。可根据客户的经营状况、规模，以及流动资产的规模和质量、流动资产和流动负债的比例、现金流量等状况来评价。

(3) 资本(capital)，是指顾客的财务实力和财务状况，表明顾客可能偿还债务的背景条件。

(4) 抵押品(collateral)，是指客户为获取信用，而提供给债权人的作为抵押的资产。如果客户能提供抵押品，可减少企业提供商业信用的风险。

(5) 条件(conditions)，是指影响顾客付款能力的经济环境条件，包括宏观和微观经济环境，如客户所处的市场环境、国家的经济政策等。

通过以上五个方面的分析，基本上可以判断客户的信用状况，为最后决定是否向客户提供商业信用做好准备。

2. 信用评分法

这是一种广泛运用的统计方法，在实际工作中，往往根据需要增加或减少一些变量。例如，外国某知名公司分析影响客户即期付款的因素时，主要考察利息保障倍数、速动比率、资产负债率、经营年限等变量，并给有关变量确定相应的权数，计算反映客户信用质量的评估分数。其计算公式为：

$$信用评价分数 = 3.5 \times 利息保障倍数 + 10 \times 速动比率 - 25 \times 资产负债率 + 1.3 \times 经营年限$$

在采用信用评分法进行信用评估时，分数低于40分，说明信用风险大；分数在40～50分为平均风险；高于50分说明风险较小。

3. 借助信用评级中介机构的力量

客户信用等级可以通过信用机构取得。信用机构关注的主要因素有行业风险、商业风险和财务风险，其中行业风险是评级决策中最为重要的指标。按照国际惯例，企业信用一般分为三级九等，即A级、B级和C级，AAA、AA、A、BBB、

BB、B、CCC、CC和C九个等级，分别对应不同的信用风险水平。通常认为，对A级以上的企业授信是安全的。

（二）信用条件

信用条件是指企业提供信用时对客户提出的付款要求，主要包括信用期限、折扣期限和现金折扣率等。

国际上，信用条件一般用“n/t”或“d/t_1，n/t”表示。“n/t”的含义是：信用期限为t天；“d/t_1，n/t”的含义是：如果客户在t_1天付款，可享受d%的现金折扣，否则，在t天内全额付清。例如“1/10，n/30”，其含义为：若客户在发票开出后的10天内付款，可以享受1%的现金折扣；如果放弃现金折扣，则全部货款必须在30天内付清。该表示方法中，30天是信用期限，10天是折扣期限，1%是现金折扣率。

1. 信用期限

信用期限是指企业允许客户从购货到支付货款的时间间隔。客户必须在信用期限内支付货款，否则就属于违约。通常，信用期限与企业产品销售量之间存在着一定的依存关系。若延长信用期限，可以在一定程度上增加销售量，从而增加毛利，但也会在相应地使应收账款成本上升；若缩短信用期限，可以降低应收账款成本，但也会在一定程度上减少销售量，从而减少毛利。所以，企业应进行成本效益分析，确定合理的信用期限。一般来说，如果企业延长信用期限所增加的边际收入大于增加的边际成本，即税前净收益大于零，就可以采用延长信用期限的信用条件，否则就不能采用。

【例7-6】 某公司原来采用30日按发票金额付款的信用条件，现拟放宽信用期限，延长至60日（按发票金额不提供折扣），该公司资金成本率为15%，有关资料如表7-3所示。

表7-3

信用条件备选方案　　单位：元

项　目	A(30日付款)	B(60日付款)
销售量(件)	100 000	120 000
单价	5	5
赊销额	500 000	600 000
销售成本：变动成本（每件4元）	400 000	480 000
固定成本	50 000	50 000
毛利	50 000	70 000
收账费用	3 000	4 000
坏账损失	5 000	9 000

要求：选择对企业有利的信用条件。

在决策时可采用差量分析法来比较放宽信用期增加的收益与增加的成本之间大小，然后作出选择。其计算过程如下：

(1) 增加的收益：

增加的收益＝增加的销售量×单位边际贡献＝

(120 000－100 000)×(5－4)＝20 000(元)

(2) 应收账款机会成本的增加额：

A方案：机会成本＝(500 000÷360)×30×(400 000÷500 000)×15%＝5 000(元)

B方案：机会成本＝(600 000÷360)×60×(480 000÷600 000)×15%＝12 000(元)

机会成本增加额＝12 000－5 000＝7 000(元)

(3) 收账费用和坏账损失增加额：

收账费用增加额＝4 000－3 000＝1 000(元)

坏账损失增加额＝9 000－5 000＝4 000(元)

(4) 延长信用期的税前净收益：

延长信用期的税前净收益＝增加的收益－增加的成本＝

20 000－(7 000＋1 000＋4 000)＝8 000(元)

由于增加的收益大于增加的成本，即税前净收益大于零，所以应采用延长信用期的信用条件，即信用期为60天的B方案对企业有利。

本例也可以通过计算，比较A、B两个方案的税前净收益大小来进行决策，其计算过程如下：

A方案：

税前净收益＝毛利－(机会成本＋收账费用＋坏账损失)＝

50 000－(5 000＋3 000＋5 000)＝37 000(元)

B方案：

税前净收益＝70 000－(12 000＋4 000＋9 000)＝45 000(元)

B方案与A方案的税前净收益差额为：45 000－37 000＝8 000(元)＞0，故应采用信用期为60天的B方案对企业有利。采用该方法的决策结果与采用差量分析法相同。

2. 现金折扣和折扣期限

现金折扣是指企业对客户在规定的优惠期限内提前支付货款而给予的一种现金收入扣减，它通常等于赊销额与现金折扣率的乘积。折扣期限是指企业为鼓励客户提前付款而给予享受现金折扣的一定优惠期间。企业采用现金折扣的信用条件后，会大大缩短应收账款的平均收款期，从而降低相应的应收账款成本。但现金折扣也使企业的销售收入减少，使实际收益下降。所以，企业同样要进行成本效益分析，确定合适的信用条件。一般来说，如果企业提供现金折扣后降低的应收账款成本大于现金折扣对收入的抵减额，就可以采用提供现金折扣的信用条件，否则就不能采用。

【例 7-7】 仍以[例 7-6]所列资料为例，如果企业为加速收款，决定将信用条件改为“2/10，1/20，n/60”(称 C 方案)，估计有 50%的客户(按赊销额计算)将利用 2%的折扣；30%的客户将利用 1%的折扣。假定在该信用条件下，坏账损失降为6 000 元，收账费用降为 2 000 元，其他条件不变，试问该企业能否改变原信用条件？

根据上述资料，计算 B、C 两种信用条件方案净收益如表 7-4 所示。

表 7-4

两种信用条件方案净收益计算 单位:元

项　　目	方案 B	方案 C
赊销额	600 000	600 000
减:现金折扣	—	7 800
赊销净额	600 000	592 200
减:变动成本总额	480 000	480 000
固定成本	50 000	50 000
毛利	70 000	62 200
减:机会成本	12 000	4 600
坏账成本	9 000	6 000
收账费用	4 000	2 000
税前净收益	45 000	49 600

由表 7-4 可知：

方案 C 现金折扣＝600 000×(2%×50%＋1%×30%)＝7 800(元)

机会成本＝(600 000÷360)×(10×50%＋20×30%＋60×20%)×(480 000÷600 000)×15%＝4 600(元)

通过表 7-4 计算结果可知，方案 C 的净收益 49 600 元，比方案 B 的净收益 45 000元高，因此，企业可以改变原信用条件，而采用新的信用条件。

以上分析也可通过将方案 C 提供现金折扣所降低的应收账款成本总和12 400元[(12 000－ 4 600)＋(9 000－ 6 000)＋(4 000－ 2 000)]与现金折扣减少的收入额 7 800元进行比较，前者大于后者，故 C 方案可行，其结论与上述列表分析方法相同。

（三）收账政策

收账政策是指当客户违反信用条件时企业所采取的收账策略。企业如果采用较积极的收账政策，可能会减少应收账款占用资金，减少机会成本和坏账损失，但要增加收账成本。如果采用较消极的收账政策，则可能会增加应收账款占用资金，进而增加机会成本和坏账损失，但会减少收账费用。一般而言，收账费用支出越多，机会成本和坏账损失越少，但这两者并不一定存在线性关系。因此，若前者小于后者，则说明制定的收账政策是可取的。在制定信用政策时，应权衡增加收账费用与减少应收账款机会成本和坏账损失之间的得失。若前者小于后者，则采用积极的收账政策；反之，则采用消极的收账政策或维持原来的收账政策。

【例 7-8】 某企业拟变更收账政策，其当前收账方案和新方案有关资料如表 7-5 所示。

表 7-5

收账政策备选方案资料

项　　目	当前方案	新方案
收账费用（万元）	40	50
平均收账期（天）	90	60
坏账损失率	5%	3%

设该企业年赊销额为 300 万元，变动成本占销售额的比率为 80%，资本成本率为 10%，试问该企业能否变更收账政策？

根据上述资料计算和决策过程如下：

当前方案应收账款的机会成本 $= 300 \div 360 \times 90 \times 80\% \times 10\% = 6$（万元）
新方案应收账款的机会成本 $= 300 \div 360 \times 60 \times 80\% \times 10\% = 4$（万元）
采用新方案减少机会成本为 $6 - 4 = 2$（万元）
当前方案应收账款的坏账损失 $= 300 \times 5\% = 15$（万元）
新方案应收账款的坏账损失 $= 300 \times 3\% = 9$（万元）
采用新方案减少坏账损失为 $15 - 9 = 6$（万元）

采用新方案减少的机会成本和坏账损失合计为 8 万元（2+6），小于增加的收账费用 10 万元（50−40），因此，该企业不能变更收账政策。

五、应收账款的日常管理

对于企业的应收账款，还应进一步强化日常管理工作，采取有力措施进行分析、控制，及时发现问题，提前采取对策。这些措施主要包括应收账款追踪分析、应收账款账龄分析和建立预提应收账款坏账准备金制度等。

（一）应收账款追踪分析

应收账款一旦发生，就必须考虑如何按期足额收回的问题，为此，必须对每项应收账款的运行过程进行追踪分析。追踪分析的重点要放在赊销商品的变现方面。信用部门和销售部门进行应收账款跟踪管理服务。从赊销过程一开始，到应收账款到期日前，对客户进行跟踪、监督，从而确保客户正常支付货款，最大限度地降低逾期账款的发生率。通常，对金额较大或信用品质较差的客户，企业应考虑在收账之前就对该项赊销款的运行进行追踪分析，包括对客户偿债品质与能力的延伸调查分析。

（二）应收账款的账龄分析

应收账款的账龄分析是应收账款日常管理的重要手段。通过账龄分析，密切注意应收账款的回收情况，提高应收账款回款率。企业可通过编制账龄分析表的方法，对应收账款进行监督。

账龄分析表是显示应收账款在外时间长短的报告。通过账龄分析表可以知道，有多少客户在折扣期内付款，有多少客户在信用期内付款，有多少客户在信用期后才付款，以及有多少赊销款已拖欠太久，可能形成坏账。对付款情况不同的客户，分别采取不同的收账方法；对可能发生的坏账损失，应充分估计其可能对企业损益产生的影响。

（三）建立应收账款坏账准备制度

无论企业采取怎样严格的信用政策，只要存在着商业信用行为，坏账损失的发生总是不可避免的。因此，企业要遵循谨慎性原则，对坏账损失的可能性预先进行估计，并建立弥补坏账损失的准备制度。

（四）加强对收账的日常管理

收账是企业应收账款管理的一项重要内容，应加强日常管理工作。收账管理包括以下两部分内容：

1. 确定合理的收账程序

催收账款的程序一般是信函通知、电话催收、派人员面谈和法律行动。当客户拖欠账款时，要先给客户一封有礼貌的通知信件；接着，可寄出一封措词较直率的信件；进一步则可通过电话催收；如再无效，企业的收账员可直接与客户面谈，协商解决；如果谈判不成，就只好诉诸法律。需要注意的是，企业一般不到迫不得已，尽量避免采取法律行动，否则会影响企业与客户的关系。

2. 确定合理的讨债方法

客户拖欠货款的原因有很多，企业应根据不同的原因同时考虑与客户的合作关系等多方面因素，遵循成本与效益的原则，确定合理的讨债方法，以达到收回账款的目的。

第四节 存 货 管 理

一、存货及其管理目标

存货是指企业在日常活动中持有以备出售的产成品或商品、处在生产过程中的在产品、在生产过程或提供劳务过程中耗用的材料和物料等。一般来说，在企业流动资产中存货占的比重非常大，通常为20%～60%。企业持有充足的存货，不仅有利于生产过程的顺利进行和销售的实现，而且避免了因存货不足而带来的损失。但存货的增加必然要占用更多的资金，使企业的储存成本和管理费用增加，从而影响企业的收益。因此，存货的管理目标是：在存货的作用（收益）与成本之间进行权衡，在充分发挥存货作用的同时降低成本、增加收益。

二、存货的功能

存货的功能是指存货在企业生产经营中所具有的作用。它主要表现为以下四个方面。

（一）维持生产的连续性

生产过程中所需要的原材料，是生产中必需的物质资料。为了保证生产顺利进行，避免停工待料，必须适当地储备一些材料。存货在生产不均衡和商品供求波动时，可起到缓和矛盾的作用。即使生产能按事先规定好的程序来进行，但要每天都采购材料从经济上考虑也并不现实。所以，为了保证生产正常进行，储存适当的原材料是必需的。

（二）适应市场的变化

企业的产品，一般不是生产一件出售一件，而是要组织成批生产、成批销售才经济合算。另外，为了应付市场上突然到来的需求，也应适当储存一些产成品。

（三）维持均衡生产

对于生产季节性产品的企业，或产品需求很不稳定的企业，出于成本及均衡生产考虑，就需要储备一定的原材料存货或产成品存货。否则，如果根据需求状况时高时低地进行生产，有时生产能力可能得不到充分利用，有时又会出现超负荷生产，这些情况都会使生产成本提高。

（四）防止意外损失

企业在采购、运输、生产和销售过程中，都可能发生意料之外的事故，如果留有必要的保险储备，可避免或减少损失。

三、存货的成本

企业为发挥存货的功能，必然储备一定的存货，但这同时也会发生相关支出，这就是存货的成本。其内容包括以下几个方面。

（一）采购成本

采购成本又称购置成本，是指存货本身的价值，是由买价、运杂费等构成的。采购成本一般与采购数量呈正比例变化。一定时期在购进数量和单价既定的情况下，企业每次订购的数量多少并不影响存货的采购成本（假设无数量折扣），因而此项成本在存货决策中属无关成本。

（二）订货成本

订货成本是指企业为订购材料、商品而发生的成本费用，如采购的差旅费、邮资、通讯费、专设采购机构的经费等。

订货成本分为变动性订货成本和固定性订货成本。变动性订货成本与订货数量成反比例关系。订货量越少，订货次数越多，变动性订货成本越高，如采购人员差旅费、通讯费等，因此，它属存货管理决策相关成本；固定性订货成本与订货次数无关，如专设采购机构的经费支出，因此，它属存货管理决策无关成本。

（三）储存成本

储存成本是指企业为储存存货而发生的费用，主要包括存货资金占用利息、仓储费、保险费以及存货的变质与过期的损失等。储存成本也分为变动性储存成本和固定性储存成本。变动性储存成本与存货的储存数量成正比例关系，存货储存的越多，储存成本越高，如存货资金的应计利息、存货残损和变质损失、存货的保险费用等，因此，它属存货管理决策相关成本；固定性储存成本与存货的储存数量无关，如仓库折旧费、仓库保管员的固定月工资等，因此，它属存货管理决策的无关成本。

（四）短缺成本

短缺成本是指由于存货储存不足而给企业造成的经济损失，包括由于材料供应中断造成的停工损失、成本供应中断导致延误发生的信誉损失和丧失销售机会的损失等。

短缺成本能否作为存货管理决策的相关成本，应取决于企业是否允许存货短缺。若企业允许缺货，则短缺成本属决策相关成本，它与存货数量呈反方向变动关系，存货数量越少，短缺成本越高；若企业不允许缺货，则短缺成本属决策无关成本。

四、经济订货量的确定

经济订货量也称经济进货批量，是指能够使一定时期存货的相关总成本达到最低点的进货数量。

通过以上对存货成本分析可知，存货管理决策的相关成本包括变动性订货成本，变动性储存成本和允许缺货时的短缺成本。不同的成本与订货数量之间存在着不同的变动关系。减少订货量，会导致变动性订货成本和短缺成本的上升，变动性储存成本的下降；增加订货量，则会使变动性订货成本和短缺成本下降，但变动性储存成本会上升。所以，这就要求企业协调各成本间的关系，使其相关总成本保持最低水平。

(一) 经济订货量基本模型

经济订货量基本模型以下列假设为前提：

(1) 企业一定时期内的订货总量可以准确地预测。

(2) 存货的耗用或销售比较均衡。

(3) 存货的价格稳定，无数量折扣。

(4) 不允许出现缺货情况。

(5) 存货的订货数量和订货日期完全由企业确定，并且当存货量降为零时，下一批存货均能马上一次到位。

(6) 仓储条件和所需资金不受限制。

(7) 所需存货市场供应充足。

根据上述前提条件，在经济订货量基本模型下，存货管理相关总成本只包括变动性订货成本和变动性储存成本。即：

存货管理相关总成本 = 变动性订货成本 + 变动性储存成本

基本模型下的经济订货量就是指变动性订货成本和变动性储存成本之和达到最低时的订货数量。

假设一定时间的存货需求总量为 A，经济订货数量为 Q，每次订货成本为 F，单位存货年储存成本为 C，存货管理相关总成本为 T，则：

$$T = A/Q \cdot F + Q/2 \cdot C$$

令 T 的一阶导数等于零，可求出 T 的最小值。解得：

经济订货量 $Q = \sqrt{\dfrac{2AF}{C}}$

最低存货管理相关总成本 $T = \sqrt{2AFC}$

【例 7-9】 某公司全年需要甲零件 60 000 件，单位采购成本为 200 元，每次订货成本为 100 元，每件年储存成本为 3 元，则：

经济订货批量 $Q = \sqrt{\dfrac{2AF}{C}} = \sqrt{\dfrac{2 \times 60\,000 \times 100}{3}} = 2\,000$(件)

最低存货管理总成本 $T = \sqrt{2 \times 60\,000 \times 100 \times 3} = 6\,000$(元)

其中 订货成本 $= (60\,000 \div 2\,000) \times 100 = 3\,000$(元)

储存成本 $= (2\,000 \div 2) \times 3 = 3\,000$(元)

最低存货管理总成本 $= 3\,000 + 3\,000 = 6\,000$(元)

经济订货量平均占用资金 $= (2\,000 \div 2) \times 200 = 200\,000$(元)

经济订货次数 $= 60\,000 \div 2\,000 = 30$(次)

(二) 经济订货量基本模型的扩展

经济订货量基本模型是建立在一系列假设的基础上的,为了与实际情况更接近,我们可以逐步放宽假设条件,对模型加以改进。

1. 有数量折扣的经济订货量模式

销售企业为鼓励客户更多地购买商品,往往会给予不同程度的数量折扣,即当客户的一次订货量达到某一数量时,就可能给予价格上的优惠。每次订货量越多,给予的价格优惠越大。在这种情况下,存货的采购成本就成为存货管理决策的相关成本。

在经济订货量基本模式其他各种假设条件均具备的前提下,同时存在数量折扣时的存货管理相关成本可按下式计算:

存货管理相关总成本 = 采购成本 + 变动性订货成本 + 变动性储存成本

即 $$T = A \cdot P + A/Q \cdot F + Q/2 \cdot C$$

式中:P 表示存货单位采购成本。

存在数量折扣的经济订货量一般按下列步骤进行确定:

(1) 按照存货经济订货量基本模式确定的存货经济订货量,计算存货管理相关总成本。

(2) 按给予数量折扣的经济订货量计算不同折扣下的存货管理相关总成本。

(3) 比较经济订货量基本模式下计算的相关总成本与不同数量折扣下计算的相关总成本,总成本最低的订货量就是经济订货量。

【例 7 - 10】 某公司全年需要甲零件 16 000 件,每件标准单价为 20 元。销售企业规定:客户每批购买量不足 1 000 件的,按照标准价计算;每批购买量在 1 000 件以上,2 000 件以下的,价格优惠 2%;每批购买量 2 000 件以上的,价格优惠 3%。已知该公司每次订货成本为 600 元,每件年储存成本为 30 元,则:

按经济订货量基本模式确定的经济订货量为:

$$Q = \sqrt{2 \times 16\,000 \times 600 \div 30} = 800(\text{件})$$

每次进货 800 件时的存货管理相关总成本为:

$$T = 16\,000 \times 20 + 16\,000 \div 800 \times 600 + 800 \div 2 \times 30 = 344\,000(\text{元})$$

每次订货 1 000 件时的存货管理相关总成本为：

$$T = 16\,000 \times 20 \times (1-2\%) + 16\,000 \div 1\,000 \times 600 + 1\,000 \div 2 \times 30 = 338\,200(\text{元})$$

每次订货 2 000 件时的存货管理相关总成本为：

$$T = 16\,000 \times 20 \times (1-3\%) + 16\,000 \div 2\,000 \times 600 + 2\,000 \div 2 \times 30 = 345\,200(\text{元})$$

通过对上述计算结果进行比较可知，每次订货为 1 000 件时存货管理相关总成本为 338 200 元，小于其他几种情况下的相关总成本，所以此时的 1 000 件即为该企业的经济订货量。

2. 再订货点

一般情况下，企业的存货不能做到随时补充，因此需要在存货没用完之前，提前订货。在提前订货时，企业再次发出订货单时，尚余存货的数量称为再订货点，用 R 表示，它等于交货时间和每日需求量的乘积，即 $R=L \cdot d=$交货时间×每日需求量。

订货提前期对经济订货量并无影响，只不过在到达再订货点时要发出订货单。存货的流转过程如图 7-2 所示。

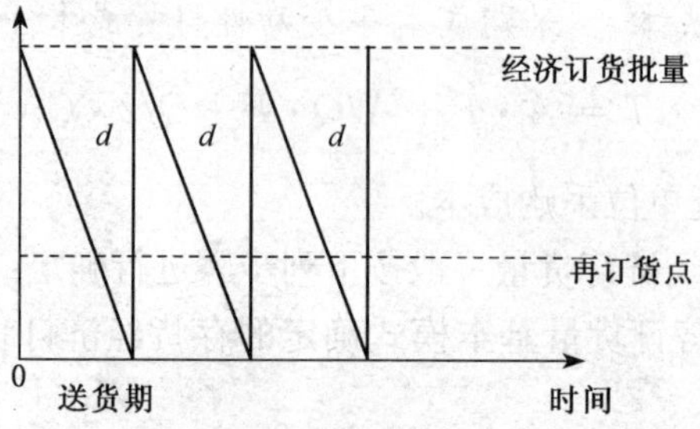

图 7-2 订货提前期下存货的流转过程

3. 存货陆续供应和使用

在实际存货采购过程中，经常会出现存货不是一次入库，而是陆续入库，存货的库存量也陆续增加，形成了存货边入库边耗用的情形。这与基本模型中假设存货能集中到货不同，尤其是产品转移和产成品入库时更是如此。

假设每日送货和入库量为 p，每日耗用或领用量为 d，每批订货数量为 Q，则该批存货全部入库所需天数（即送货期）为 Q/p，入库期间的耗用量或领用量为 $d \cdot Q/p$，因此存货的最高库存量为 $Q-d \cdot Q/p$。

与批量有关的总成本为变动订货成本和变动储存成本，用公式表示为：

$$T = K \cdot A/Q + C(1-d/p)Q/2$$

对上式求关于 Q 的一阶导数，令其等于零，解出经济订货批量为：

$$Q=\sqrt{\frac{2AK}{C\left(1-\frac{d}{p}\right)}}$$

此时，存货最低相关总成本为：

$$T=\sqrt{2AKC\left(1-\frac{d}{p}\right)}$$

此时存货的流转过程如图 7-3 所示。

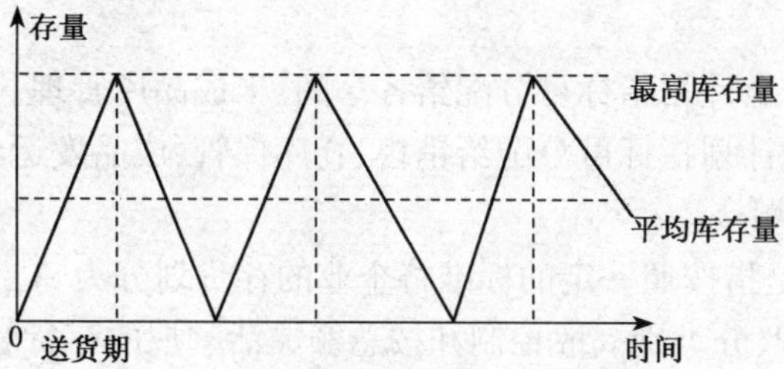

图 7-3　存货陆续供应和使用下的周转过程

【例 7－11】 某零件年需要量 16 200 件，每日需求量为 45 件，日供应量 60 件，一次订货成本 25 元，单位储存成本 1 元/年。假设需求是均匀的，不设置保险库存并且按照经济订货量进货，则经济订货量为：

$$Q=\sqrt{\frac{2\times 16\,200\times 25}{1\times\left(1-\frac{45}{60}\right)}}=1\,800(\text{件})$$

这时最低存货相关总成本为：

$$T=\sqrt{2\times 16\,200\times 25\times 1\times\left(1-\frac{45}{60}\right)}=450(\text{元})$$

五、存货的日常管理

存货的日常管理是指在日常生产经营过程中，以存货计划为依据，对存货的日常使用及周转情况进行组织、协调及监督。存货的日常管理方法主要有以下几种。

（一）存货的归口分级控制

1. 实行资金的归口管理

根据使用资金和管理资金相结合，物资管理和资金管理相结合的原则，每项资金由哪个部门使用，就归哪个部门管理。各项资金归口管理的分工一般如下：

(1) 原材料、燃料、包装物等资金归供应部门管理。

(2) 在产品和自制半成品占用的资金归生产部门管理。

(3) 产成品资金归销售部门管理。

(4) 工具用具占用的资金归工具部门管理。

(5) 修理用备件占用的资金归设备动力部门管理。

2. 实行资金的分级管理

各归口的管理部门要根据具体情况将资金计划指标进行分解,分配给所属单位或个人层层落实,实行分解管理。具体分解过程可按如下方式进行:

(1) 原材料资金计划指标可分配给供应计划、材料采购、仓库保管、整理准备各业务组管理。

(2) 在产品资金计划指标可分配给各车间、半成品库管理。

(3) 成品资金计划指标可分配给销售、仓库保管、成品发运各业务组管理。

(二) ABC 控制法

ABC 控制法是指按照一定的标准将企业的存货划分为 A、B、C 三类,分别实行分品种重点管理、分类别一般控制和按总额灵活掌握的存货管理方法。

大中型企业存货项目都很多,在这些项目中,有的价格昂贵,有的价值低廉;有的数量庞大,有的种类少。如果对每一种存货都进行周密的规划,严格的控制,就抓不住重点,不能有效地控制主要存货资金。ABC 控制法正是针对这一问题而提出来的重点管理方法。运用 ABC 控制法控制存货资金,一般分如下几个步骤:

(1) 计算每一种存货在一定时间内(一般为 1 年)的资金占用额。

(2) 计算每一种存货资金占用额占全部资金占用额的百分比,并按大小顺序排列,编成表格。

(3) 根据事先测定好的标准,把最重要的存货划为 A 类,把一般存货划为 B 类,把不重要的存货划为 C 类,并画图表示出来。

(4) 对 A 类存货进行重点规划和控制,对 B 类存货进行次重点管理,对 C 类存货只进行一般管理。

在划分出来的存货类别中,A 类存货种类虽少,但占用的资金多,应集中主要力量管理,对其收发要进行严格管理和控制;C 类存货虽然种类繁多,但占用的资金不多,这类存货的经济订货量可凭经验进行总量管理;B 类存货介于 A 类和 C 类之间,也应给予相当的重视,但不必像 A 类那样进行非常严格的控制,一般管理即可。

本章小结

营运资金是指一个企业维持日常经营所需要的资金,通常指流动资产总额减去流动负债总额后的余额。营运资金的特征主要体现在流动资产和流动负债的特征上。流动资产具有流动性、短期性、并存性、继起性和波动性等特点,流动负债具有筹资速度快、筹资成本低、筹资风险高和筹资弹性大等特点。企业营运资金数量越大,风险越小,但收益率也越低;营运资金数量越小,风险越大,但收益率也越高。企业需要在风险和收益率之间进行权衡。

企业对流动资产的管理主要包括对现金、应收账款和存货的管理。广义的现金是指在企业的生产经营过程中暂时处于货币形态的资金,主要包括企业的库存现金、银行存款、银行本票、银行汇票等。企业现金管理的目标是:在保证企业生产经营所需现金的同时,节约使用资金,并从暂时闲置的现金中获得最多的利息收入。现金管理包括最佳现金持有量的确定和现金的日常管理。应收账款是企业因对外赊销商品、材料、供应劳务等方面向购货或接受劳务的单位收取的款项。企业应收账款管理的目标是:在应收账款增加的收益与增加的成本之间进行权衡,对企业是否提供商业信用作出科学合理的选择;同时尽量加速应收账款回收,降低应收账款的相关成本。应收账款的管理主要是制订包括信用标准、信用条件和收账政策三方面内容在内的信用政策及应收账款的日常管理。存货是指企业在日常活动中持有以备出售的产成品或商品、处在生产过程中的在产品、在生产过程或提供劳务过程中耗用的材料和物料等。企业存货的管理目标是:在存货的功能(收益)与成本之间进行权衡,在充分发挥存货功能的同时降低成本、增加收益。存货管理包括确定经济订货量和存货的日常管理。

复习思考题

1. 什么是营运资金?它有何特征?
2. 企业现金管理的目标和持有现金的动机是什么?
3. 企业现金的成本通常有哪些?最佳现金持有量的确定方法有哪几种?
4. 现金日常管理的内容有哪些?
5. 企业应收账款管理的目标是什么?应收账款有哪些功能和成本?
6. 如何确定应收账款的信用政策?
7. 应收账款日常管理的内容有哪些?
8. 企业存货的管理目标是什么?存货有哪些功能和成本?
9. 经济订货量的确定方法有哪几种?
10. 存货日常管理的内容有哪些?

练　习　题

1. 某公司现金收支平衡,预计全年现金需要量为400 000元,现金与有价证券转换成本每次为200元,有价证券利率为10%。

要求:

(1) 计算最佳现金持有量；

(2) 计算最低现金管理成本、转换成本、持有成本；

(3) 计算有价证券交易次数、有价证券交易间隔期。

2. 某企业预测的年度赊销额为300万元，应收账款平均收账天数为60天，变动成本率为60%，资本成本为10%。试计算该企业持有应收账款的机会成本。

3. 某公司拟考虑修改现行的信用政策，现有甲、乙两个放宽信用政策的备选方案，有关数据如表7-6所示。

表7-6

某公司信用政策情况

项　　目	现行收账政策	甲方案	乙方案
年销售额(万元/年)	2 400	2 600	2 700
收账费用(万元/年)	40	20	10
平均收账期	60天	90天	120天
坏账损失率	2%	2.5%	3%

已知该公司的变动成本率为80%，资本成本为10%。假设不考虑所得税的影响，要求：通过计算，分析该公司是否应改变现行的收账政策？如果要改变，如何改变？

4. 某企业计划年度甲材料耗用总量为7 200千克，每次订货成本为800元，该材料的单价为30元/千克，单位储存成本为2元。

要求：

(1) 计算该材料的经济订货量；

(2) 计算该材料经济订货量时的相关总成本。

5. 某企业每年耗用甲材料5 000吨，每吨标准价为80元，单位储存成本为8元，平均每次进货费用为200元。销货企业规定客户每批购买量不足1 000吨，按标准价计算，在1 000吨以上2 000吨以下的购买价格优惠2%，2 000吨以上的价格优惠3%。

要求：

(1) 计算不考虑数量折扣和不允许缺货下的经济订货量和相关总成本。

(2) 计算考虑数量折扣的经济订货量。

6. 某企业全年需要某种零件36 000件，每日进货量为300件，每日耗用量为100件，每次订货成本为25元，单位存货年储存成本为2元。假设企业对存货的需求是均匀的，不设置保险库存并且按照经济订货量进货。要求：计算经济订货量和最低存货相关总成本。

案例分析题

东方公司是一家拥有近亿元资产的民营企业，前些年由于其产品价廉物美而深受广大用户欢迎，因此产品销售和资金回笼情况良好，公司也随之不断发展壮大。但最近两年该公司产品面临的市场竞争越来越激烈，公司出现了产品销售量增长缓慢、应收账款回收困难、财务危机逐步加大等问题，严重影响着企业的进一步发展。为此，公司总经理于2009年1月10日专门召开办公会议分析原因商讨对策。会上财务经理王刚根据有关方面的信息，结合公司实际情况进行了较为全面客观的分析。他认为造成公司目前这种状况的原因除了市场等一些客观因素外，还有企业自身等方面的因素，特别是原来的信用条件存在一定的问题，需要根据目前的市场状况进行调整。他提出了两种方案，具体如下：

方案一：将原信用条件调整为“1/10，n/30”。据预测，调整信用条件后公司的销售额将在去年的基础上下降5%，但坏账损失率降至4%，公司对所有客户进行的资信调查和收账费用降至50万元，公司的固定成本、变动成本率和资本成本维持去年水平不变。另外，预计有40%的客户会享受现金折扣，其他客户均能在信用期内付款。

方案二：将原信用条件调整为“2/10，1/20，n/60”。据预测，调整信用条件后公司的销售额将在去年的基础上增长10%，同时坏账损失率降至5%，公司的资信调查费用和收账费用降至60万元，公司的固定成本、变动成本率和资本成本仍然维持去年水平不变。另外，预计分别有40%的客户会享受两种不同的现金折扣，其他客户也均能在信用期内付款。

财务经理还列举了公司2004年底的有关财务数据：

(1) 全年销售额为8 000万元，固定成本为2 000万元，信用条件是:n/60，平均收账期为75天，变动成本率、资本成本分别为60%和8%。

(2) 本年坏账损失率为10%，公司对所有客户进行的资信调查和收账费用为100万元。

要求：对财务经理王刚提出的两种调整信用条件的方案和原方案进行比较分析，并指出该公司是否应调整原方案，若调整应怎样调整。

第八章　企业收益分配管理

【本章学习目的】 本章主要介绍了企业收益分配管理的基本理论知识、收益分配的顺序和收益分配政策等内容。通过学习，要求了解企业收益分配的概念、原则及企业收益分配的顺序，了解企业职工要素分配管理的内容，理解影响收益分配政策的因素和收益分配政策的类型及其优缺点。掌握股利支付形式、支付程序及股票回购、分割的相关知识。

【本章关键词】 净利润分配　职工要素分配　股利政策　股利发放　股票分割与回购

第一节　企业收益分配管理概述

一、企业收益分配的概念

企业收益分配是指分配主体对分配对象（企业经营收益）在各个分配参与者之间进行的分割和平衡。具体来讲，企业收益分配就是企业将净收益在投资者、经营者以及其他有特殊贡献的职工、企业留存之间进行的合理有效的分配。企业收益分配是企业财务管理的重要内容，它有广义的收益分配和狭义的收益分配之分。广义的收益分配是指对企业收入和收益总额进行的分配；狭义的收益分配一般指对企业净收益的分配。本书讨论的是狭义的收益分配，即对企业净收益的分配。

从企业内部看，企业收益分配管理，体现着企业是否遵守了国家有关收益分配的规定，是否贯彻了多贡献多回报的分配原则，是否实施了公平和效率的分配原则，是否存在个别主体侵害其他分配主体利益的不公平现象。从企业外部看，企业收益分配管理体现了国家引导和监督企业合理确定对经营成果分配的办法和标准，以保证企业之间、职工之间应有的公平，保护分配主体的合法权益，保障国家财经纪律的有效执行和经济秩序的正常运转。

二、企业收益分配的原则

作为企业的一项重要财务活动，企业收益分配必须遵循一定的原则。

（一）依法分配收益的原则

国家有关法律、法规如《公司法》、《民法通则》等对社会成员之间的分配关系作出了基本的规定，《企业财务通则》和相关政策、制度对企业收益分配的内容、顺序等进一步作出了具体的规定。因此,企业实现的收益应严格遵照这些规定的要求进行分配,这是正确处理企业同各方面利益关系的关键。

（二）投资与收益对等的原则

企业收益分配应体现投资与收益对等的原则,即谁投资谁收益。投资多、多收益,投资少、少收益。这是正确处理投资者利益关系的核心。投资者进行投资的主要目的之一就是为了获得投资收益,按照这一原则,有利于提高投资者的投资积极性,实现企业财务目标。

（三）分配与积累并重的原则

企业进行收益分配时,应充分考虑眼前利益与长远利益的关系、局部利益与全局利益的关系,即坚持分配与积累并重的原则。企业的未来发展需要企业对剩余收益进行适当的留存。这不仅能为企业扩大再生产提供一定的资金来源,而且还会有效地改变企业资本结构,降低综合资本成本,增强企业抵抗财务风险的能力,有利于企业的长远发展,最终投资者也会从中得益。

（四）利益相关的原则

企业的收益分配必须由相关的利益主体按与企业收益相关的要素进行分配。对这些分配主体、分配对象以及这些要素相互关系的调整办法,应当以企业章程、内部管理制度、股东大会决议等形式进行规定。

三、企业收益分配的顺序

根据我国《公司法》、《企业财务通则》等法律、法规规定,企业年度净利润,除法律、行政法规另有规定外,应按照下列顺序进行分配。

（一）弥补以前年度亏损

企业当年实现的净利润,首先应按照规定弥补以前年度发生的亏损。弥补的亏损是指超过了正常的税前弥补期限(5 年)后,应当用所得税后利润弥补的亏损。企业实现的净利润在以前年度亏损未弥补完之前,不得提取法定公积金。

（二）提取 10％法定公积金

经计算有本年累计盈利的,按本年净利润抵减年初累计亏损后的余额,计提 10％比例的法定公积金,累计提取的公积金总额达到注册资本 50％以后,可以不再提取。需要说明的是,提取法定公积金的基数,不是累计盈利,也不一定是本年的税后利润。只有在年初没有未弥补亏损的情况下,才能按本年净利润计算提取数。

（三）提取任意公积金

企业提取法定公积金后,企业章程对提取任意公积金有规定的,按企业章程的规定提取任意公积金;企业章程没有规定的,可以根据股东(大)会决议的比例提取任意公积金。国有企业可以将任意公积金与法定公积金合并提取。

（四）向投资者分配利润

企业应当按照“同股同权、同股同利”的原则，向投资者分配利润。企业以前年度未分配的利润，可以并入本年度一并进行分配。在弥补企业以前年度亏损和提取法定公积金之前，企业不得向投资者分配利润；若违反规定已分配的，则要求股东必须将分配的利润退还公司。

第二节　企业职工要素分配的管理

一、企业职工要素分配的特点及原则

（一）企业职工要素分配的特点

《中共中央关于构建社会主义和谐社会若干重大问题的决定》中明确提出，国家应当“完善劳动、资本、技术、管理等生产要素按贡献参与分配制度”。《企业财务通则》则对经营者和其他职工以管理、技术等智力要素参与企业收益分配的财务行为进行了规范。

与实物资产、货币资金等生产要素不同，经营者和其他职工的技术、管理等智力要素参与企业收益分配，有其自身的特点，主要表现在以下几个方面：

（1）自身价值不容易度量。

（2）对企业收益的贡献度大小不易准确确定。

（3）因存在个体差异而难以模仿，因需依托于企业其他生产要素才能发挥作用而难以鉴别。

（4）仅存在于少数人身上或仅为少数人掌握而具有稀缺性，可为企业创造超常效益。

（二）企业职工要素分配的原则

职工要素参与企业收益分配正是因为具有自身特点，所以在实施时应遵循一定的原则。

1. 坚持分配与贡献挂钩原则

经营者和其他职工凭借智力要素获得的报酬或分得的收益，应当与其智力要素的转换效益结合起来。任何一项智力要素，如果它本身具有价值，但并未对企业的收益产生贡献，就不能参与对收益的分配。

2. 坚持效率优先原则

智力要素对其他生产要素的转化和使用具有促进和催化作用，但其发挥作用的程度及对收益产生的影响很难标准化、制度化及精确化，且具有较大的弹性。因此，企业在制定收益分配制度时，应当规定相应的保障措施，明确将智力资本的作用充分发挥出来，体现出其最大的效率。

3. 坚持以激励为主要目的的原则

智力要素参与企业收益分配，主要目的应该是激励经营者和其他职工最大限度地发挥潜能，实现智力要素资本的价值，提高企业的劳动效率和经济效益。

4. 坚持合法合理原则

智力要素参与企业收益分配，要符合国家相关法律、法规和企业财务制度的规定，避免内部人控制或者分配的随意性，防止分配不当给国家、投资者和企业其他利益相关者造成损失和侵害。

二、企业实行职工要素分配的条件和要求

（一）企业实行职工要素分配的条件

企业对经营者和其他职工进行激励，通常采取中长期股权激励方式，因此，一般应具备以下条件：

（1）法人治理结构规范，股东会、董事会、经理层组织健全，职责明确，外部董事占董事会成员半数以上。

（2）发展战略明确，产权清晰。

（3）内部控制制度和绩效考核体系健全，基础管理制度规范，建立了符合市场经济和现代企业制度要求的劳动用工、薪酬福利制度。

（4）资产质量和财务状况良好，经营业绩稳健，企业财务会计报告真实，近3年无违法违规行为和不良记录。

（二）企业实行职工要素分配的要求

企业对拟参与分配的智力要素，应考虑以下要求：

（1）这些要素能使企业资本增值，有利于实现企业价值最大化的财务目标。

（2）这些要素的价值可以量化。参与分配的智力要素本身可以通过评估确定，或者通过参考这些要素为企业创造的超额贡献进行估算，或者通过比较企业收益或者净资产的数额及其变化情况加以确定。

（3）这些要素与其他生产要素有密切关系。智力要素只有依赖于其他生产要素，才能发挥转化作用。

三、企业职工要素分配的主要方式

（一）股权激励方式

股权激励方式包括股票期权、限制性股票以及法律、行政法规允许的其他方式。股票期权是指上市公司授予激励对象在未来一定期限内以预先确定的价格和条件购买本公司一定数量股票的权利。限制性股票是上市公司按照预先确定的条件授予激励对象一定数量的本公司股票，激励对象只有在工作年限或业绩目标符合股权激励计划规定的条件时，才可出售限制性股票并从中获益。

（二）自主创新激励分配制度

根据财政部、国家发展改革委、科技部和劳动保障部联合颁发的《关于企业实行自主创新激励分配制度的若干意见》，企业可以实行自主创新激励分配制度。如企业在实施公司制改建、增资扩股或者创设新企业的过程中，对职工个人合法拥有的、企业发展需要的知识产权，可以依法吸收为股权投资，并办理权属变更手续；企业实现科技成果转化，且近3年税后利润形成的净资产增值额占实现转化前净资产总额30%以上的，对关键研发人员可以根据其贡献大小，按一定价格系数将一定比例的股权（股份）出售给有关人员。

（三）企业国有产权向管理层转让

根据国家国资委、财政部联合印发的《企业国有产权向管理层转让暂行规定》，国有资产监督机构已经建立或政府已经明确国有资产保值行为主体和责任主体的地区或部门，可以探索中小型国有及国有控股企业国有产权向管理层转让，包括向管理层直接或间接出资设立的企业转让。企业国有产权向管理层转让后仍保留国有股份（权）的，受让国有产权的管理层不得作为改制企业的国有股东代表。

四、企业职工要素分配的一般程序与财务处理

（一）企业职工要素分配的一般程序

职工要素参与企业收益分配一般应遵循以下程序：

（1）确定分配对象和智力要素。即确定哪些人、哪些智力要素可以参加企业收益分配。根据《企业财务通则》规定，经营者、核心技术人员和其他职工属于分配对象。其中经营者包括企业的董事、对公司决策、经营、管理负有领导责任的经理、副经理、财务负责人、董事会秘书等高级管理人员，以及对上市公司整体业绩和持续发展有直接影响的管理骨干，不包括监事、独立董事以及来自上市公司控股以外的外部董事；核心技术人员主要是指关键技术成果的主要完成人，重大研发项目的负责人，或者对企业主导产品、核心技术进行重大创新、改进的主要技术人员。

（2）对分配标准进行评估和量化。企业在确定参与收益分配的对象和智力要素后，要对这些要素的价值和作用，聘请具备资质的评估机构进行评估，获得进行股权激励等分配的参考依据。评估结果应当由企业董事会或其他类似机构和特有智力要素的个人双方共同确认。

（3）确定分配方式。企业可以采用不同的方式确定管理、技术等智力要素参与收益分配的形式。

（4）拟订实施方案。实施方案应当明确激励对象、激励方式、激励条件、激励数量、激励价格、行权时间、绩效考核、权利义务、违约责任等内容。

（5）报批实施方案。实施方案应当由董事会提出，提交股东大会审议批准。

（6）实施分配方案。由董事会对经过批准的分配方案予以兑现。

（二）职工要素分配的财务处理

企业经营者和其他职工以管理、技术等要素参与企业收益分配的，应当按照国家有关规定在企业章程或者有关合同中对分配办法作出规定，并区别以下情况处理：

(1) 取得企业股权的，与其他投资者一同参与利润分配。

(2) 没有取得企业股权的，在相关业务实现的利润限额和分配标准内，从当期费用中列支。

第三节　企业收益分配政策

一、影响企业收益分配政策的因素

企业收益分配政策是指在国家法律允许的范围内，可供企业选择的关于净利润分配若干事项的方针及策略，如是否分配净利润、分配比例、分配方式、分配日期等。对股份公司而言，该政策也称股利政策。企业收益分配政策不仅在一定程度上决定企业对外再筹资的能力，而且还决定企业市场价值的大小。因此，如何制订和选择科学合理的分配政策，对企业的发展至关重要。但企业收益分配政策的确定又受到多方面因素的影响，对此企业应有充分的认识。

（一）法律因素

为保护债权人和投资者权益，国家对企业收益分配从法律上作出了一定的限制和约束，主要有以下三个方面。

1. 资本保全约束

资本保全约束要求企业分配的收益只能来源于当期净利润或留存收益，而不能用原始投资或股本进行分配。其目的是为了保证企业资本的安全与完整，切实保护投资者和债权人的权益。

2. 资本积累约束

资本积累约束要求企业必须按一定比例提取公积金，股利只能从企业的可供分配收益中支付。企业的可供分配收益是指企业当期的净利润按照规定弥补亏损及提取各种公积金后，与过去累积的留存收益之和。资本积累约束还要求企业必须贯彻“无利不分”的原则，即当企业出现年度亏损时，一般不进行利润分配。

3. 偿债能力约束

偿债能力约束要求企业收益分配后，不会影响各种债务的偿还能力，即企业有能力及时足额地支付各种到期债务的本息。若有影响，则限制收益分配。其目的是为了保护债权人利益，维护公司的信誉和借贷能力。

（二）企业因素

企业发展受各种因素制约，因此在确定收益分配政策时，应充分考虑这些因素的影响，主要有以下几个方面。

1. 盈余状况

企业收益分配政策在很大程度上会受其盈余状况的影响。如果企业盈余较多且相对稳定，则有可能向投资者支付较高的利润或红利；反之，则采取较低的支付率政策。

2. 筹资能力

企业的筹资能力往往也会影响企业收益分配政策。如果企业筹资能力强，则有可能采取较为宽松的收益分配政策；反之，则采取较紧的收益分配政策。

3. 资产流动状况

保持一定的资产流动性是企业正常运转的基础和必备条件，因此企业的资产流动状况对企业的股利支付能力和支付方式会产生重要影响。如果企业资产流动性强，现金的来源较充裕，则有可能采取支付现金股利及多分利润政策；反之，即使企业收益较多，也不宜采取支付现金股利及多分利润政策。

4. 未来投资机会

企业收益分配政策应当考虑未来投资需求的影响。如果企业未来有良好的投资机会，投资后能获取较高的收益率，则企业应首先考虑将实现的净收益用于再投资，从而减少收益分配的数额；反之，则可能增加收益分配的数额。

5. 资本结构

留存收益是企业内部筹资的一种重要方式，它同发行新股或举债相比，具有成本低的优点。因此，很多企业在确定收益分配政策时，一般会将企业净利润作为筹资的首选来源，特别是在企业负债资金较多、资本结构欠佳时，企业更会通过减少收益分配的数额来增加留存收益，以此改善其资本结构。

（三）投资者因素

企业的投资者出于对自身利益的考虑，有可能对企业的收益分配提出一些限制性的要求，主要有几个方面。

1. 控制权要求

收益分配政策会受到现有投资者对控制权要求的影响。当公司面临新的投资机会而外部又无适当的筹资渠道可以筹集资金时，一些老股东为了保证其一定的控制权，往往不愿意增发新股，而要求公司限制多支付股利，以便从内部保留更多的盈余。

2. 稳定收入要求

公司一些收入水平不高的股东为了维持其正常的收入水平，往往会要求公司支付较多且较为稳定的股利，而反对留存过多。另外，有些股东认为留存收益使公司股票价格上升而获得资本利得具有较大的不确定性，取得现实的股利比较可靠，因此，这些股东也会倾向于多分配股利。

3. 规避风险要求

一些风险意识较强的股东，为了规避市场股价变动的风险，往往会要求公司定期支付股利，而反对不分股利。

（四）债务合同限制因素

一般来说，企业股利支付水平越高，留存收益越少，财务支付压力越大，企业面临的破产风险也越大，这就越有可能损害债权人的合法权益。因此，企业的债权人为了保护自己的利益不受损害，通常在签订债务合同，特别是一些长期债务合同时，以及在债券契约、租赁合约中，经常会增加一些限制企业发放股利的条款，主要有以下几个方面。

(1) 未来的股利只能以签订合同之后的收益来发放，而不能用以前的留存收益发放。

(2) 将一部分净利润以偿债基金的形式留存下来。

(3) 营运资金低于某一规定的数额时不得发放股利。

(4) 利息保障倍数低于某一规定的水平时，不得发放股利。

二、企业收益分配政策的类型

股份有限公司经常采用的收益分配政策有以下四种。

（一）剩余股利政策

剩余股利政策是指公司可供分配的利润首先应满足下年度投资对权益资本的需要，剩余部分才能向股东分配股利的政策。在这种政策下，剩余多，多发股利；剩余少，少发股利；没有剩余，则不发股利。根据这一政策，公司按如下步骤确定其股利分配额：

(1) 根据公司的目标资本结构及投资计划确定公司资金需求量中所需要的权益资本数额。计算公式为：

$$\text{满足下年度投资需要的权益资本数额} = \text{下年度投资额} \times \text{权益资本比率}$$

(2) 确定公司可供分配的利润额。计算公式为：

$$\begin{matrix}\text{公司可供分}\\\text{配的利润额}\end{matrix} = \begin{matrix}\text{公司实现}\\\text{的净利润}\end{matrix} - \begin{matrix}\text{用税后利润弥补以}\\\text{前年度亏损的数额}\end{matrix} - \begin{matrix}\text{提取的}\\\text{公积金}\end{matrix}$$

需要说明的是，如果公司以前年度有未分配利润，则可并入本年度利润，作为公司可供分配的利润额。

(3) 确定公司可向股东发放的股利数额。计算公式为：

$$\begin{matrix}\text{公司可发}\\\text{放股利额}\end{matrix} = \begin{matrix}\text{公司可供}\\\text{分配的利润}\end{matrix} - \begin{matrix}\text{满足下年度投资需要}\\\text{的额权益资本数额}\end{matrix}$$

【例 8-1】 某公司 20×8 年度在提取了公积金之后的净利润为 2 000 万元，2009 年公司计划投资额 2 500 万元，目标资金结构为权益资本占 60%，债务资本占 40%。要求：确定该公司 20×8 年度可向股东发放的股利数额。

(1) 满足下年度投资需要的自有资金数额＝2 500×60%＝1 500(万元)

(2) 公司可向股东发放的股利数额＝2 000－1 500＝500(万元)

该公司 20×8 年度可向股东发放的股利数额为 500 万元。若公司当年流通在外的普通股为 1 000 万股，则每股股利为：

$$500 \div 1\,000 = 0.5(\text{元}/\text{股})$$

剩余股利政策的优点主要体现在：充分利用公司留存收益，在保持公司理想的资本结构的前提下，降低再投资的筹资成本，从而使公司综合资本成本下降，有利于实现企业价值的最大化。

这种股利政策的缺点主要体现在：每年股利发放数额都随投资额和收益水平的变动而变动。这种不稳定性不利于投资者合理地安排收入与支出，也不利于公司树立良好的形象。

剩余股利政策一般适用于公司初创阶段。

(二) 固定股利政策

固定股利政策是指公司不管其盈利情况和财务状况如何，每年向股东分配的股利额均固定在某一特定水平上，一段时期内始终保持不变。在这种政策下，公司首先确定的是股利分配额，而且该分配额一般不随资金需求的变动而波动。但是，近年来也有一些公司开始实行稳定增长的股利政策，即公司在支付某一固定股利的基础上，还制定了一个目标股利增长率，根据公司的盈利水平按目标股利增长率逐步提高公司的股利支付水平。该做法的目的是为了避免通货膨胀对股东收益的影响。

固定股利政策的优点主要体现在：

(1) 固定的股利有利于公司树立良好的形象，有利于公司股票价格的稳定。

(2) 固定的股利有利于投资者合理安排收入与支出，特别是那些对股利有较大依赖性的股东更是如此。

该股利政策的缺点主要体现在：

(1) 公司股利发放与盈利状况相脱离，造成投资风险与收益的不对称。

(2) 当公司盈利较低或财务状况不佳时仍发放较高的固定股利，容易增加公司现金支付压力，加剧财务状况恶化。

固定股利政策一般适用于经营比较稳定或正处于成长期、信誉一般的公司。该政策只能在一定时期内采用，而不能长期采用。

（三）固定股利支付率政策

固定股利支付率政策是指公司按事先确定的股利支付率来向股东发放股利的政策。股利支付率是发放的股利额占净利润的比例。在这种政策下，公司实现的净利润越多，可发放的股利就越多；反之，就越少。

固定股利支付率政策的优点主要体现在：

（1）股利与净利润保持一定的比例关系，体现了投资风险与收益对等原则。

（2）股利与公司盈利状况紧密结合，体现多得多分，少得少分，不得不分原则，有利于股东关心公司经营状况与经营业绩。

该政策的缺点主要体现在：

（1）股利发放的波动会给股东传递公司经营不稳定的信息，从而引起股票价格波动。

（2）公司每年按固定的股利支付率支付股利，会使公司面临较大的财务压力，而且使财务缺乏弹性。

固定股利支付率政策一般只适用于发展稳定的公司和公司的财务状况处于稳定阶段。

（四）低正常股利加额外股利政策

低正常股利加额外股利政策是指公司每年都按期支付一个较低的正常性股利额，然后再根据盈利状况决定在年末是否增加一笔额外的股利。在这种政策下，公司规定了分配额外股利必须达到的盈利水平。一般来说，只有公司的盈利水平超过限定标准的部分才能按比例发额外股利。

【例 8－2】 某公司 20×6 年实现净利润 800 万元。该公司规定的低正常股利为 0.2 元/股，同时规定当公司净利润超过 500 万元时，可追加发放额外股利。公司 2006 年发行在外的普通股股数为 2 000 万股，要求：确定该公司向股东发放的每股股利额。

额外每股股利额 ＝（800 － 500）÷ 2 000 ＝ 0.15（元 / 股）

向股东发放的每股股利额 ＝ 0.2 ＋ 0.15 ＝ 0.35（元 / 股）

低正常股利加额外股利政策的优点主要体现在：

（1）具有较大的灵活性。企业是否加发额外股利，主要取决于盈利状况，盈利多，多发股利，盈利少，少发股利。

（2）具有较强的稳定性。即使企业盈利状况不是很好，股东仍然能获得较低的正常股利，这不仅有利于股价的稳定，而且还有利于树立公司良好的形象。

（3）具有较好的激励性。股东要想获得额外股利，必须千方百计使公司的盈利水平增加，这有利于调动股东的积极性，更好地激励股东关心公司发展，参与公司经营管理和决策,努力实现公司的财务目标。

该政策的缺点主要体现在:如果公司经营状况一直良好,股东就会长期享受到额外股利的分配,这很容易让股东产生把额外股利当成正常股利的错觉,不断提高对股利发放的期望水平。而一旦公司因经营状况不佳,盈利水平下降而导致额外股利减少或无额外股利时,就会引起股东的不满。

低正常股利加额外股利政策一般适用于那些盈利水平随着经济周期而波动较大的公司或行业。

以上四种收益分配政策中,固定股利政策和低正常股利加额外股利政策被广大投资者所认可,因此也为大多数公司普遍采用。

第四节　股利支付形式和支付程序

一、股利支付形式

股份有限公司支付股利的形式通常有现金股利、股票股利、财产股利和负债股利等。在我国目前主要多为前两种形式,或是两者的结合。

(一) 现金股利

现金股利是指公司以现金形式发放给股东的股利,它是股利支付的最常见的形式,也最受投资者欢迎。我国上市公司股利分配方案中的"派",就是指发放现金股利。如 10 派 2,就是指每 10 股发放 2 元的现金股利。

公司发放现金股利的多少主要取决于公司的股利政策、经营业绩和现金支付能力。如果公司的经营业绩良好,现金支付能力较强且采取的是多分股利政策,则股东可获得较多的现金股利。反之,股东则获得较少的现金股利。

现金股利形式有利于增加投资者的投资积极性,树立公司良好的形象。但发放现金股利必然增加公司的现金流出量,造成现金支付的压力。特别是在公司财务状况不佳时,会加剧矛盾,引发财务危机。

(二) 股票股利

股票股利是指公司以增发股票的形式发放给股东的股利。我国上市公司股利分配方案中的"送",就是指发放股票股利。如 10 送 3,就是指每 10 股送 3 股的股票股利。

公司发放股票股利,不会发生现金流出,它相当于老股东对公司的再投资。因此,这种股利支付形式不会增加现金支付压力,从而避免引发财务危机,同时也不会引起每位股东所持股票市场价值总额的变化。另外,保留下来的现金可用于追加投资,扩大企业经营规模,节约筹资费用。但发放股票股利必然会使公司股东权益内部结构发生变化,也会因为普通股股数的增加而引起每股净资产和每股收益的下降,进而可能导致股价下跌。

【例 8-3】 某公司所有者权益账户余额如下:普通股(每股面值 5 元)为 500 万元,资本公积为 300 万元,未分配利润为 2 200 万元,股东权益总额为 3 000 万元。该公司股票现行市价为 50 元。如果公司准备发放 10%(10 送 1)的股票股利,要求:①计算该公司发放股票股利后的所有者权益账户金额。②比较发放股票股利前后该公司的每股净资产有何变化。

(1) 增加股数 $=(500\div5)\times10\%=10$(万股)

发放股票股利应冲减的未分配利润 $=10\times50=500$(万元)

普通股股本增加额 $=10\times5=50$(万元)

资本公积增加 $=10\times(50-5)=450$(万元)

(2) 发放股票股利前公司每股净资产为:

$$3\,000\div(500\div5)=30(\text{元/股})$$

发放股票股利后公司每股净资产为:

$$3\,000\div(100+10)=27.28(\text{元/股})$$

发放股票股利后的权益账户金额为:普通股(每股面值 5 元)550 万元,资本公积 750 万元,未分配利润 1 700 万元,股东权益总额 3 000 万元。发放股票股利后该公司的每股净资产由发放前的 30 元下降为 27.28 元。

由此可见,发放股票股利不会对公司的所有者权益总额产生影响,但会引起所有者权益内部结构发生变化,而且会使公司每股净资产下降。

财产股利是指公司以现金以外的实物或证券资产形式发放给股东的股利,如公司拥有的存货或有价证券。负债股利是指公司以负债形式发放给股东的股利,如公司债券或应付票据等。以上这两种股利支付形式也可看成是现金股利的替代形式,但目前我国公司很少采用。

二、股利支付的程序

公司支付股利必须遵循法定的程序,通常是由董事会提出股利分配预案,然后提交股东大会审议,股东大会决议通过分配预案之后,向股东宣告股利发放的方案,并确定股权登记日,除息日和股利支付日。

(一) 股利宣告日

股利宣告日就是董事会以公告的形式向股东宣布股利支付情况的日期。公告中包括每股发放的股利、股权登记日、除息日和股利支付日等事项。

(二) 股权登记日

股权登记日是指有权领取本次股利的股东资格登记截止日期。只有在股权登记日或之前在公司股东名册上有名的股东,才有权分享本次股利,在此之后才取得股票的股东无权分享本次股利。证券交易所的中央清算登记系统为股权登记提供了很大的便利，一般在营业结束的当天即可打印出股东名册。

（三）除息日

除息日是指股东领取股利的权利与股票相互分离的日期。除息日应为股权登记日的下一个交易日。如股权登记日为20×5年3月9日，则除息日为2005年3月10日。在除息日之前，股利从属于股票，股票持有者享有领取股利的权利。从除息日开始，股利享有权与股票相分离，所购入的股票就不能分享股利。由于除息日前的股票价格中包含股利，因此，其价格往往高于除息日之后进行交易的股票价格。

（四）股利发放日

股利发放日是指公司正式向股东发放股利的日期。从这一天开始的几天内，公司按公布的分红方案向股权登记日在册的股东实际支付股利。

第五节　股票分割和股票回购

一、股票分割

（一）股票分割的概念

股票分割是指通过成比例地降低股票面值而增加普通股的数量，即将一张面额较高的股票拆成几张面额较低的股票，简称拆股。如上市公司认为本公司的股票市场价格太高，就有可能将其股票一分为几，使在外流通的股数成倍增加，这样每股净收益和每股净资产也会随之下降，以此推动股价下调。

股票分割对公司的资本结构不会产生任何影响，一般只会使发行在外的股票数量增加，而资产负债表中各股东权益账户的余额都保持不变，股东权益的总额也保持不变，唯一变化的是股票的面值。

【例8-4】 某上市公司20×7年末股东权益账户余额如下：普通股（每股面值10元，流通在外1 000万股）为10 000万元，资本公积为6 000万元，未分配利润为4 000万元，股东权益总额为20 000万元。假设该公司按照1∶5的比例进行股票分割。试问：该公司股票分割后股东权益账户金额及每股净资产的变化情况如何？

股票分割后的股票面值、流通在外的普通股及每股净资产为：

股票面值＝10÷5＝2（元/股）

普通股＝1 000×5＝5 000（万股）

每股净资产＝20 000÷5 000＝4（元/股）

股票分割前的每股净资产＝20 000÷1 000＝20（元/股）

该公司股票分割后股票面值由原来的10元下降为2元，流通在外的普通股股数由1 000万股上升为5 000万股，每股净资产由20元下降为4元，而普通股股本、资本公积、未分配利润及股东权益总额均未发生任何变化。

（二）股票分割的作用

(1) 股票分割可以使公司股票处于一个价位较低且理想的交易范围内，有利于促进股票的流通和交易。

(2) 股票分割可以向社会传递公司继续发展的信息，有利于提高投资者对公司的信心。

(3) 股票分割可以使公司每股市价降低，有利于公司发行新股。

二、股票回购

（一）股票回购的概念

股票回购是指上市公司出资将其发行的流通在外的股票以一定的价格购买回来予以注销或作为库存股的一种资本运作方式。

根据我国《公司法》的规定，公司回购本公司股份属于减少公司注册资本的，应当自收购之日起10内注销；属于与持有本公司股份的其他公司合并或股东因对股东大会作出的公司合并、分立决议持异议两种情形的，应当在6个月内转让或者注销；属于将股份奖励给本公司职工的，回购的股份应当在1年内转让给职工。对于股份有限公司依法回购后暂未转让或者注销的股份，不具有投票权、收益分配权、优先认股权、资产清偿权以及相关义务，不得参与利润分配。对于因实施股权激励办法而回购股份的，其资金来源应当从公司的税后利润中支出。

（二）股票回购的动机

对于上市公司而言，股票回购的动机有以下几种。

1. 提高每股收益

每股收益通常是以流通在外的股份数为计算基础，因此有些公司为了自身形象、上市需求和投资人渴望高回报等原因，采取股票回购方式来减少实际支付股利的股份数，从而提高每股收益。

2. 稳定或提高公司股价

股价过低会对公司发展产生负面影响。因此，如果公司认为其股票被低估时，可以通过股票回购，向市场和投资者传递公司真实的投资价值，以此支撑公司股价，改善公司形象。

3. 改善资本结构

当公司认为权益资本在资本结构中所占比重过大时，可以利用现金或负债来回购自己的股份，减少公司资本，从而改善资本结构。

4. 巩固既定控制权或转移公司控制权

许多股份公司的大股东为了保证其所代表股份公司的控制权不被削弱，一般采取直接或间接的方式回购自己的股份，从而巩固既定的控制权。一些股份公司的法定代表人如果不是公司大股东的代表,为保证其在公司的地位不被改变,他们往往采取股票回购方式来分散或削弱原控股股东的控制权,以此实现公司控制权的转移。

5. 防止敌意收购

股票回购在国外经常是作为一种重要的反收购手段而被运用。回购将提高本公司的股价,减少在外流通的股份,给收购方造成更大的收购难度。同时,股票回购有可能加剧公司的财务负担,从而减小收购公司的兴趣。

(三) 股票回购的影响

1. 对上市公司的影响

(1) 股票回购会导致公司操纵股价。公司回购自己的股票,会导致其利用内幕消息进行炒作,或通过掌控财务信息操纵股价。因此,世界各国为了保护债权人的利益,维护证券市场的正常交易秩序,大都对股票回购作出了较具体的限制性规定。我国《公司法》规定,公司不得回购本公司股份,但符合规定情形的除外。

(2) 股票回购会加重公司财务负担。股票回购通常需要大量资金支付回购的成本,容易造成资金紧张。而在公司的负债率较高时进行股票回购,则会使公司的资产流动性进一步降低,偿债能力下降,从而恶化公司的财务状况。

(3) 股票回购会损害公司的根本利益。股票回购可能使公司的发起人股东更注重创业利润的兑现,而忽视公司长远的发展,最终会使公司的根本利益受到损害。

2. 对股东的影响

(1) 股票回购使股东获取的资本利得,与现金股息相比会产生节税效应。

(2) 股东对公司股票回购具有可选择性。即公司实施股票回购时,股东可以根据自己需要有权决定是否出售股票,这与现金股利不同。公司分配现金股利,股东只能接受,没有选择权。

(3) 公司股票回购的价格过高或过低都会对股东产生不利影响。如果公司为急于回购相当数量的股票而提高售价,使售价偏离均衡价格,必然导致回购行动后的股票价格出现回归性下跌,这对未出售股票的股东不利。相反,如果公司为避免损害未出售股票股东的利益,而确定较低的回购价格,那么这对出售股票的股东不利。

本章小结

企业收益分配是指分配主体对分配对象(企业经营收益)在各个分配参与者之间进行的分割和平衡。具体讲就是企业将净收益在投资者、经营者以及其他有特殊贡献的职工、企业留存之间进行的合理有效的分配。企业收益分配管理是财务管理的一项重要内容，它关系到国家、投资者、经营者、职工和债权人等多方面的经济利益关系，因此必须遵循一定的原则，按照法定的顺序进行分配。目前，职工要素分配也成为企业收益分配管理的一项重要内容。企业职工要素参与分配应具备一定的条件，符合相关要求。职工要素分配的主要方式有股权激励、自主创新激励和企业国有产权向管理层转让等。影响企业收益分配政策的因素通常有法律因素、公司因素、股东因素和债务合同限制因素等。股份公司股利政策的类型一般有剩余股利政策、固定股利政策、固定股利支付率政策和低正常股利加额外股利政策，每一种政策都有其各自的优缺点。实际工作中固定股利政策和低正常股利加额外股利政策为大多数公司所采用。公司股利支付的形式有现金股利、股票股利、财产股利和负债股利。前两者是主要形式；后两者是现金股利的替代形式，目前我国公司很少采用。股利支付程序包括股利宣告日、股权登记日、除息日和股利发放日。股票分割简称拆股，是指通过成比例地降低股票面值而增加普通股的数量，它对股份公司的资本结构不会产生任何影响。股票回购是指上市公司出资将其发行的流通在外的股票以一定的价格购买回来予以注销或作为库存股的一种资本运作方式。这种运作方式往往出于一定的动机。股票回购对公司和股东都会产生有利或不利的影响，对此必须有足够的认识。

复习思考题

1. 什么是企业的收益分配？它应遵循哪些原则？

2. 企业收益分配的顺序如何？

3. 什么是职工要素分配？实行职工要素分配的条件、要求及主要方式有哪些？如何进行财务处理？

4. 企业确定收益分配政策时应考虑的因素有哪些？

5. 股份公司常见的股利政策类型有哪几种？它们各自优缺点如何？

6. 股份公司支付股利有哪几种形式？如何发放股利？

7. 什么是股票分割？它有何作用？

8. 什么是股票回购？公司进行股票回购的动机有哪些？股票回购对公司及股东会产生哪些影响？

练 习 题

某公司 2008 年利润总额是 1 000 万元，所得税税率为 25%，公司分别按 10% 和 5% 的比例提取法定公积金和公益金，预计 2009 年公司投资需资金 800 万元。该公司的目标资金结构为自有资金占 60%，借入资金占 40%，公司流通在外的普通股总数为 1 000 万股，无优先股。

要求:(1) 计算该公司当年可供分配的股利额度。

(2) 计算在剩余股利政策下,该公司 2009 年可放的股利额和每股利。

案例分析题

案例一

宏胜集团是一家上市公司,自 2004 年以来公司的经营状况和业绩始终处于相对稳定状态,且在收益分配上,每年均发放了一定比例的现金股利(0.2 元/股～0.5元/股)。2009 年公司受到了市场环境等因素的不利影响,收益水平大幅度下降,公司总资产报酬率从去年的 12%下降到 4%,而且现金流量也明显趋于恶化。为此,公司于 2010 年初专门召开董事会,对 2009 年公司的股利分配方案进行研究。会上王强董事长和刘平、陈莉、张林三位董事分别作了重点发言:

王强:公司前几年的经营状况和经营业绩始终比较好,因此每年均支付给投资者一定的现金股利,树立了公司在广大投资者面前良好的市场形象,增强了投资者投资本公司股票的信心,促进了企业不断发展壮大。但是去年公司由于受到外部环境等多种因素的影响,经营状况不佳,企业的获利水平下降,而且据推测这种不利局面将可能持续一段时期。另外,虽然 2009 年公司未分配利润达5 000万元,但计划全年将拿出其中的 60%进行投资。因此,2009 年公司的股利分配方案需要各位董事根据目前公司实际进行认真研究讨论,尽快形成预案,交股东大会表决。

刘平:我认为 2009 年公司仍然要分配一定比例的现金股利。其理由在于:第一,公司长期以来一直分配现金股利,且逐年递增,若 2009 年突然停止发放现金股利,难免会引起投资者不满,从而影响公司长期形成的良好的市场形象,而且很有可能进一步恶化公司的理财环境。第二,根据测算,公司若按上年 0.5 元/股的分配水平支付现金股利,约需现金 3 000 万元。从公司目前的资产负债率来看,仅有40%,而本行业平均资产负债率在 60%左右,因此公司尚有一定的举债空间,而且公司历来举债能力较强,可以通过适当举借来弥补现金流量的不足,所以公司的现金流量不会存在问题。

陈莉:我认为公司 2009 年应暂停支付现金股利而改为分配股票股利。其理由有:第一,公司 2009 年的经营状况和经营业绩不佳,资产报酬率下降,这本身已使公司的留存收益减少,影响到公司下年度的投资和发展,此时如果再支付相当数量的现金股利,则必然进一步增加公司现金的支付压力,对公司无疑是雪上加霜。第二,尽管公司目前有一定的举债空间和能力,可以通过举债使现金流量问题得到一定程度的缓解,但由于公司在短期内经营状况和收益水平的问题得不到很好的改善,因此,举债只能是权宜之计,不能从根本上减缓公司现金支付压力，同时在公司经营状况不理想的情况下，举债会加大财务杠杆作用，使财务风险增大。第三，暂停支付现金股利而改为分配股票股利不仅能继续维持投资者的投资信心，有利于保持公司的市场形象，而且可以节约现金支出，不增加现金支付的压力。

张林：我同意陈莉提出的暂停支付现金股利的观点及理由，但我也不赞成她提出的分配股票股利的观点，因为分配股票股利后，公司股本总额增加，而在近期公司获利状况不能改观的情况下，每股收益必然下降，从而会导致公司股票市价下跌，影响公司市场形象，因此我建议 2009 年公司暂不发放股利。

要求：如果你是公司董事或是财务顾问，你会赞同哪位董事的观点或提出新的建议。

案例二

美利华股份有限公司是一家以生产美利华系列饮料为主的饮品公司，总股本为 15 000 股。公司前些年产品市场占有率一直较高，经营业绩也随之稳步上升，因此公司制定了固定股利政策，每年按 0.2 元/股发放现金股利。但随着形势的发展，饮料行业的市场竞争日趋激烈，公司的市场占有率和经营业绩有不断下降趋势。对此，公司于 2009 年初召开董事会，就目前公司的现状进行分析，研究对策，同时制定 2008 年股利分配方案。

1. 公司目前状况：主要生产三大类产品，其中有 40%的生产能力生产传统饮料产品，这种产品目前销售市场已趋饱和，产品销售利润率偏低；有 50%的生产能力生产第二大类产品，这类产品市场需求旺盛，销售利润率较高，是目前公司获得利润的主要来源。另外，公司于 2008 年初还新开发生产了绿色纯果汁饮品系列，1 年来这种产品由于比较符合消费者的需求，因此市场销售势头强劲，预计该产品将成为公司未来新的利润增长点，但目前公司只有 10%的生产能力。为抓住市场机遇，公司已在着手积极调整企业的生产结构，逐步缩小第一类产品的生产规模和能力而扩大市场前景看好的绿色纯果汁饮品的生产能力。公司拟引进一条新的生产线以及相应的配套设施，预计完成此项投资需 8 000 万元资金，项目投产后当年即可获得收益，预计投资报酬率将达 25%。另外，公司在下年将投入 2 000 万元继续用于新产品的研制。

2. 公司虽然目前面临的产品市场竞争很激烈，但公司在饮品行业中仍然具有一定的优势：①公司产品质量一直优良且价格合理，企业市场形象好。②公司有一支实力强劲的科研队伍，科研开发能力强，产品更新换代快。③公司的地理位置优越，原材料充裕，原材料和劳动力成本低，而且产品销售能涉及城市和农村两大市场。

3. 公司 20×7 年、20×8 年的财务状况如表 8-1 所示。

表 8-1

美利华公司有关财务指标

项目 \ 年份	20×8	20×7
主营业务收入(万元)	18 000.00	20 400.00
主营业务成本(万元)	12 500.00	14 000.00
主营业务利润(万元)	4 800.00	5 660.00
利润总额(万元)	4 600.00	5 100.00
净利润(万元)	3 082.00	3 417.00
年初未分配利润(万元)	1 704.00	1 800.00
可供分配的利润(万元)	4 786.00	5 217.00
提取法定盈余公积金(万元)	308.20	341.70
提取法定公益金(万元)	154.10	170.85
可供股东分配的利润(万元)	4 323.70	4 704.45
应付普通股股利(万元)		3 000.00
未分配利润(万元)		1 704.45
每股净收益(元)	0.21	0.23

4. 公司其他有关方面的资料为：

(1) 资产负债率为35%,行业平均资产负债率为40%。

(2) 根据调查有30%的股东比较偏好资本收益,有20%的股东比较偏好现金收益,有50%的股东无特别偏好。

(3) 当前股市中,如果发行新股筹资,每股发行价在5～6元之间,发行费率为4%。公司目前的市盈率为5倍,在同行业中偏低,而投资者对本行业的期望投资报酬率为20%左右。预计公司完成投资计划后,业绩有所改善,市盈率将上升到10倍,接近同行业水平。

(4) 公司有较好的银企关系,银行能随时为公司提供500万元左右的流动资金贷款。如果公司准备筹集长期债务资金,可能的长期债务资金成本如表8-2所示。

表 8-2

可能的长期借款资本成本

资产负债率	0～20%	20%～45%	45%～60%	60%～100%
资本成本	5%	6%	7%	10%

(5) 公司的现金流量情况：每年的销售收入中，有 40%为赊销收入，其中有 80%的客户信用较好，一般可于半年内付款，有 15%的客户要拖到 1 年后付款，有 2%的客户可能延至 1 年半后付款，另有 3%的客户可能形成坏账。另外，公司于下年 6 月将有 2 200 万元的长期借款到期。

要求：对公司原来的股利分配政策进行评价，并对公司 20×8 年的股利分配方案进行决策。

第九章　企业财务预算管理

【本章学习目的】 本章主要阐述了财务预算的基本理论知识及其编制方法。通过学习，要求了解财务预算的概念、地位及预算方法的分类，掌握现金预算和预计利润表的编制方法。

【本章关键词】 预算方法　日常业务预算　现金预算　预计财务报表

第一节　企业财务预算管理概述

一、企业财务预算的概念

预算是用货币形式表现的，用于控制企业未来经济活动的计划，是企业经营决策所确定目标的货币表现。预算是计划工作的成果，它既是决策的具体化，又是控制生产经营活动的依据。

企业财务预算是企业依据战略要求和发展规划，在财务预测、决策基础上，利用价值形式对未来一定期间的财务活动进行规划和安排，以明确财务目标，落实财务管理措施，并提供财务考核及奖惩标准的一种管理手段。它是一系列专门反映企业未来一定预算期内预计财务状况和经营成果，以及现金收支等价值指标的各种预算的总称。它主要包括现金预算和预计财务报表，而预计财务报表具体又包含预计资产负债表、预计利润表、预计利润分配表和预计现金流量表等报表。

二、企业财务预算在全面预算体系中的地位

企业全面预算是根据企业目标所编制的经营、资本、财务等年度收支总体计划，具体包括特种决策预算、日常业务预算与财务预算三大类内容。

特种决策预算又称专门决策预算，是指企业不经常发生的、需要根据特定决策临时编制的一次性预算。特种决策预算包括经营决策预算和投资决策预算两种类型。

日常业务预算又称经营预算，是指与企业日常经营活动直接相关的经营业务的各种预算。它主要包括：①销售预算。②生产预算。③直接材料消耗及采购预算。④应交税金及附加预算。⑤直接人工预算。⑥制造费用预算。⑦产品成本预算。⑧期末存货预算。⑨销售费用预算。⑩管理费用预算等内容。这类预算通常与企业利润表的计算有关，大多以实物量指标和价值量指标分别反映企业收入与

费用的构成情况。这些预算前后衔接，相互勾稽，既有实物量指标，又有价值量指标和时间量指标。

企业财务预算作为全面预算体系中的最后环节，可以从价值方面总括地反映经营期特种决策预算与业务预算的结果，亦称为总预算。其余预算则相应称为辅助预算或分预算。在现代企业财务管理中，财务预算必须服从决策目标的要求。同时，财务预算又能使决策目标具体化、系统化和定量化，能够明确规定企业有关生产经营人员各自的职责及相应的奋斗目标，做到人人事先心中有数，财务预算还有助于财务目标的顺利实现。通过财务预算，可以建立评价企业财务状况的标准，以预算数作为标准的依据，将实际数与预算数对比，及时发现问题和调整偏差，使企业的经济活动按预定的目标进行，从而实现企业的财务目标。由此可见，企业财务预算在全面预算体系中占有举足轻重的地位。

三、企业财务预算管理的内部组织结构

企业财务预算管理的内部组织结构主要包括以下几个方面内容。

1. 法定代表人

企业法定代表人对企业财务预算管理工作负总责。企业法定代表人可以由董事长、执行董事或者经理、厂长担任。具体财务预算管理事宜，由企业董事会或者经理办公会负责，董事会或经理办公会也可以根据情况设立财务预算委员会或指定财务管理部门负责。

2. 财务预算委员会

企业设立财务预算委员会的，由其主要制定财务预算的目标、政策，制定财务预算管理的具体措施和办法，审议、平衡财务预算方案，组织下达财务预算，协调解决财务预算编制和执行中的问题，组织审计、考核财务预算的执行情况，督促企业完成财务预算目标。

3. 企业财务管理部门

企业财务管理部门具体负责组织企业财务预算的编制、审查、汇总、上报、下达、报告等具体工作，跟踪监督财务预算的执行情况，分析财务预算与实际执行的差异及原因，提出改进管理的措施和建议。

4. 企业内部职能部门

企业内部生产、投资、物资、人力资源、市场营销等职能部门具体负责本部门业务涉及的财务预算的编制、执行、分析、控制等工作，并配合财务预算委员会做好企业总预算的综合平衡、协调、分析、控制、考核等工作。

5. 企业基层单位

企业所属基层单位是企业财务预算执行单位，在企业财务管理部门的指导下，负责本单位现金流量、经营成果和各项成本费用预算的编制、控制、分析工作，接受企业的检查、考核。

四、企业财务预算管理的程序

企业财务预算管理一般应遵循以下程序。

1. 财务预算的编制

企业财务预算的编制，一般按照“上下结合、分级编制、逐级汇总”的原则进行，主要包括下达目标、编制上报、审查平衡、审议批准、下达执行五个步骤。

2. 财务预算的执行与控制

企业财务预算一经批复下达，各预算执行单位就必须认真组织实施，严格执行销售或营业、生产和成本费用预算，努力完成利润指标。财务管理部门应强化对现金流量的预算管理，建立预算报告制度，要求各预算执行单位定期报告财务预算的执行情况；同时，应利用财务信息管理系统监控财务预算的执行情况。

3. 财务预算的调整

企业正式下达执行的财务预算，一般不予调整，但遇市场环境、经营条件、政策法规等发生重大变化而使财务预算执行结果产生重大偏差时，可由预算执行单位逐级向企业财务预算委员会报请调整方案，最后由企业董事会或经理办公会审议批准并下达新的调整方案。

4. 财务预算的分析与考核

企业应当建立财务预算分析制度，定期开展财务预算分析，并经常组织财务预算审计，纠正财务预算执行中存在的问题，充分发挥内部审计的监督作用。预算年度终了，财务预算委员会应当向董事会或者经理办公会报告财务预算执行情况，并根据财务预算完成情况和财务预算审计情况对预算执行单位进行考核。

五、企业财务预算管理的意义

企业财务预算能够将企业的经营活动对企业价值的影响反映出来，它同时具有资源统筹配置、规划、沟通和协调、营运控制和绩效评估等功能，是保证企业财务目标得以实施的有效管理手段。企业实施财务预算管理，对于规范资金筹集、资金投放、资金运营、收益分配等财务活动，提高决策的科学性和准确性，增强预算的约束力具有非常重大的意义。

第二节　企业财务预算的编制方法

企业财务预算的编制方法有多种，可以按照不同的标准进行分类。

一、固定预算方法与弹性预算方法

按业务量基础的数量特征不同，财务预算编制方法可分为固定预算方法和弹性预算方法。

(一) 固定预算方法

1. 固定预算方法的概念

固定预算方法简称固定预算，又称静态预算，是指在编制预算时，只根据预算期内正常的、可实现的某一固定业务量(如生产量、销售量)水平作为唯一基础来编制预算的一种方法。传统预算大多采用固定预算的方法。

2. 固定预算方法的特点及适用范围

固定预算存在机械呆板、可比性差的缺点，只能适用于那些业务量水平较为稳定的企业或为非营利组织编制预算时采用。

(二) 弹性预算方法

1. 弹性预算方法的概念

弹性预算方法简称弹性预算，又称为变动预算或滑动预算，是为克服固定预算的缺点而设计的，它是指在成本习性分析的基础上，以业务量、成本和利润之间的依存关系为依据，按照预算期可预见的各种业务量水平，编制能够适应多种情况预算的一种方法。编制弹性预算所依据的业务量可以是产量、销售量、直接人工工时、机器工时、材料消耗量和直接人工工资等。

2. 弹性预算方法的特点及适用范围

弹性预算的优点是预算范围宽、可比性强。

由于未来业务量的变动会影响到成本费用、利润等各个方面，因此，弹性预算从理论上讲适用于编制全面预算中所有与业务量有关的各种预算，但从实用角度看，主要用于编制弹性成本费用预算和弹性利润预算等。在实务中，由于收入、利润可按概率的方法进行风险分析预算，直接材料、直接人工可按标准成本制度进行标准预算，只有制造费用、摊销及行政管理费等间接费用应用弹性预算频率较高，以至于有人将弹性预算误认为只是编制费用预算的一种方法。

3. 弹性成本费用预算的编制方法

弹性成本费用预算的编制方法一般有以下几个步骤：

(1) 确定某一相关范围，应定在正常生产能力的70%～120%，也可以历史上最高业务量和最低业务量为其上下限。

(2) 选择业务量的计量单位。一般来说，生产单一产品的部门，可以选用产品实物量；生产多品种产品的部门，可以选用人工工时、机器工时等；修理部门可选用修理工时等。

(3) 按照成本性态分析的方法，将企业的成本分为固定成本和变动成本两大类，并确定成本函数 $y=a+bx$，其中，y 为成本费用的弹性预算额；a 为固定成本总额；b 为单位变动成本；x 为弹性业务量。

(4) 确定预算期内各业务量水平的预算额。

4. 弹性利润预算的编制方法

弹性利润预算是根据成本、业务量和利润之间的依存关系，为适应多种业务量变化而编制的利润预算。弹性利润预算是以弹性成本费用预算为基础编制的。其主要内容包括销售量、价格、单位变动成本、边际贡献和固定成本。

弹性利润预算的编制方法包括因素法和百分比法。因素法是根据受业务量影响的有关收入、成本等因素与利润的关系，列表反映不同业务量条件下利润水平的预算方法。这种方法适用于单一品种经营或采用分算法处理固定成本的多品种经营的企业。百分比法又称销售额百分比法，是按不同销售额的百分比来编制弹性利润预算的一种方法。这种方法主要适用于多品种经营的企业。

二、增量预算方法和零基预算方法

按编制成本费用预算出发点的特征不同，财务预算编制方法可分为增量预算方法和零基预算方法。

（一）增量预算方法

1. 增量预算方法的概念

增量预算方法简称增量预算，又称调整预算方法，是指以基期成本费用水平为基础，结合预算期业务量水平及有关影响成本因素的未来变动情况，通过调整有关原有费用项目而编制预算的一种方法。传统的预算编制方法基本上采用的是增量预算方法，即以基期的实际预算为基础，对预算值进行增减调整。

这种方法的基本假定是：企业现有的每项业务活动都是企业不断发展所必需的；原有的费用开支水平是合理而必需的；增加费用预算是值得的。

2. 增量预算方法的特点

增量预算比较简单，但它以过去的水平为基础，实际上是承认过去是合理的，无需改进，因循沿袭下去。这样一方面可能使原来不合理的费用开支继续存在下去，造成预算的浪费；另一方面也可能造成预算的不足。

（二）零基预算方法

1. 零基预算方法的概念

零基预算方法简称零基预算，又称零底预算。它是指在编制成本费用预算时，不考虑以往会计期间所发生的费用项目或费用数额，而是将所有的预算支出均以零为出发点，一切从实际需要与可能出发，逐项审议预算期内各项费用的内容及开支标准是否合理，在综合平衡的基础上编制费用预算的一种方法。

2. 零基预算方法的特点及适用范围

零基预算方法的优点是：①不受费用项目的限制。②不受现行预算的约束。③有利于调动各方面节约费用的积极性，促使各基层单位合理使用资金。其缺点主要是编制预算前要确认不可避免费用项目与可避免费用项目、不可延缓费用项目与可延缓费用项目，因此工作量较大。

零基预算特别适用于产出较难辨认的服务性部门费用预算的编制。

3. 零基预算方法的基本做法

(1) 企业内部各有关部门，根据企业的总体目标和各该部门的具体任务，提出预算期内需要发生的各种业务活动及其费用开支的性质、目的和数额。

(2) 对各项预算方案进行成本效益分析。即对每一项业务活动的所费与所得进行对比，权衡得失，据以判断各项费用开支的合理性及优先顺序。

(3) 根据生产经营的客观需要与一定期间资金供应的实际可能，在预算中对各个项目进行择优安排，分配资金，落实预算。

三、定期预算方法和滚动预算方法

按预算期的时间特征不同，财务预算编制方法可分为定期预算方法和滚动预算方法。

(一) 定期预算方法

1. 定期预算方法的概念

定期预算方法简称定期预算，是指在编制预算时以不变的会计期间(如日历年度)作为预算期的一种编制预算的方法。

2. 定期预算方法的特点

定期预算方法的优点是能使预算期与会计年度一致，便于实际数与预算数的比较，有利于预算执行情况和执行结果的分析和评价。缺点是远期指导性差、灵活性差、连续性差。

(二) 滚动预算方法

1. 滚动预算方法的概念

滚动预算方法简称滚动预算，又称连续预算或永续预算，是指在编制预算时，将预算期与会计年度脱离，随着预算的执行不断延伸补充预算，逐期向后滚动，使预算期永远保持为一个固定期间的一种预算编制方法。

2. 滚动预算方法的特点

滚动预算方法的优点是：①保证了预算的完整性和连续性。②能从动态的角度进行分析，指导性强。③预算的准确度高。缺点是编制手续繁琐，工作量大。

3. 滚动预算方法的做法

滚动预算方法的具体做法是：每过一个季度(或月份)，立即根据前一个季度(或月份)的预算执行情况，对以后季度(或月份)进行修订，并增加一个季度(或月份)的预算。这样以逐期向后滚动、连续不断的预算形式规划企业未来的经营活动。

4. 滚动预算方法的种类

滚动预算按其预算编制和滚动的时间单位不同，可分为逐月滚动、逐季滚动和混合滚动三种方式。

(1) 逐月滚动方式是指在预算编制过程中,以月份为预算的编制和滚动单位,每个月调整一次预算的方法。

例如,在20×4年1月至12月的预算执行过程中,需要在1月份末根据当月预算的执行情况,修订2月至12月的预算,同时补充20×5年1月份的预算;到2月份末根据当月预算的执行情况,修订3月至20×5年1月的预算,同时补充20×5年2月份的预算;……以此类推。

逐月滚动编制的预算比较精确,但工作量太大。

(2) 逐季滚动方式是指在预算编制过程中,以季度为预算的编制和滚动单位,每个季度调整一次预算的方法。

例如,在20×4年第一季度至第四季度的预算执行过程中,需要在第一季末根据当季预算的执行情况,修订第二季度至第四季度的预算,同时补充20×5年第一季度的预算;第二季末根据当季预算的执行情况,修订第三季度至20×5年第一季度的预算,同时补充20×5年第二季度的预算;……以此类推。

逐季滚动编制的预算比逐月滚动的工作量小,但预算精度较差。

(3) 混合滚动方式是指在预算编制过程中,同时使用月份和季度作为预算的编制和滚动单位的方法。这是滚动预算的一种变通方式。

这种方式的理论依据是:人们对未来的了解程度具有对近期的预计把握较大,对远期的预计把握较小的特征。

例如,对20×4年1月份至3月份的3个月逐月编制详细预算,其余4月份至12月份分别按季编制粗略预算;3月末根据第一季度预算的执行情况,编制4月份至6月份的详细预算,并修订第三至第四季度的粗略预算,同时补充20×5年第一季度的预算;6月末根据当季预算的执行情况,编制7月份至9月份的详细预算,并修订第四季度至20×5年第一季度的预算,同时补充20×5年第二季度的预算;……以此类推。

第三节 企业财务预算的编制

财务预算的编制主要包括现金预算与预计财务报表的编制,本书重点讲解现金预算的编制。

一、现金预算的编制

现金预算亦称现金收支预算,它是以日常业务预算和特种决策预算为基础所编制的反映现金收支情况的预算。这里的现金是指企业的库存现金和银行存款等货币资金。

现金预算的内容，包括现金收入、现金支出、现金多余或不足的计算，以及不足部分的筹措方案和多余部分的利用方案等。它可以分开编成短期现金收支预算和短期信贷预算两个预算，也可以合在一起编成一个预算。

现金预算实际上是其他预算有关现金收支部分的汇总，以及收支差额平衡措施的具体计划。它的编制要以其他各项业务预算为基础，或者说其他预算在编制时要为现金预算做好数据准备。

下面分别介绍各项业务预算的编制，以及它们如何为编制现金预算准备数据。

（一）销售预算

销售预算是指为规划一定预算期内因组织销售活动而引起的预计销售收入而编制的一种日常业务预算。销售预算需要在销售预测的基础上，根据企业年度目标利润确定的预计销售量和销售价格等参数进行编制，它是整个预算编制的起点，其他预算的编制都以销售预算作为基础。其计算公式为：

$$\text{预算期销售收入总额} = \sum(\text{该期某种产品预计单价} \times \text{该期该产品预计销售量})$$

为了编制现金预算，在编制销售预算的基础上，还应编制与销售收入有关的经营现金收入预算表，以反映全年及各季销售所得现销收入和回收以前期应收账款的现金收入。其计算公式为：

$$\begin{matrix}\text{预算期经}\\\text{营现金收入}\end{matrix} = \begin{matrix}\text{该期销售}\\\text{收入总额}\end{matrix} \times \begin{matrix}\text{该期预}\\\text{计现销率}\end{matrix} + \begin{matrix}\text{该期回收以前}\\\text{期的应收账款}\end{matrix}$$

【例 9-1】 常兴公司于 20×7 年只生产和销售一种产品，每季销售产品的收回款占每季销售额的 60%，其余部分在下季收回，20×6 年年末，应收账款余额为 50 000 元，预计于 20×7 年第一季度收回。根据以上资料，编制公司 20×7 年销售预算，如表 9-1 所示。

表 9-1

常兴公司 20×7 年销售预算 单位：元

项　目	第一季度	第二季度	第三季度	第四季度	全年
(1) 预计销售量(件)	2 000	3 000	4 000	3 600	12 600
(2) 销售单价(元/件)	90	90	90	90	90
(3) 预计销售收入	180 000	270 000	360 000	324 000	1 134 000
(4) 现销收入	108 000	162 000	216 000	194 400	680 400
(5) 回收前期应收账款	50 000	72 000	108 000	144 000	374 000
(6) 现金收入合计	158 000	234 000	324 000	338 400	1 054 400

注：(3)＝(1)×(2)；(4)＝(3)×60%；(5)＝前期(3)×40%(第一季度除外)；(6)＝(4)＋(5)。

（二）生产预算

生产预算是指为规划一定预算期内预计生产量水平而编制的一种日常业务预算。生产预算需要根据预计的销售量按品种分别编制。由于企业的生产和销售不能做到“同步同量”，必须设置一定的存货，以保证均衡生产。因此，预算期间除必须备有充足的产品以供销售外，还应考虑预计期初存货和预计期末存货等因素。预计期末存货通常按下期销售量的一定百分比确定，期末存货确定以后，各期预计生产量就可以按下列公式计算：

$$预计生产量 = 预计销售量 + 预计期末存货量 - 预计期初存货量$$

【例 9-2】 承[例 9-1]，假定常兴公司各季度的期末存货按下一季度销售量的 10%预计，预算年度初存货量为 200 件，预算年度末预计存货量为 400 件。根据有关资料，编制公司 20×7 年生产预算，如表 9-2 所示。

表 9-2

常兴公司 20×7 年生产预算 单位：件

项　目	第一季度	第二季度	第三季度	第四季度	全年
预计销售量（销售预算）	2 000	3 000	4 000	3 600	12 600
加：预计期末存货量	300	400	360	400	400
减：期初存货量	200	300	400	360	200
预计生产量	2 100	3 100	3 960	3 640	12 800

（三）直接材料采购预算

直接材料采购预算是指为规划一定预算期内因组织生产活动和材料采购活动预计发生的直接材料需用量、采购数量和采购成本而编制的一种经营预算。该预算的编制依据是生产预算、材料单耗和材料采购单价等资料。

通常，直接材料采购预算的编制，是在生产预算的基础上，结合材料期初、期末的库存情况来确定采购数量，然后按照预计的材料单价计算出所需要的采购资金数额；同时，考虑前期应付购料款的偿还、本期购料款的支付情况，计算直接材料采购现金支出。其计算步骤如下：

（1）预计预算期直接材料采购金额。

$$预算期直接材料采购金额 = \sum(某种材料单价 \times 该材料该期预计采购量)$$

材料预计采购量的计算公式为：

$$\begin{matrix}某种直接材料\\的预计采购量\end{matrix} = \begin{matrix}该材料预\\计需用量\end{matrix} + \begin{matrix}该材料预计\\期末库存量\end{matrix} - \begin{matrix}该材料预计\\期初库存量\end{matrix}$$

其中：

$$\text{材料预计需用量} = \sum(\text{某种产品耗用该材料的消耗定额} \times \text{该产品该期预计生产量})$$

材料预计期末库存量通常按下期需要经验数据确定，实际工作中，可按下期的预计需用量的一定比例估算；材料预计期初库存量等于上期期末库存量。

(2) 计算预算期直接材料采购现金支出。

$$\text{预算期采购现金支出} = \text{该期预计采购金额} \times \text{该期预计付现率} + \text{该期支付以前期的应付账款}$$

【例 9-3】 承[例 9-2]，常兴公司单位产品材料用量为 9 千克，20×7 年初材料库存量预计为 6 000 千克，年末材料库存量预计为 8 000 千克，其余各期末材料库存量按下期生产需用量的 20%确定，材料计划单价为 3 元/千克，假定所定材料货款于当季支付 60%，于下季支付 40%，20×6 年末应付账款余额为 37 000 元。根据有关资料，编制公司 20×7 年直接材料采购预算，如表 9-3 所示。

表 9-3

常兴公司 20×7 年直接材料采购预算 单位:元

项　　目	第一季度	第二季度	第三季度	第四季度	全年
(1) 预计生产量	2 100	3 100	3 960	3 640	12 800
(2) 单位产品材料用量(千克/件)	9	9	9	9	9
(3) 材料生产需用量(千克)	18 900	27 900	35 640	32 760	115 200
(4) 材料预计期末库存量(千克)	5 580	7 128	6 552	8 000	8 000
(5) 材料预计期初库存量(千克)	6 000	5 580	7 128	6 552	6 000
(6) 预计材料采购量(千克)	18 480	29 448	35 064	34 208	117 200
(7) 材料计划单价(元/千克)	3	3	3	3	3
(8) 预计材料采购金额	55 440	88 344	105 192	102 624	351 600
(9) 当期采购现金支出	33 264	53 006	63 115	61 574	210 959
(10) 偿付前期所欠应付账款	37 000	22 176	35 338	42 077	136 591
(11) 现金支出合计	70 264	75 182	98 453	103 651	347 550

注：(3)=(1)×(2)；(4)=下期(3)×20%；(5)=上期(4)；(6)=(3)+(4)−(5)；(8)=(6)×(7)；(9)=(8)×60%；(10)=前期(8)×40%(第一季度除外)；(11)=(9)+(10)(以上计算保留到整数)。

(四) 应交税金及附加预算

应交税金及附加预算指为规划一定预算期内预计发生的应交增值税、营业税、消费税、资源税、城市维护建设税和教育费附加金额而编制的一种经营预算。本预算中不包括预交所得税和直接计入管理费用的印花税。

由于税金需要及时交清，为简化预算方法，可假定预算期发生的各项应交税金及附加均于当期以现金形式支付。应交税金及附加预算需要根据销售预算、材料采购预算的相关数据和适用税率来编制，其计算公式为：

$$\begin{matrix}\text{预算期预计}\\\text{应交税金及附加}\end{matrix}=\begin{matrix}\text{预算期预计的}\\\text{营业税金及附加}\end{matrix}+\begin{matrix}\text{预算期预计}\\\text{应交增值税}\end{matrix}$$

其中：

(1) 预计营业税金及附加 = 预计应交营业税 + 预计应交消费税 + 预计应交资源税 + 预计应交城市维护建设税 + 预计教育费附加

(2) 预计应交增值税 = 预计应交增值税销项税额 − 预计应交增值税进项税额

【例 9-4】 常兴公司 20×7 年各季度预计的增值税销项税额和进项税额资料分别按表 9-1 预计销售收入资料和表 9-3 材料采购金额资料计算，增值税税率为 17%。假定该公司流通环节只交纳增值税，并于实现销售的当期(每季度)用现金完税，公司附加税费率为 10%。根据有关资料，编制公司 20×7 年应交税金及附加预算，如表 9-4 所示。

表 9-4

常兴公司 20×7 年应交税金及附加预算 单位：元

季 度	一	二	三	四	全年	资料来源
增值税销项税额	30 600	45 900	61 200	55 080	192 780	根据表 9-1 资料计算
增值税进项税额	9 425	15 018	17 883	17 446	59 772	根据表 9-3 资料计算
应交增值税	21 175	30 882	43 317	37 634	133 008	销项－进项
销售税金及附加	2 118	3 088	4 332	3 763	13 301	应交增值税×10%
现金支出合计	23 293	33 970	47 649	41 397	146 309	

注：以上计算保留到整数。

（五）直接人工预算

直接人工预算是指为规划一定预算期内人工工时的消耗水平和人工成本水平而编制的一种经营预算。

该预算是以生产预算为基础编制的，根据生产预算中预计的生产量和生产单位产品所需的直接人工工时计算出各期所需直接人工小时数，乘以小时工资率，计算出某种产品各期预计的直接人工成本，再把所有产品的直接人工成本进行加总，便可求得直接人工的总成本。单位产品所需的直接人工小时数，可根据规定的劳动定额和历史资料来确定。预算期预计直接人工总成本的计算公式为：

$$\text{预算期预计直接人工总成本} = \sum \text{预计某种产品耗用直接人工成本}$$

其中 $$\begin{matrix}\text{预计某种产品}\\ \text{耗用直接人工成本}\end{matrix} = \begin{matrix}\text{单位工}\\ \text{时工资率}\end{matrix} \times \left(\begin{matrix}\text{某种产品}\\ \text{单位工时定额}\end{matrix} \times \begin{matrix}\text{预计该产}\\ \text{品生产量}\end{matrix}\right)$$

需要说明的是，上述直接人工成本中不仅包括工资，还包括与此相关的其他直接费用，如应付福利费等。实际工作中直接人工成本大多数均由现金开支，本书假定直接人工成本全部以现金支付。

【例 9－5】 续前例，假定常兴公司生产中所需用的直接人工，只有一个工种，该工种每小时工资为 4 元，生产单位产品需用直接人工小时数为 5 小时。根据有关资料，编制公司 20×7 年直接人工预算，如表 9-5 所示。

表 9-5

常兴公司 20×7 年直接人工预算 单位：元

项　　目	第一季度	第二季度	第三季度	第四季度	全年
(1) 预计生产量	2 100	3 100	3 960	3 640	12 800
(2) 单位产品工时定额(小时)	5	5	5	5	5
(3) 直接人工总工时(小时)	10 500	15 500	19 800	18 200	64 000
(4) 单位工时工资率	4	4	4	4	4
(5) 预计直接人工成本	42 000	62 000	79 200	72 800	256 000
(6) 现金支出	42 000	62 000	79 200	72 800	256 000

注：(3)＝(1)×(2)；(5)＝(3)×(4)。

(六) 制造费用预算

制造费用预算是指为规划一定预算期内除直接材料和直接人工预算以外预计发生的其他生产费用水平而编制的一种日常业务预算。

当以变动成本法为基础编制制造费用预算时，可按变动性制造费用和固定性制造费用两部分内容分别编制。变动性制造费用预算根据预计生产量或直接人工工时和预计变动费用分配率计算，其计算公式为：

$$\begin{matrix}\text{预计变动性}\\ \text{制造费用}\end{matrix} = \text{预计变动性制造费用分配率} \times \text{各期预计直接人工总工时}$$

其中：

$$\text{预计变动性制造费用分配率} = \frac{\text{变动性制造费用预算总额}}{\text{相关分配标准预算总额}}$$

以上公式中分母可在生产量预算或直接人工工时总额预算中选择，多品种条件下，一般可按后者进行分配。

固定性制造费用可在上期的基础上根据预期变动加以适当修正进行预计，并作为期间成本直接列入利润表内作为收入的扣除项目。固定性制造费用预算编制时一般是将全年费用总额在预算期内的各个不同时期进行平均分摊，其计算公式为：

预计固定性制造费用 = 预算期内固定性制造费用总额 ÷ 分摊期数

制造费用项目中，大部分是需要在当期以现金支付的，但也有一部分是非付现成本，比如固定资产折旧费等，因此，为了便于编制现金预算，在编制制造费用预算时也应包括一个预算现金支出的部分。

【例 9-6】 续前例，常兴公司根据有关资料，编制 20×7 年制造费用预算，如表 9-6 所示。

表 9-6

常兴公司 20×7 年制造费用预算 单位：元

固定性制造费用	金额	变动性制造费用			金额
管理人员工资	10 500	间接人工			29 240
维修费	10 000	间接材料			27 060
折旧费	29 700	维修费用			7 500
保险费	4 900	水电费用			13 000
其他	6 292	合计			76 800
合计	61 392	直接人工总工时			64 000
其中：付现费用	31 692	预计变动性制造费用分配率			1.2
项　　目	第一季度	第二季度	第三季度	第四季度	全年合计
(1) 变动性制造费用	12 600	18 600	23 760	21 840	76 800
(2) 付现的固定性制造费用	7 923	7 923	7 923	7 923	31 692
(3) 现金支出小计	20 523	26 523	31 683	29 763	108 492

注：预计变动性制造费用分配率＝76 800÷64 000＝1.2；(1)＝预计变动性制造费用分配率×各季度预计直接人工总工时（见表 9-5）；(2)＝31 692÷4＝7 923；(3)＝(1)＋(2)。

(七) 产品成本预算

产品成本预算是指为规划一定预算期内每种产品的单位产品成本、生产成本、销售成本等项内容而编制的一种日常业务预算。产品成本可以按制造成本法计算，也可按变动成本法计算。

本预算需要在生产预算、直接材料预算、直接人工预算和制造费用预算的基础上编制。同时，也为编制预计利润表和预计资产负债表提供数据。

【例 9－7】 续前例，常兴公司根据有关资料，编制 20×7 年度产品成本预算（采用变动成本法计算销售成本），如表 9-7 所示。

表 9-7

常兴公司 20×7 年产品成本预算 单位：元

成本项目	单位成本			变动生产成本（12 800 件）	期末存货成本（400 件）	期初存货成本（200 件）	销售成本（12 600 件）
	单价（元）	用量	成本（元）				
直接材料	3	9 千克	27	345 600	10 800	5 400	340 200
直接人工	4	5 小时	20	256 000	8 000	2 000	252 000
变动性制造费用	1.2	5 小时	6	76 800	2 400	1 200	75 600
合计			53	678 400	21 200	10 600	667 800

（八）销售及管理费用预算

销售及管理费用预算是指为规划一定预算期内企业在销售阶段和日常行政管理活动中预计发生的各项费用水平而编制的一种日常业务预算。该预算类似于制造费用预算，需要划分为变动性销售及管理费用预算和固定性销售及管理费用预算，一般按项目反映全年预计水平，它的编制依据主要是销售预算及其各费用项目的具体发生额。

变动性销售及管理费用通常根据销售量和单位产品标准费用额进行计算；固定性销售及管理费用一般是也将全年预算费用额在预算期内各个不同时期进行平均分摊。

【例 9－8】 续前例，常兴公司根据有关资料，编制 20×7 年度销售及管理费用预算，如表 9-8 所示。

表 9-8

常兴公司 20×7 年销售及管理费用预算 单位：元

变动性销售及管理费用		固定性销售及管理费用	
项　目	单位产品标准费用额	项　目	全年预算费用额
销售佣金	1.1	管理人员工资	9 000
销售人员工资	1.15	广告费	14 000
运输费	0.4	保险费	5 000
其他	0.85	其他	8 000
合计	3.5	合计	36 000

（续表）

项　　目	第一季度	第二季度	第三季度	第四季度	全年合计
销售量(件)	2 000	3 000	4 000	3 600	12 600
变动性销售及管理费用现金支出	7 000	10 500	14 000	12 600	44 100
固定性销售及管理费用现金支出	9 000	9 000	9 000	9 000	36 000
现金支出小计	16 000	19 500	23 000	21 600	80 100

注:为简化起见,本书将销售费用与管理费用预算合并编制,并假设销售费用与管理费用均需用现金开支。

（九）资本预算

资本预算又称专门决策预算,是指企业涉及长期投资及其重大资本经营举措的财务预算。它不仅是编制现金预算的依据,也是编制预计资产负债表的依据。这种预算通常是企业不经常发生的、一次性的业务预算,其编制依据主要是投资项目财务可行性资料,以及企业筹资决策资料。

【例 9－9】 承前例,常兴公司预计在预算期内第二季度购置车床一台 50 000 元,第三季度购置铣床一台 20 000 元,第四季度购置一般设备 8 000 元。根据有关资料,编制公司 20×7 年资本支出预算,如表 9-9 所示。

表 9-9

常兴公司 20×7 年资本支出预算　　单位:元

项　　目	第一季度	第二季度	第三季度	第四季度	全年合计
车床		50 000			50 000
铣床			20 000		20 000
一般设备				8 000	8 000
合　计		50 000	20 000	8 000	78 000

（十）现金预算

现金预算是预算期现金收入与现金支出安排平衡的预算,是全部经济活动有关现金收支方面的汇总反映。现金预算包括期初现金余额、现金收入、现金支出、现金余缺、资金筹措及运用、期末现金余额六个方面。当现金结余高于规定的期末现金余额最低限额时,应首先偿还借款本息,如还有多余,就应拿出一部分现金用于有价证券投资;当现金结余低于规定的期末现金余额最低限额时,应暂缓还本付息,通过抛售有价证券或向银行借款等措施来筹措到规定的现金余额。

现金预算编制中涉及的相关公式为:

某期现金余缺＝该期期初余额＋该期现金收入－该期现金支出

某期期末现金余额＝该期现金余缺＋(－)该期现金的筹措及运用

【例 9-10】 承前例,假设根据税法规定,常兴公司预算期预计交纳所得税 78 088元,预计于预算期第二、第四季度末各向投资者分配股利 15 000 元;另外,每季末现金的最低余额为 10 000 元,不足此数时,需向银行借款,且借款金额必须是 10 000元的整数倍。假定借款在期初,还款在期末,年利息率为 5%。根据[例 9-1]至[例 9-9]的有关资料,编制公司 20×7 年现金预算,如表 9-10 所示。

表 9-10

常兴公司 20×7 年现金预算 单位:元

项　　目	第一季度	第二季度	第三季度	第四季度	全年合计	备注
(1) 期初现金余额	10 000	16 398	18 701	12 819	10 000	
(2) 现金收入	158 000	234 000	324 000	338 400	1 054 400	表 9-1
(3) 可动用现金合计	168 000	250 398	342 701	351 219	1 064 400	(1)+(2)
(4) 经营性现金支出	191 602	251 697	299 507	303 733	1 046 539	
其中:采购直接材料	70 264	75 182	98 453	103 651	347 550	表 9-3
支付直接人工	42 000	62 000	79 200	72 800	256 000	表 9-5
支付制造费用	20 523	26 523	31 683	29 763	108 492	表 9-6
支付销售和管理费用	16 000	19 500	23 000	21 600	80 100	表 9-8
支付应交税金及附加	23 293	33 970	47 649	41 397	146 309	表 9-4
预交所得税	19 522	19 522	19 522	19 522	78 088	预计数
预分股利		15 000		15 000	30 000	预计数
(5) 资本性现金支出		50 000	20 000	8 000	78 000	
其中:购置固定资产		50 000	20 000	8 000	78 000	表 9-9
(6) 现金支出合计	191 602	301 697	319 507	311 733	1 124 539	(4)+(5)
(7) 现金余缺	−23 602	−51 299	23 194	39 486	−60 139	(3)−(6)
(8) 资金筹措及运用	40 000	70 000	−10 375	−21 000	78 625	
加:借入现金	40 000	70 000			110 000	期初借款
减:归还借款			−10 000	−20 000	−30 000	期末还款
支付利息			−375	−1 000	−1 375	
(9) 期末现金余额	16 398	18 701	12 819	18 486	18 486	(7)+(8)

注:借款实行一次还款付息。第三季度支付利息=10 000×5%×3÷4=375(元)(式中的 10 000 元为第一季度借款的其中一部分,借款时间为 9 个月);第四季度支付利息=20 000×5%=1 000(元)(式中的 20 000元为第一季度借款的其中一部分,借款时间为 1 年)。

二、预计财务报表的编制

（一）预计利润表的编制

预计利润表是指以货币形式综合反映预算期内企业经营活动成果（包括利润总额、净利润）计划水平的一种财务预算。编制预计利润表的主要依据是销售预算、产品成本预算、销售及管理费用预算、制造费用预算等有关资料，通常是按年度进行编制的。

【例 9－11】 承[例 9-10]，根据有关预算资料，编制公司 20×7 年预计利润表，如表 9-11 所示。

表 9-11

常兴公司 20×7 年预计利润表 单位：元

项　　目	金　额	资料来源
销售收入	1 054 400	表 9-1
减：销售成本	667 800	表 9-7
销售税金及附加	146 309	表 9-4
边际贡献	240 291	
减：销售及管理费用	80 100	表 9-8
固定性制造费用	61 392	表 9-6
财务费用（利息）	1 375	表 9-10
利润总额	97 424	
减：所得税费用（预计）	78 088	表 9-10
净利润	19 336	

注：销售成本按变动成本法计算，以上计算结果保留到整数。

（二）预计资产负债表的编制

预计资产负债表是指用于总括反映企业预算期末财务状况的一种财务预算，它与实际资产负债表在内容、格式上应基本一致。预计资产负债表的编制是利用本预算期的期初资产负债表，根据前述各项预算的有关数据加以分析、调整而填列的。它是编制全面预算的终点。本书不再专门介绍其具体编制方法。

预计财务报表除了预计利润表和预计资产负债表外，还包括预计利润分配表、预计现金流量表等，本书均不作专门介绍。

本章小结

财务预算是一系列专门反映企业未来一定预算期内预计财务状况和经营成果,以及现金收支等价值指标的各种预算的总称。主要包括现金预算和预计财务报表,而预计财务报表又包含预计资产负债表、预计利润表、预计利润分配表和预计现金流量表等报表。企业财务预算作为全面预算体系中的最后环节,在全面预算体系中占有举足轻重的地位。企业财务预算管理的内部组织结构通常有法定代表人、财务预算委员会、企业财务管理部门、企业基层单位和企业内部职能部门五个层次。企业财务预算管理的程序一般包括财务预算的编制、财务预算的执行与控制、财务预算的调整和财务预算的分析与考核等四个方面。企业实施财务预算管理,对于规范资金筹集、资金投放、资金运营、收益分配等财务活动,提高决策的科学性和准确性,增强预算的约束力具有非常重大的意义。

企业财务预算的编制方法有多种,按业务量基础的数量特征不同,可分为固定预算方法和弹性预算方法;按编制成本费用预算出发点的特征不同,可分为增量预算方法和零基预算方法;按预算期的时间特征不同,可分为定期预算方法和滚动预算方法。每种预算方法都有其各自的特点和适用范围。

财务预算中的现金预算亦称现金收支预算,它是以日常业务预算和特种决策预算为基础所编制的反映现金收支情况的预算。日常业务预算主要包括销售预算、生产预算、直接材料预算、应交税金及附加预算、直接人工预算、制造费用预算、产品成本预算、销售及管理费用预算等。特种决策预算主要指资本预算。现金预算包括期初现金余额、现金收入、现金支出、现金余缺、资金筹措及运用、期末现金余额六个方面。当现金结余高于规定的期末现金余额限额时,应首先偿还借款本息,如还有多余,就应拿出一部分现金用于有价证券投资;当现金结余低于规定的期末现金余额限额时,应暂缓还本付息,通过抛售有价证券或向银行借款等措施来筹措到规定的现金余额。预计利润表是指以货币形式综合反映预算期内企业经营活动成果(包括利润总额、净利润)计划水平的一种财务预算。预计资产负债表是指用于总括反映企业预算期末财务状况的一种财务预算,它与实际资产负债表在内容、格式上应基本一致。

复习思考题

1. 什么是财务预算?它包括哪些内容?它在全面预算体系中的地位如何?
2. 企业财务预算管理的程序如何?
3. 企业财务预算编制的方法按不同类型分类有哪些?其各自的特点如何?
4. 什么是现金预算?它包括哪些内容?

5. 如何编制企业的现金预算?

练 习 题

1. 某企业2010年生产A产品耗用材料有关资料如下:

(1) A产品四个季度预计各季度的销售量分别为1 000件、1 200件、800件和1 000件,各季末的存货量按下季度预计销量的10%估算,预计2010年年末存货量为100件,2009年年末实际存货量为80件。

(2) A产品材料消耗定额为2千克,甲材料单价为10元。

(3) 甲材料各季期末存量分别为300千克、280千克、340千克和440千克,2010年年初材料存量为180件。

(4) 假定每季材料采购总额的60%用现金支付,其余40%在下季付讫,2009年年末应收账款余额为7 800元。

要求:根据以上资料编制该企业2010年甲材料采购预算。

2. 某企业2009年生产A产品,预计各季度的产量分别为2 000件、2 200件、2 400件和2 500件,直接人工消耗定额和小时工资率分别为5小时/件和2元/小时,假定直接人工成本均以现金支付。预计全年变动性制造费用为22 750元,固定性制造费用为16 000元,其中固定资产折旧为4 000元,其余均为各季均衡发生的付现成本。

要求:根据以上资料编制A产品2009年各季度的直接人工预算和制造费用预算。

3. 某企业2010年度有关资料如下:

(1) 预计各季度的现金收入分别为300 000元、350 000元、320 000元和430 000元。

(2) 预计各季度的经营性现金支出分别为320 000元、345 000元、310 000元和360 000元,第二和第四季度还分别发生资本性现金支出30 000元、20 000元。

(3) 企业上年度末现金余额为8 000元。预计现金不足时,可向银行借款;现金多余时可归还银行借款(为10 000元整数倍)。借款在期初,还款在期末,借款利率为10%。该企业要求每季度的期末现金余额在10 000~20 000元间。

要求:根据以上资料编制该企业2010年现金预算。

案例分析题

资料:宏达公司生产甲、乙两种产品。2009年有关资料如下:

(1) 甲、乙产品预计销售量分别为3 000件和2 000件,预计单价分别为100元和80元,预计期初应收账款余额为130 000元,预算期将全部收回,预算期销售情况为现销和赊销各占50%。

(2) 甲、乙产品期初产成品存货分别为400件和800件,预计期末产成品存货分别为300件和500件。

(3) 假定甲、乙产品只耗用A种原材料,单位产品A材料消耗定额分别为5千克和4千克,A种材料期初结存量2 800千克,预计期末结存量为2 500千克,A种材料单价为8元/千克。预算期初应付账款余额62 800元,预算期内将全部偿还,预算期材料采购的货款有40%在本期内付清,另外60%下期内支付。

(4) 假定期初、期末在产品数量没有变动,其他直接支出已被并入直接人工成本统一核算。单位产品直接人工工时甲产品为4小时,乙产品为3小时,小时工资率为5元/小时,直接人工成本均以现金支付。

(5) 预计制造费用、销售费用及管理费用如下:全年变动性制造费用为23 400元,固定性制造费用为36 740元,其中固定资产折旧费为12 140元,其余均为发生的付现成本。销售费用及管理费用合计为18 000元。

(6) 其他资料如下:预交所得税6 000元,期初现金余额3 100元,期末现金余额不低于5 000元,现金余缺可通过归还短期借款或取得短期借款解决,借款金额应是1 000元的整数倍,利率为8%。企业适用的增值税税率为17%,流通环节只交纳增值税,并于实现销售的当期用现金完税,附加税费率为10%。

要求:如果你是公司财务经理,请编制宏达公司2009年的现金预算并简要说明。

第十章　企业财务会计报告分析

【本章学习目的】 本章主要阐述了企业财务会计报告分析的基本理论和基本方法。通过学习，要求了解财务分析的概念、作用和财务分析的依据，掌握财务分析的基本方法，熟练掌握各种财务指标的经济意义与计算方法，能灵活运用各种财务指标对企业偿债能力、营运能力、盈利能力、发展能力和社会贡献能力等进行分析，掌握杜邦财务分析体系等综合分析的方法。

【本章关键词】 财务会计报告　基本分析方法　指标分析　综合分析

第一节　企业财务会计报告分析概述

企业财务会计报告分析简称财务分析，是以企业财务会计报告反映的财务指标为主要依据，对企业的财务状况和经营成果进行评价和剖析，以反映企业在经营过程中的利弊得失、财务状况及发展趋势的一种方法。财务分析能为改进企业财务管理工作和优化经营决策提供重要的财务信息。

一、财务分析的作用

财务分析既是已完成的财务活动的总结，又是财务预测的前提，在财务管理工作中起着承上启下的作用。财务分析具有以下作用。

（一）财务分析是评价财务状况、衡量经营业绩的重要依据

通过对企业财务报告进行分析，可以了解企业偿债能力、营运能力、盈利能力、发展能力和社会贡献能力，便于企业管理当局及其他报表使用人了解企业财务状况和经营成果，合理评价经营者的工作业绩，据此奖优罚劣，以促使经营者不断改进工作。

（二）财务分析是挖掘内部潜力，提高企业经济效益的重要手段

企业进行财务分析，不仅能对过去的财务状况和经营成果进行检查、总结，而且能查找企业经营的潜力。例如，可以检查生产能否发展，成本能否降低，销售能否扩大，企业人力、设备有无闲置，物资使用是否浪费等。通过查找潜力，可以对这些潜力充分加以利用，从而促进企业经济效益的进一步提高。

（三）财务分析是防范风险，科学实施投资决策的重要步骤

通过对企业财务报告的分析，可以了解企业获利能力的高低、偿债能力的强弱及营运能力的大小等，可以了解投资后的收益水平和风险程度，从而为投资者科学

实施投资决策提供必要的信息。

二、财务分析的目的

财务分析按分析主体,可以分为内部分析和外部分析。内部分析是由企业经营管理人员所进行的分析,外部分析主要是投资人、债权人和其他利益相关的单位所进行的分析。总的来说,不同的人员和单位都要通过财务分析作出正确的财务决策和财务预测,以便取得最佳的经济效益。具体地说,各个主体分析的目的又有所不同。

(一) 企业经营管理人员分析的目的

企业经营管理人员是企业生产经营的指挥者和组织者,他们有责任保证企业全部资产合理使用,并得到保值和增值。在生产经营活动中,他们既要保持企业较强的偿债能力和良好的营运能力,又要为投资者赚取较多的利润。因此,他们对企业财务分析的目的与要求是全面的。通过分析,要评价企业前一个时期的经营业绩,如销售收入的大小、利润数额的多少、投资报酬率的高低等;要衡量企业当前的财务状况,如企业财务状况是否稳定、财务结构是否合理、企业资金的余缺情况如何等;还要预测企业未来的发展趋势,为进行财务决策提供依据。

(二) 企业投资者分析的目的

企业的投资者向企业投入资本,他们是企业的所有权人。他们的利益与企业的财务成果有密切的联系,与企业休戚与共,各个投资者在企业有利共享,有亏同担,因此,他们密切关心企业经营状况和财务成果。投资者对企业投资后,享有与投资额相适应的权益,可以通过一定的组织形式参与企业的决策,这也需要通过对企业财务活动的分析来评价企业管理人员的业绩,考核他们作为资产的经营者是否称职。投资者还需要通过财务分析,评价企业资金的盈利能力、各种投资的发展前景和投资的风险程度等方面,以作为进行投资决策的依据。

(三) 债权人分析的目的

债权人与企业之间存在着借贷关系,对他们借给企业的资金,企业要按时付息,定期还本。债权人的利益与企业的财务成果不挂钩,与企业的关系不如投资者那么密切。尽管如此,企业经营管理的好坏,对银行、原材料供应者、债券持有者等方面的利益也会有很大的影响。如企业经营不好,不能及时偿还债务,债权人的资金就会发生困难;如果企业发生亏损,资不抵债,债权人就会发生坏账损失,甚至借款无法收回。因此,债权人也密切关注企业的财务状况、偿债能力,要分析企业资产的流动性、负债对所有者权益的比率等。

(四) 政府及中介部门分析的目的

政府及中介部门主要包括财政、税务、工商、银行等部门及会计师事务所等单位。政府部门关心的是企业能否遵循各项财政与会计法规、准则以及财会程序的完整性,通过税费的交纳等方面对企业进行分析,以便取得宏观调控需要的资料。

会计师事务所作为社会中介机构，要对企业年中、年末的财务报告进行查证、分析，并向投资者和有关单位提供企业经营成果和财务状况的报告。

三、财务分析的依据

进行财务分析所依据的主要资料，是企业的财务会计报告。企业财务会计报告是企业对外提供的反映企业某一特定日期财务状况和某一会计期间经营成果、现金流量的文件。财务会计报告包括会计报表、会计报表附注和财务情况说明书。会计报表是财务会计报告的主要组成部分，包括资产负债表、利润表、现金流量表以及相关附表。会计报表附注是指对在会计报表中列示项目所作的进一步说明，以及对未能在这些报表中列示项目的说明等。其内容主要包括：所采用的主要会计处理方法和会计处理方法的变更情况、变更原因以及对财务状况和经营成果的影响，非经常性项目的说明，会计报表中有关重要项目的明细资料，其他有助于理解和分析报表需要说明的事项。会计报表附注往往能为财务分析提供许多重要的具体情况，所以在分析中应该予以重视。财务情况说明书是为了评价企业财务状况和经营成果所提供的书面资料。其内容主要包括：说明企业的生产经营情况、利润实现和分配情况、资金增减和周转情况、税金交纳情况、各项财产物资变动情况；对本期或者下期财务状况发生重大影响的事项；资产负债表编制日至报出财务报告前发生的重大财务事项；其他需要说明的事项。

第二节　财务分析的一般方法

进行财务分析，就需要运用一定的分析方法。财务分析的一般方法主要有趋势分析法、比率分析法以及因素分析法等。

一、趋势分析法

趋势分析法又称水平分析法，是通过对比两期或连续数期财务报告中的相同指标，确定其增减变动的方向、数额和幅度，用来说明企业财务状况或经营成果的变动趋势的一种方法。

趋势分析法的具体运用主要有三种方式：一是重要财务指标的比较；二是会计报表金额的比较；三是会计报表项目构成的比较。

（一）重要财务指标的比较

重要财务指标的比较，是将不同时期财务报告中的相同指标或比率进行比较，直接观察其增减变动情况及变动幅度，考察其发展趋势，预测其发展前景。

对不同时期财务指标的比较，可以有以下两种方法。

1. 定基动态比率

定基动态比率是以某一时期的数额为固定的基期数额而计算出来的动态比

率。其计算公式为：

$$定基动态比率=\frac{分析期数额}{固定基期数额}\times 100\%$$

2. 环比动态比率

环比动态比率是以每一分析期的前期数额为基期数额而计算出来的动态比率。其计算公式为：

$$环比动态比率=\frac{分析期数额}{前期数额}\times 100\%$$

（二）会计报表金额的比较

会计报表金额的比较是将连续数期的会计报表的金额并列起来，比较其相同指标的增减变动金额和幅度，据以判断企业财务状况和经营成果发展变化的一种方法。

会计报表的比较，可以有资产负债表的比较、利润表的比较和现金流量表的比较等。比较时，既要计算出表中有关增减变动的绝对额，又要计算出增减变动的百分比。

（三）会计报表项目构成的比较

这是在会计报表比较的基础上发展而来的。它是以会计报表中的某个总体指标作为100%，再计算出其各组成指标占该总体指标的百分比，从而来比较各个项目百分比的增减变动，以此来判断有关财务活动的变化趋势。它既可以用于同一企业不同时期财务状况的纵向比较，又可以用于不同企业之间的横向比较。同时，这种方法能消除不同时期（不同企业）之间业务规模差异的影响，有利于分析企业的费用水平和盈利水平。

二、比率分析法

比率分析法是通过计算经济指标的比率，来确定经济活动的变动程度的分析方法。比率是相对数，采用这种方法，要把分析对比的数值变成相对数，计算出各种比率指标进行比较，以利于进行分析。

比率指标主要有三类：构成比率、效率比率和相关比率。

（一）构成比率

构成比率又称结构比率，是某项财务指标的各个组成部分数值占总体数值的百分比，反映部分与总体的关系。其计算公式为：

$$构成比率=\frac{某个组成部分数额}{总体数额}\times 100\%$$

比如，企业资产构成比率和负债构成比率等。利用构成比率，可以考察总体中某个部分的形成与安排的合理性，以协调各项财务活动。

（二）效率比率

效率比率是反映经济活动中投入与产出、所费与所得的比率。利用效率比率指标，可以进行得失的比较，以考察经营成果，评价经济效益。如将利润项目与销售成本、销售收入、资本金等项目加以对比，可计算出成本利润率、销售利润率及资本金利润率等指标，可以从不同角度观察比较企业获利能力的高低及其增减变化情况。

（三）相关比率

相关比率是以某个项目和与其有关但又不同的项目加以对比所得的比率，反映有关经济活动的相互关系。如流动比率、负债权益比率、资产周转率等指标都属于这种相关比率。利用相关比率指标，可以考察企业有联系的相关业务安排得是否合理，以保障运营活动顺畅进行。

比率分析法的优点是：计算简便，计算结果也比较容易判断，而且可以使某些指标在不同规模的企业之间进行比较，甚至也能在一定程度上超越行业间的差别进行比较。

三、因素分析法

因素分析法是依据分析指标与其影响因素的关系，从数量上确定各因素对分析指标影响方向和影响程度的一种方法。采用这种方法的出发点在于，当有若干因素对分析指标发生影响作用时，假定其他各个因素都无变化，顺序确定每一个因素单独变化时产生的影响。

因素分析法具体有两种：连环替代法和差额分析法。

（一）连环替代法

连环替代法是指确定影响因素，并按照一定的替代顺序逐个因素替换，计算出各个因素对综合性经济指标影响程度的一种方法。举例说明如下：

【例 10－1】 某企业 2003 年产品销售收入与产品销售量、产品销售单价资料，如表 10-1 所示。

表 10-1

某企业 2003 年产品销售资料

项　　目	本年	上年	差异
产品销售收入（万元）	1 000	800	＋200
销售数量（台）	500	320	＋180
销售单价（万元）	2	2.5	－0.5

要求：试用因素分析法分析销售数量、销售单价的变动对销售如差异数的影响。

根据表10-1中资料，产品销售收入本年与上年的差异数为200万元，这是分析对象。运用连环替代法，可以计算出各个因素对产品销售收入差异的影响如下：

上年产品销售收入为：320×2.5=800(万元) ①

第一次替代：以本年销售数量替代 500×2.5=1 250(万元) ②

第二次替代：以本年销售单价替代 500×2=1 000(万元) ③

利用以上计算结果，可以测算出销售数量和销售单价两个因素的变动对产品销售收入差异数的影响额：

销售数量变动对差异额的影响额 = ②式 − ①式 = 1 250 − 800 = 450(万元)

销售单价变动对差异额的影响额 = ③式 − ②式 = 1 000 − 1 250 = -250(万元)

汇总两个因素影响额 = 销售数量影响额 + 销售单价影响额 =

450 + (−250) = 200(万元)

根据上述测算可得出如下评价：本年产品销售收入比上年产品销售收入增加200万元，主要是销售数量本年比上年增加180台，从而使销售收入增加450万元；由于销售单价本年比去年降低0.5万元，从而使销售收入减少250万元。因此，增加市场销售量应为今后的努力方向。

（二）差额分析法

差额分析法是连环替代法的一种简化形式，它是利用各个因素的比较值与基准值之间的差额，来计算各因素对分析指标的影响。

【例10-2】 仍以[例10-1]为例，举例如下。

(1) 计算各因素的差额：

销售数量差额 = 500 − 320 = 180(台)

销售单价差额 = 2 − 2.5 = −0.5(万元)

(2) 测算各因素变动对产品销售收入差异数的影响额：

销售数量变动的影响额 = 180 × 2.5 = 450(万元)

销售单价变动的影响额 = (−0.5) × 500 = −250(万元)

(3) 汇总两个因素的影响额：

产品销售收入差异数 = 450 + (−250) = 200(万元)

因素分析法既可以全面分析各个因素对某一经济指标的影响，也可以单独分析某个因素对某一经济指标的影响，在财务分析中应用颇为广泛。但在应用这一方法时必须注意以下几个问题：

(1) 因素分解的关联性。即在运用因素分析法进行分析时，必须首先依据因果关系合理确定影响因素,并依据各个影响因素的依存关系确定计算公式。这是运用因素分析法的基础。

(2) 因素替代的顺序性。替代因素时,必须按照各因素的依存关系,排列成一定的顺序并依次替代,不可随意加以颠倒,否则就会得出不同的计算结果。一般而言,确定正确排列因素替代程序的原则是:按分析对象的性质,从诸因素相互依存的关系出发,并使分析结果有助于分清责任。

(3) 顺序替代的连环性。顺序替代法在计算每一个因素变动的影响时,都是在前一次计算的基础上进行,并采用连环比较的方法确定因素变化影响的结果。因为只有保持计算程序上的连环性,才能使各个因素影响之和等于分析指标变动的差异,以全面说明分析指标变动的原因。

(4) 计算结果的假定性。连环替代法计算的各个因素变动的影响数,会因替代顺序的不同而有差别,因而计算结果不免带有假定性,即它不可能使每一个因素计算的结果,都达到绝对的准确。它只是在某种假定的前提下的影响结果,离开了这种假定前提条件,也就不会是这种结果。

第三节　财务指标一般分析

财务指标一般分析包括偿债能力指标、营运能力指标、盈利能力指标、发展能力指标和社会贡献能力指标的分析等。

为了便于说明,本节各项财务比率的计算主要以天宝公司作为实例,该公司的资产负债表和利润表如表 10-2 和表 10-3 所示。

表 10-2

资产负债表(简化)

编制单位:天宝公司　　20×7 年 12 月 31 日　　单位:万元

资　　产	年初数	年末数	负债及所有者权益	年初数	年末数
流动资产:			流动负债:		
货币资金	880	1 550	短期借款	200	150
交易性金融资产	132	60	应付账款	600	400
应收账款	1 080	1 200	应付职工薪酬	180	300
预付账款	200	250	应付股利	500	800
存货	808	880	其他应付款	120	150
流动资产合计	3 100	3 940	流动负债合计	1 600	1 800

（续表）

资　　产	年初数	年末数	负债及所有者权益	年初数	年末数
非流动资产：			非流动负债：		
持有至到期投资	300	500	长期借款	300	500
固定资产	1 750	1 920	非流动负债合计	300	500
无形资产	50	40	负债合计	1 900	2 300
非流动资产合计	2 100	2 460	所有者权益：		
			实收资本(股本)	3 000	3 400
			盈余公积	100	400
			未分配利润	200	300
			所有者权益合计	3 300	4 100
资产总计	5 200	6 400	负债及所有者权益合计	5 200	6 400

表 10-3

利　润　表(简化)

编制单位:天宝公司　　　　20×7 年度　　　　单位:万元

项　　目	上年数	本年数
一、营业收入	15 000	11 500
减：营业成本	9 500	7 900
营业税金及附加	750	625
销售费用	500	450
管理费用	920	830
财务费用	60	50
加：投资收益	110	45
二、营业利润	3 380	1 690
加：营业外收入	50	160
减：营业外支出	30	50
三、利润总额	3 400	1 800
减：所得税费用	850	450
四、净利润	2 550	1 350

一、偿债能力分析

偿债能力是指企业偿还到期债务(包括本息)的能力。偿债能力分析则是指为了解企业到期能否偿还债务而对其变现能力和债务物质保障程度所进行的一种分析。根据偿还债务的时间长短,偿债能力分析分为短期偿债能力分析和长期偿债能力分析。

(一) 短期偿债能力分析

短期偿债能力是指企业以流动资产偿还流动负债的能力,是衡量企业当前财务能力,特别是流动资产变现能力的重要标志。

企业短期偿债能力分析时常用的衡量指标主要有流动比率、速动比率、现金比率和现金流动负债比率四项,前三项属于存量指标,后一项属于流量指标。

1. 流动比率

流动比率是指企业某一时点上流动资产与流动负债的比率。它是衡量企业短期流动性的最常用的比率之一,表明企业每一元流动负债有多少流动资产作为偿还保证,反映企业用可在短期内转变为现金的流动资产偿还流动负债的能力。其计算公式为:

$$\text{流动比率}=\frac{\text{流动资产}}{\text{流动负债}}\times 100\%$$

一般来说,流动比率越高,反映企业短期偿债能力越强,债权人的权益越有保障。一般认为,流动比率为200%的比例较为合适,它表明企业财务状况稳定可靠,除了满足企业日常生产经营的流动资金需要外,还有足够的财力偿还到期的短期债务。如果比率过低,则表示企业可能难以如期偿还到期的短期债务。当然,也不是说流动比率越高越好,因为流动比率过高,就意味着企业流动资产占用较多,会影响资金的使用效率和企业的筹资成本,进而影响企业的获利能力。

【例10-3】 根据表10-2资料,该公司20×7年度流动比率为:

年初流动比率=3 100÷1 600×100%=193.75%

年末流动比率=3 940÷1 800×100%=218.89%

计算结果表明该公司20×7年年初流动比率接近一般公认标准,年末流动比率超过一般公认标准,说明该公司具有较强的短期偿债能力,而且略有提高。

2. 速动比率

速动比率是指企业某一时点上速动资产与流动负债的比率。它是用来衡量企业流动资产中可以立即用于偿付流动负债的能力。速动资产是指流动资产减去变现能力较差且不稳定的存货、预付账款、待摊费用、待处理流动资产损失等之后的余额。它包括货币资金、短期投资、应收票据、应收账款、其他应收款等流动资产。

因此速动比率较流动比率能够更加准确、可靠地评价企业资产的流动性及其偿还短期负债的能力。其计算公式为：

$$速动比率=\frac{速动资产}{流动负债}\times 100\%$$

其中：

速动资产＝货币资金＋交易性金融资产＋应收账款＋应收票据＝
流动资产－存货－预付账款－1年内到期的非流动资产－
其他流动资产

一般情况下，速动比率越高，表明企业偿还流动负债的能力越强。通常认为正常的速动比率为100%较为适当。如果速动比率小于100%，会使企业面临很大的偿债风险；如果速动比率大于100%，尽管债务的安全性很高，但却会因企业现金及应收账款资金占用过多而大大增加企业的机会成本。

【例10-4】 根据表10-2资料，该公司20×7年的速动比率为：

年初速动比率＝(880＋132＋1 080)÷1 600×100%＝130.75%

年末速动比率＝(1 550＋60＋1 200)÷1 800×100%＝156.11%

计算结果表明，该公司20×7年年末的速动比率比年初有所上升，该公司的速动比率大于100%，说明企业有足够的能力偿还短期债务。但同时也表明，企业有较多的不能盈利的现款和应收账款。

在分析时需注意的是：尽管速动比率较之流动比率更能反映出流动负债偿还的安全性和稳定性，但并不能认为速动比率较低的企业的流动负债到期就肯定不能偿还。实际上，如果企业存货流转顺畅，变现能力较强，即使速动比率较低，只要流动比率高，企业仍然有望偿还到期的债务本息。

3. 现金比率

现金比率是指企业某一时点上现金资产与流动负债的比率。这里的现金资产包括货币资金和交易性金融资产。现金比率是对速动比率的进一步分析，表明企业每一元的流动负债有多少现金资产作为偿还保证，是衡量企业用现金偿还流动负债的能力。其计算公式为：

$$现金比率=\frac{现金资产}{流动负债}\times 100\%$$

一般情况下，现金比率越高，表明企业偿还流动负债的能力越强，短期债务越有保障。当然，该比率同样也不是越高越好，比率过高可能是由于企业拥有过多的非盈利性现金资产。

【例 10-5】 根据表 10-2 资料，该公司 20×7 年的现金比率为：

$$年初现金比率=(880+132)\div 1\,600\times 100\%=70.75\%$$

$$年末现金比率=(1\,550+60)\div 1\,800\times 100\%=89.44\%$$

计算结果表明，该公司 20×7 年年末的现金比率很高，而且比年初有所上升，说明企业有足够的能力偿还短期债务。但同时也表明，企业可能有较多的不能盈利的现金资产。

4. 现金流动负债比率

现金流动负债比率是企业一定时期的经营现金净流量同流动负债的比率，它可以从现金流量角度来反映企业当期偿付短期负债的能力。其计算公式为：

$$现金流动负债比率=\frac{年经营现金净流量}{年末流动负债}\times 100\%$$

其中，年经营现金净流量指一定时期内，企业经营活动所产生的现金及现金等价物流入量与流出量的差额。

现金流动负债比率从现金流入和流出的动态角度对企业的实际偿债能力进行考察。用该指标评价企业偿债能力更加谨慎。该指标越大，表明企业经营活动产生的现金净流量越多，越能保障企业按期偿还到期债务，但也并不是越大越好，该指标过大则表明企业流动资金利用不充分，盈利能力不强。

【例 10-6】 根据表 10-2 资料，同时假设该公司 20×6 年度和 20×7 年度的经营现金净流量分别为 1 430 万元和 2 340 万元（经营现金净流量的数据可以从公司的现金流量表中获得）。该公司 20×6 年度和 20×7 年度的现金流动负债比率分别为：

$$20\times 6\,年度的现金流动负债比率=1\,430\div 1\,600\times 100\%=89.38\%$$

$$20\times 7\,年度的现金流动负债比率=2\,340\div 1\,800\times 100\%=130\%$$

计算结果表明，该公司 20×7 年度的现金流动负债比率比 20×6 年度有大幅度的提高，说明该公司的短期偿债能力增强。

（二）长期偿债能力分析

长期偿债能力是指企业偿还长期负债的能力，长期偿债能力的强弱是反映企业财务安全与稳定程度的重要标志。

企业长期偿债能力的衡量指标主要有资产负债率、产权比率、权益乘数、已获利息倍数、长期资本负债率、或有负债比率、带息负债比率等，本书只介绍前四种指标，其中，资产负债率、产权比率、权益乘数属于存量指标，已获利息倍数属于流量指标。

1. 资产负债率

资产负债率又称负债比率，是指企业某一时点上负债总额与资产总额的比率。

它表示在企业资产总额中,债权人提供资金所占的比重。表明了企业偿还全部债务的能力,也反映了企业利用债权人提供的资金进行经营活动的能力,同时也能反映企业对债权人权益的保障程度。其计算公式为:

$$资产负债率 = \frac{负债总额}{资产总额} \times 100\%$$

一般情况下,资产负债率越小,表明企业长期偿债能力越强,但是,也并非说该指标越小越好。对债权人来说,资产负债比率越低越好,表明企业偿债有保证。但从企业所有者的立场看,他们最关心的是投入资本能否给企业带来利润,如果该指标较大,说明利用较少的自有资本投资形成了较多的生产经营用资产,不仅扩大了生产经营规模,而且在经营状况良好的情况下,还可以利用财务杠杆的原理,得到更多的投资利润;如果该指标过小,则表明企业对财务杠杆利用不够。但资产负债率过大,则表明企业的债务负担过重,企业资金实力不强,不仅对债权人不利,而且企业有随时破产的危险。在我国一般认为资产负债率不应高于50%,而国际上通常认为资产负债率等于60%时较为适当。

【例10-7】 根据表10-2资料,该公司20×7年的资产负债率为:

年初资产负债率=1 900÷5 200×100%=36.54%

年末资产负债率=2 300÷6 400×100%=35.94%

计算结果表明,该公司20×7年年初和年末的资产负债率均不高,说明该公司的长期偿债能力较强,这样有助于增强债权人出借资金给公司的信心。

2. 产权比率

产权比率也称资本负债率,是指企业某一时点上负债总额与所有者权益总额的比率,它反映企业所有者对债权人权益的保障程度。其计算公式为:

$$产权比率 = \frac{负债总额}{所有者权益总额} \times 100\%$$

一般情况下,产权比率越低,表明企业的长期偿债能力越强,债权人权益的保障程度越高,承担的风险越小。但当产权比率过低时,所有者权益比重过大,意味着企业不能发挥负债的财务杠杆效应。所以,企业在评价产权比率适度与否时,应从提高获利能力和增强偿债能力两个方面综合进行,即在保障债务偿还安全的前提下,应尽可能提高产权比率。

【例10-8】 根据表10-2资料,该公司20×7年度的产权比率为:

年初产权比率=1 900÷3 300×100%=57.58%

年末产权比率=2 300÷4 100×100%=56.10%

计算结果表明，该公司20×7年年初和年末的产权比率均不高，说明该公司的长期偿债能力较强，对债权人有一定的保障程度。

产权比率实际上是资产负债率的另一种表现形式，只是表达得更为直接、明显，更侧重于揭示企业财务结构的稳健程度以及所有者权益对偿债风险的承担能力。除了产权比率外，资产负债率还有一种表现形式，即权益乘数，它是企业某一时点上资产总额与所有者权益总额的比率，它也从侧面反映企业所有者对债权人权益的保障程度。其计算公式为：

$$权益乘数=\frac{资产总额}{所有者权益总额}\times 100\%$$

一般情况下，权益乘数越大，表明所有者投入企业的资本占全部资产的比重越小，企业负债比率越高，债权人权益受保障的程度越低。

【例10-9】 根据表10-2资料，该公司20×7年度的权益乘数为：

$$年初权益乘数=5\,200\div 3\,300\times 100\%=157.58\%$$

$$年末权益乘数=6\,400\div 4\,100\times 100\%=156.10\%$$

计算结果表明该公司20×7年年初和年末的权益乘数均不太高，说明该公司债权人权益受保障的程度较高。

资产负债率、产权比率、权益乘数三者的关系是：

$$权益乘数=1+产权比率=\frac{1}{1-资产负债率}$$

根据[例10-7]、[例10-8]、[例10-9]计算结果，上述三者关系可验证为：

$$年初权益乘数(157.58\%)=1+年初产权比率(57.58\%)=\frac{1}{1-年初资产负债率(36.54\%)}$$

$$年末权益乘数(156.10\%)=1+年末产权比率(56.10\%)=\frac{1}{1-年末资产负债率(35.94\%)}$$

3. 已获利息倍数

已获利息倍数又称利息保障倍数，是指企业一定时期息税前利润总额与利息支出的比率，反映企业支付借款利息的保障程度。其中，息税前利润总额是指利润总额与利息支出的合计数；利息支出是指实际支出的借款利息、债券利息等。其计算公式为：

$$已获利息倍数=\frac{息税前利润总额}{利息支出}$$

其中：

$$息税前利润总额=利润总额+利息支出=净利润+所得税费用+利息支出$$

已获利息倍数不仅反映了企业的获利能力的大小，而且反映了获利能力对偿还到期债务的保证程度，它既是企业举债经营的依据，也是衡量企业长期偿债能力大小的重要标志。一般情况下，已获利息倍数越高，表明企业长期偿债能力越强。国际上通常认为，该指标为3时较为适当。从长期来看，若要维持正常的偿债能力，已获利息倍数至少要大于1。如果已获利息倍数过小，企业将面临亏损以及偿债的安全性与稳定性下降的风险。

【例10-10】 根据表10-3资料，同时假设该表中的财务费用全部为利息支出，该公司20×6年度和20×7年度的已获利息倍数分别为：

$$20\times6年度已获利息倍数=(3\,400+60)\div60=57.67$$

$$20\times7年度已获利息倍数=(1\,800+50)\div50=37$$

计算结果表明，该公司20×6年度和20×7年度的已获利息倍数都非常高，说明该公司有很强的偿付利息费用的能力，但20×7年较20×6年有所减弱。

二、营运能力分析

营运能力是指通过经营企业资金周转速度的有关指标所反映出来的企业资金利用的效率。它表明企业管理人员经营管理、运用资金的能力。企业生产占用资金周转的速度越快，表明企业资金利用的效果越好，效率越高，企业管理人员的经营能力越强。营运能力分析包括人力资源营运能力分析和生产资料营运能力分析。人力资源营运能力分析主要通过劳动效率这一指标来进行的，其分析目的主要是如何充分调动劳动者的积极性和能动性，提高其经营效率。生产资料营运能力分析主要通过对流动资产周转情况分析、固定资产周转情况分析和总资产周转情况分析，来评价生产资料的利用效率。本书重点介绍后者。

（一）流动资产周转情况分析

企业的流动资金在生产经营过程中，从货币资金开始，然后经过存货、应收账款，又回到货币资金，周而复始地不断循环和周转。对流动资产使用的分析在营运能力分析中具有重要的地位。反映流动资产周转情况的指标主要有应收账款周转率、存货周转率和流动资产周转率。

1. 应收账款周转率

应收账款周转率是企业一定时期赊销收入净额与平均应收账款余额的比率，

即企业的应收账款在一定时期内(通常为1年)的周转次数,是反映企业应收账款周转速度的指标。其计算公式为:

$$\text{应收账款周转率(周转次数)}=\frac{\text{全年赊销收入净额}}{\text{平均应收账款余额}}$$

其中:

赊销收入净额=赊销收入总额-销售退回与折扣

平均应收账款余额=(年初应收账款余额+年末应收账款余额)÷2

需要说明的是上述公式中的赊销收入净额在无法取得真实数据时,也可用营业收入指标代替。应收账款包括会计核算中的"应收账款"和"应收票据"数额。

反映企业应收账款周转速度的指标也可以用应收账款周转期表示。其计算公式为:

$$\text{应收账款周转期(周转天数)}=\frac{\text{平均应收账款余额}\times 360}{\text{全年赊销收入净额}}$$

或　　应收账款周转期(周转天数)=360÷应收账款周转次数

应收账款周转率反映了企业应收账款变现速度的快慢及管理效率的高低。应收账款周转率高,周转次数多,周转天数少,表明企业应收账款回收速度快,账龄较短,企业经营管理的效率高,资产流动性强,短期偿债能力强;同时,较高的应收账款周转率,可有效地减少收费费用和坏账损失,从而相对增加企业流动资产的投资收益。

【例10-11】 根据表10-2和表10-3资料,该公司20×7年度的应收账款周转率和周转期为:

应收账款平均余额=(1 080+1 200)÷2=1 140(万元)

应收账款周转率=11 500÷1 140=10.09(次)

应收账款周转期=1 140×360÷11 500=35.69(天)

或 应收账款周转期=360÷10.09=35.68(天)

(计算结果有微小出入是小数近似所致)

计算结果表明,该公司20×7年度的应收账款周转率为10.09次,周转期为35.69天,说明周转速度较快。

2. 存货周转率

存货周转率是企业一定时期营业成本与平均存货余额的比率,是反映企业流动资产流动性的一个指标,也是衡量企业生产经营各环节中存货运营效率的一个综合性指标。其计算公式为:

$$\text{存货周转率(周转次数)}=\frac{\text{营业成本}}{\text{平均存货余额}}$$

其中： 平均存货余额 =（年初存货余额 + 年末存货余额）÷2

反映企业存货周转速度快慢的指标也可以用存货周转期表示，其计算公式为：

$$存货周转期(周转天数) = \frac{平均存货余额 \times 360}{营业成本}$$

或 存货周转期(周转天数) = 360 ÷ 存货周转次数

存货周转速度的快慢，不仅反映出企业采购、储存、生产、销售各环节管理工作状况的好坏，而且对企业的偿债能力及获利能力也产生决定性的影响。一般情况下，存货周转率越高越好。在存货平均水平一定的条件下，存货周转率越高，周转次数越多，表明企业的存货回收速度越快，资产流动性越强，其变现能力越快，资金占用水平越低。因此，通过存货周转分析，有利于找出存货管理存在的问题，尽可能降低存货资金占用水平。但是需要注意的是并不是存货周转率完全越高越好，因为存货有时过少会影响企业生产周转，不能满足生产经营的需要，所以在特定的生产经营条件下企业应保持一个最佳的存货水平，而不是纯粹的存货越少越好。另外，运用存货周转率这一指标时，也要考虑对存货中原材料、在产品、自制半成品、产成品及低值易耗品之间的比例关系进行合理地分析。

【例 10-12】 根据表 10-2 和表 10-3 资料，该公司 20×7 年度的存货周转率和周转期为：

存货周转率 = 7 900 ÷ [(808 + 880) ÷ 2] = 9.36(次)

存货周转期 = 844 × 360 ÷ 7 900 = 38.46(天)

或 存货周转期=360÷9.36=38.46(天)

计算结果表明，该公司 20×7 年度的存货周转率为 9.36 次，存货周转期为 38.46 天，说明周转速度较快。

3. 流动资产周转率

流动资产周转率是企业一定时期营业收入与平均流动资产总额的比率，是反映企业流动资产周转速度的指标。其计算公式为：

$$流动资产周转率(周转次数) = \frac{营业收入净额}{平均流动资产总额}$$

其中：

营业收入净额 = 营业收入 - 销售退回和折扣

平均流动资产总额 =（年初流动资产总额 + 年末流动资产总额）÷2

反映流动资产周转速度快慢的指标也可以用流动资产周转期表示。其计算公式为：

$$流动资产周转期(周转天数)=\frac{平均流动资产总额\times 360}{营业收入净额}$$

或　流动资产周转期(周转天数)＝360÷流动资产周转次数

在一定时期内，流动资产周转率越高，周转次数越多，流动资产周转速度越快，会相对节约流动资产，等于相对扩大资产投入，表明企业流动资产的经营利用效果越好，企业的经营效率越高，进而使企业的偿债能力和盈利能力得到增强。

【例 10-13】 根据表 10-2 和表 10-3 资料，该公司 20×7 年度的流动资产周转率和周转期为：

平均流动资产总额 ＝(3 100 ＋ 3 940) ÷ 2 ＝ 3 520(万元)

流动资产周转率 ＝ 11 500 ÷ 3 520 ＝ 3.267 ≈ 3.27(次)

流动资产周转期 ＝ 3 520 × 360 ÷ 11 500 ＝ 110.19(天)

或　流动资产周转期＝360÷3.267＝110.19(天)

计算结果表明，该公司 20×7 年度的流动资产周转率为 3.27 次，平均 110.19 天周转一次。

(二) 固定资产周转情况分析

反映固定资产周转情况的主要指标是固定资产周转率，它是企业一定时期营业收入与平均固定资产净值的比率，是衡量固定资产利用效率的一项指标。其计算公式为：

$$固定资产周转率(周转次数)=\frac{营业收入净额}{平均固定资产净值}$$

其中：

平均固定资产净值 ＝(年初固定资产净值＋年末固定资产净值)÷2

反映固定资产周转情况的指标也可以用固定资产周转期表示，其计算公式为：

$$固定资产周转期(周转天数)=\frac{平均固定资净值\times 360}{营业收入净额}$$

或　固定资产周转期(周转天数)＝360÷固定资产周转次数

一般情况下，固定资产周转率越高，表明企业固定资产的利用越充分，同时也能表明企业固定资产投资得当，固定资产结构合理，能够发挥效率。反之，如果固定资产周转率不高，则表明固定资产使用效率不高，提供的生产成果不多，企业的营运能力不强。

【例 10－14】 根据表 10-2 和表 10-3 资料，该公司 20×7 年度的固定资产周转率和周转期为：

$$平均固定资产净值 = (1\,750 + 1\,920) \div 2 = 1\,835(万元)$$

$$固定资产周转率 = 11\,500 \div 1\,835 = 6.267 \approx 6.27(次)$$

$$固定资产周转期 = 1\,835 \times 360 \div 11\,500 = 57.44(天)$$

或 $$固定资产周转期 = 360 \div 6.267 = 57.44(天)$$

计算结果表明，该公司 20×7 年度固定资产周转率为 6.27 次，平均 57.44 天周转一次。

（三）总资产周转情况分析

反映企业总资产周转情况的指标是总资产周转率。总资产周转率是企业一定时期营业收入与平均资产总额的比值，它反映企业全部资产的利用效率。其计算公式为：

$$总资产周转率(周转次数) = \frac{营业收入净额}{平均资产总额}$$

其中：

$$平均资产总额 = (年初资产总额 + 年末资产总额) \div 2$$

反映企业总资产周转情况的指标也可以用总资产周转期表示。其计算公式为：

$$总资产周转期(周转天数) = \frac{平均资产总额 \times 360}{营业收入净额}$$

或 $$总资产周转期(周转天数) = 360 \div 总资产周转次数$$

企业的总资产周转率反映企业总资产的周转速度。总资产周转率越高，周转次数越多，表明企业总资产周转速度越快，说明企业全部资产的使用效率越高，从而使企业的偿债能力和获利能力越强；反之，如果该指标过低，则表明企业进行全部资产的使用效率差，最终会影响企业的盈利能力。

【例 10－15】 根据表 10-2 和表 10-3 资料，该公司 20×7 年度的总资产周转率和周转期为：

$$平均资产总额 = (5\,200 + 6\,400) \div 2 = 5\,800(万元)$$

$$总资产周转率 = 11\,500 \div 5\,800 = 1.983 \approx 1.98(次)$$

$$总资产周转期 = (5\,800 \times 360) \div 11\,500 = 181.57(天)$$

或 $$总资产周转期 = 360 \div 1.983 = 181.54(天)$$

（计算结果有微小出入是小数近似所致）

计算结果表明，该公司20×7年度总资产周转率为1.98次，平均181.57天周转一次。

三、盈利能力分析

企业从事生产经营活动的主要目的，就是使投资人获得合理的利润和维持企业适度的增长。获利是最具有综合性的企业的发展目标，体现了企业经营的出发点和归宿。盈利能力是指企业运用其所支配的资源赚取利润的能力。不论是投资人、债权人还是企业的经营管理者以及政府有关部门，都倍加重视和关心企业的获利能力，因而对企业的盈利能力的分析，就成为企业财务分析的重点。

盈利能力分析通常包括经营盈利能力分析、资产盈利能力分析、资本盈利能力分析和收益质量分析。

（一）经营盈利能力分析

经营盈利能力分析的指标主要有营业毛利率、营业利润率、营业净利率、成本费用利润率等。

1. 营业毛利率

营业毛利率也称销售毛利率，是指企业一定时期毛利与营业收入净额的比率。毛利是营业收入净额与营业成本的差额。其计算公式为：

$$营业毛利率=\frac{营业收入净额-营业成本}{营业收入净额}\times 100\%$$

营业毛利率反映企业实现商品价值的获利水平。一般情况下，营业毛利率越高，说明营业收入净额中营业成本所占的比重越小，毛利额越大，企业实现价值的获利水平越高。

【例10-16】 根据表10-3资料，该公司20×6年度和20×7年度的营业毛利率分别为：

20×6年度营业毛利率＝(15 000－9 500)÷15 000×100%＝36.67%

20×7年度营业毛利率＝(11 500－7 900)÷11 500×100%＝31.30%

计算结果表明，20×7年度的营业毛利率较20×6年度略有下降，其原因主要是营业收入下降幅度较大(23.33%)，且大于营业成本下降的幅度(16.84%)。

2. 营业利润率

营业利润率也称销售利润率，是指企业一定时期营业利润与营业收入净额的比率。其计算公式为：

$$营业利润率=\frac{营业利润}{营业收入净额}\times 100\%$$

营业利润率反映企业营业收入实现营业利润的能力。一般情况下，营业利润率越高，说明企业市场竞争力越强，发展潜力越大，盈利能力也越强。

【例 10－17】 根据表 10-3 资料，该公司 20×6 年度和 20×7 年度的营业利润率分别为：

20×6 年度营业利润率＝3 380÷15 000×100%＝22.53%

20×7 年度营业利润率＝1 690÷11 500×100%＝14.70%

计算结果表明，20×7 年度的营业利润率较 20×6 年度下降较快，其原因主要是营业利润下降幅度非常大(50%)，且远远高于营业收入下降的幅度(23.33%)。

3. 营业净利率

营业净利率也称销售净利率，是指企业一定时期净利润与营业收入净额的比率。其计算公式为：

$$营业净利率=\frac{净利润}{营业收入净额}\times 100\%$$

营业净利率反映企业营业收入实现净利润的能力。一般情况下，营业净利率越高，说明企业销售质量越高，盈利能力越强。

【例 10－18】 根据表 10-3 资料，该公司 20×6 年度和 20×7 年度的营业净利率分别为：

20×6 年度营业净利率＝2 550÷15 000×100%＝17%

20×7 年度营业净利率＝1 350÷11 500×100%＝11.74%

计算结果表明，20×7 年度的营业净利率较 20×6 年度有较大的下降，其原因主要是净利润下降幅度也非常大(47.06%)，且远远高于营业收入下降的幅度(23.33%)。

以上三个指标分别从不同的角度来反映企业营业收入的获利能力，说明其对盈利的贡献大小。

4. 成本费用利润率

成本费用利润率是指企业一定时期利润总额与成本费用总额的比率。其计算公式为：

$$成本费用利润率=\frac{利润总额}{成本费用总额}\times 100\%$$

其中：

成本费用总额＝营业成本＋营业税金及附加＋销售费用＋管理费用＋财务费用

成本费用利润率反映每消耗一元成本费用所实现的利润。该指标越高，说明企业为取得利润而付出的代价越小，成本费用控制的越好，盈利能力越强。

【例 10－19】 根据表 10-3 资料，该公司 20×6 年度和 20×7 年度的成本费用利润率分别为：

20×6 年度成本费用利润率＝3 400÷(9 500＋750＋500＋920＋60)×100％＝28.99％

20×7 年度成本费用利润率＝1 800÷(7 900＋625＋450＋830＋50)×100％＝18.26％

计算结果表明，该公司 20×7 年度的成本费用利润率比 20×6 年度下降幅度较大，其原因主要是其营业收入和利润下降过大，公司应当深入检查分析，以便扭转指标下降的状况。

(二) 资产盈利能力分析

资产盈利能力分析的指标主要有总资产利润率、总资产报酬率、总资产净利率等。

1. 总资产利润率

总资产利润率是指企业一定时期内实现的利润总额与平均资产总额的比率。它是反映企业全部资产取得综合效益的指标。其计算公式为：

$$总资产利润率=\frac{利润总额}{平均资产总额}\times 100\%$$

总资产利润率反映企业的综合效益。一般情况下，该指标越高，说明企业资产的利用效果越好，综合效益也越高。

【例 10－20】 根据表 10-2 和表 10-3 资料，同时该公司 20×5 年度的年末资产总额为 4 500 万元。该公司 20×6 年度和 20×7 年度总资产利润率分别为：

$$\begin{array}{l}20\times6年度\\总资产利润率\end{array}=3\,400\div[(4\,500+5\,200)\div2]\times100\%=70.10\%$$

$$\begin{array}{l}20\times7年度\\总资产利润率\end{array}=1\,800\div[(5\,200+6\,400)\div2]\times100\%=31.03\%$$

计算结果表明，该公司 20×7 年度的总资产利润率比 20×6 年度下降幅度很大，其原因主要是利润总额下降幅度很大(47.06％)；同时，还需要对公司资产的增加与使用情况进行分析，以改进管理，提高效益。

2. 总资产报酬率

总资产报酬率是指企业一定时期内获得的报酬总额与平均资产总额的比率。

它是反映企业资产综合利用效果的指标，也是衡量企业利用债权人和所有者权益总额所取得盈利的重要指标。其计算公式为：

$$总资产报酬率=\frac{息税前利润总额}{平均资产总额}\times 100\%$$

总资产报酬率全面反映了企业全部资产的获利水平。一般情况下，该指标越高，说明企业的资产利用率越高，整个企业的盈利能力越强。

【例 10-21】 根据表 10-2、10-3 和[例 10-20]资料，同时假设表中财务费用全部为利息支出。该公司 20×6 年度和 20×7 年度总资产报酬率分别为：

$$20\times 6\text{ 年度总资产报酬率}=(3\,400+60)\div[(4\,500+5\,200)\div 2]\times 100\%=71.34\%$$

$$20\times 7\text{ 年度总资产报酬率}=(1\,800+50)\div[(5\,200+6\,400)\div 2]\times 100\%=31.9\%$$

计算结果表明，该公司 20×7 年度的总资产报酬率比 20×6 年度下降幅度很大，公司需要对报酬下降及资产的增加与使用情况进行分析，以采取措施，提高效益。

3. 总资产净利率

总资产净利率是指企业一定时期内实现的净利润与平均资产总额的比率。它也是反映企业资产综合利用效果的重要指标。其计算公式为：

$$总资产净利率=\frac{净利润}{平均资产总额}\times 100\%$$

总资产净利率反映了企业全部资产的净收益水平。一般情况下，该指标越高，说明企业资产综合利用效果越好，净收益水平越高，盈利能力越强。

【例 10-22】 根据表 10-2、10-3 和[例 10-20]资料，该公司 20×6 年度和 20×7年度总资产净利率分别为：

$$20\times 6\text{ 年度总资产净利率}=2\,550\div[(4\,500+5\,200)\div 2]\times 100\%=52.58\%$$

$$20\times 7\text{ 年度总资产净利率}=1\,350\div[(5\,200+6\,400)\div 2]\times 100\%=23.28\%$$

计算结果表明，该公司 20×7 年度的总资产净利率比 20×6 年度下降幅度很大，公司需要对净利润下降及资产的增加与使用情况进行分析，以采取措施，提高效益。

（三）资本盈利能力分析

资本盈利能力分析的指标主要有净资产收益率、资本收益率、每股收益、每股净资产、每股股利、市盈率等。

1. 净资产收益率

净资产收益率是企业一定时期净利润与平均净资产的比率。企业的净资产等于资产减负债,也就是所有者权益。其计算公式为:

$$净资产收益率=\frac{净利润}{平均净资产}\times 100\%$$

其中:

$$平均净资产=(年初所有者权益+年末所有者权益)\div 2$$

净资产收益率是评价企业自有资本及其积累获取报酬水平的最具有综合性与代表性的指标,反映企业资本运营的综合效益。一般情况下,净资产收益率越高,企业自由资本获取收益的能力越强,运营效益越好,对企业投资人、债权人的保证程度越高。

【例 10-23】 根据表 10-2 和表 10-3 资料,该公司 20×7 年度的净资产收益率为:

$$20\times 7 年度净资产收益率=1\ 350\div[(3\ 300+4\ 100)\div 2]\times 100\%=36.49\%$$

计算结果表明,该公司 2007 年度每 1 元所有者权益可以产生约 0.36 元的净利润。

2. 资本收益率

资本收益率是指企业一定时期净利润与平均资本(实收资本及其资本溢价)的比率。反映企业当年资本获得回报的水平。其计算公式为:

$$资本收益率=\frac{净利润}{平均资本}\times 100\%$$

其中:

$$平均资本=\frac{\left(\begin{matrix}实收资本\\年初数\end{matrix}+\begin{matrix}资本公积\\年初数\end{matrix}\right)+\left(\begin{matrix}实收资本\\年末数\end{matrix}+\begin{matrix}资本公积\\年末数\end{matrix}\right)}{2}$$

上式中的资本公积是实收资本(股本)中的溢价。

一般情况下,资本收益率越高,表明企业资本获得回报的水平越高,投资人的权益越能得到保障。

需要说明的是,并非资本公积中的所有金额都属于所有者投入的资本,只有其中的资本溢价(股本溢价)属于资本性投入。

【例 10-24】 根据表 10-2 和表 10-3 资料,同时假定该公司 20×5 年度的年末实收资本为 2 800 万元(无资本公积)。该公司 20×6 年度和 20×7 年度的资本收益率分别为：

20×6 年度资本收益率＝2 550÷(2 800＋3 000)÷2×100％＝87.93％

20×7 年度资本收益率＝1 350÷(3 000＋3 400)÷2×100％＝42.19％

计算结果表明，该公司 20×7 年度的资本收益率较 20×6 年度有大幅度下降，其主要原因是净收益下降幅度很大，说明公司资本获得回报的水平大大降低。

需要说明的是，若企业为上市公司，则经常使用的资本盈利能力分析指标还有每股收益、每股股利、市盈率和每股净资产等。

1. 每股收益

每股收益也称每股利润或每股盈余，指上市公司本年净利润与年末普通股总数的比值。它反映普通股的获利水平，是衡量上市公司盈利能力时最常用的财务分析指标。其计算公式为：

每股收益 ＝ 净利润 ÷ 年末普通股总数

为了更好的反映普通股所取得的利润，每股收益也可以用净利润扣除优先股股利后的余额，除以发行在外的普通股平均股数来计算。其计算公式为：

每股收益 ＝（净利润 － 优先股股利）÷ 发行在外的普通股平均数

每股收益是上市公司发行在外的普通股所取得的利润，它可以反映公司的获利能力的大小。每股利润越高，说明公司的获利能力越强。

2. 每股股利

每股股利是指上市公司本年发放的普通股现金股利总额与年末普通股总数的比值。其计算公式为：

每股股利 ＝ 普通股现金股利总额 ÷ 年末普通股总数

每股股利是上市公司普通股股东从公司实际分得的每股利润，它反映上市公司当期利润的积累和分配情况。

3. 市盈率

市盈率是上市公司普通股每股市价相当于每股收益的倍数，反映投资者对上市公司每股净利润愿意支付的价格，可以用来估计股票的投资报酬和风险。其计算公式为：

市盈率 ＝ 普通股每股市价 ÷ 普通股每股收益

市盈率是投资者用来衡量某种股票投资价值和投资风险的常用指标。一般情况下，市盈率越低，则其投资价值越高，但是也有可能说明该公司发展前景欠佳，缺乏对投资者的吸引力，相反市盈率越高，表明投资者对该公司的发展前景看好，愿意出较高的价格购买该公司股票，愿意承担较大的投资风险。不过，市盈率过高，说明投资者投入的成本收回较难，投资风险过大。

4. 每股净资产

每股净资产是上市公司年末净资产（即股东权益）与年末普通股总数的比值。其计算公式为：

$$每股净资产 = 年末股东权益 \div 年末普通股总数$$

每股净资产反映了每股股票代表的公司净资产价值，它是支撑股票市场价格的重要基础。例如，公司净资产为 20 亿元，总股本为 10 亿股，它的每股净资产为 2 元。每股净资产越大，表明公司每股股票代表的财富越雄厚，通常创造利润的能力和抵御外来因素影响的能力越强。

（四）收益质量分析

收益质量分析主要是评价企业收益的结构和稳定性，其指标主要是盈余现金保障倍数。

盈余现金保障倍数是企业一定时期经营现金净流量与净利润的比值。它反映了企业当期净利润中现金收益的保障程度，从动态的角度真实反映了企业盈余的质量，是评价企业盈利状况的重要辅助指标。其计算公式为：

$$盈余现金保障倍数 = \frac{经营现金净流量}{净利润}$$

一般情况下，盈利企业的盈余现金保障倍数等于或大于 1，说明企业的利润具有相应的现金流量为保障。该指标越大，表明企业经营活动产生的净利润对现金的贡献越大。

【例 10－25】 根据表 10-3 和［例 10-6］资料，该公司 20×6 年度和 20×7 年度的盈余现金保障倍数分别为：

$$20 \times 6 年度的盈余现金保障倍数 = 1\,430 \div 2\,550 = 0.56$$

$$20 \times 7 年度的盈余现金保障倍数 = 2\,340 \div 1\,350 = 1.73$$

计算结果表明，该公司 20×7 年度的盈余现金保障倍数比 20×6 年度有很大的提高，其原因主要是经营现金净流量有较大的增长，说明公司收益的流动性增强，经营活动所产生的净利润对现金的贡献较大。

四、发展能力分析

发展能力是指企业在生存的基础上，扩大自身规模、壮大实力的潜在能力。一般来说，发展能力指标越高，说明企业发展能力状况越好。企业发展能力指标主要包括收入增长能力分析、盈利增长能力分析、资产增长能力分析、资本增长能力分析和技术投入增长能力分析。

（一）收入增长能力分析

收入增长能力分析的指标主要有营业收入增长率和营业收入3年平均增长率。

1. 营业收入增长率

营业收入增长率是企业本年营业收入增长额与上年营业收入总额的比率。它反映企业营业收入的增减变动情况，是评价企业成长状况和发展能力的重要指标。其计算公式为：

$$营业收入增长率=\frac{本年营业收入增长额}{上年营业收入总额}\times 100\%$$

其中：

$$本年营业收入增长额=本年营业收入总额-上年营业收入总额$$

营业收入增长率是衡量企业经营状况和市场占有能力、预测企业经营业务拓展趋势的重要标志。该指标若大于零，则说明企业本年的营业收入有所增长，指标值越高，说明增长速度越快，企业市场前景越好；该指标若小于零，则说明企业产品或服务不适销对路，销售出现问题，市场份额萎缩。

【例10-26】 根据表10-3资料，该公司20×7年度的营业收入增长率为：

$$营业收入增长率=(11\,500-15\,000)\div 15\,000\times 100\%=-23.33\%$$

计算结果表明，该公司的营业收入增长率为－23.33%，说明销售下降幅度很大，市场份额严重萎缩，公司应查明原因，采取措施努力增加销售。

2. 营业收入3年平均增长率

营业收入3年平均增长率表示企业营业收入连续3年的增长情况，体现企业的持续发展态势和市场扩张能力。其计算公式为：

$$营业收入3年平均增长率=\left(\sqrt[3]{\frac{本年营业收入总额}{三年前营业收入总额}}-1\right)\times 100\%$$

其中，3年前营业收入总额是指企业以本年营业收入总额为基数向前推两年，即：在评价2007年度业绩状况时，3年前营业收入总额是指2004年的营业收入总额。

营业收入3年平均增长率指标反映企业的经营业务增长趋势和稳定程度。一般情况下，该指标值越大，说明企业经营业务持续增长势头越好，市场扩张能力越强。

【例10-27】 根据表10-3资料，同时假定该公司20×4年度的营业收入为8 500万元。该公司营业收入3年平均增长率为：

$$营业收入3年平均增长率=\left(\sqrt[3]{\frac{11\,500}{8\,500}}-1\right)\times 100\%=10.6\%$$

计算结果表明，该公司营业收入3年平均增长率为10.6%，说明公司经营业务持续增长势头较好，有一定的市场扩张能力。

（二）盈利增长能力分析

盈利增长能力分析的指标主要有营业利润增长率和净利润增长率。

1. 营业利润增长率

营业利润增长率是指企业本年营业利润增长额与上年营业利润的比率。它反映企业营业利润的增减变动情况，是衡量企业盈利增长能力的重要指标之一。其计算公式为：

$$营业利润增长率=\frac{本年营业利润增长额}{上年营业利润}\times 100\%$$

其中：

$$营业利润增长额=本年营业利润总额-上年营业利润总额$$

营业利润增长率指标若大于零，则说明企业本年营业利润有所增长，指标值越大，说明企业营业利润增长得越快，企业经营效益越好。该指标若小于零，则说明企业经营效益不佳。

【例10-28】 根据表10-3资料，该公司20×7年度的营业收入增长率为：

$$营业利润增长率=(1\,690-3\,380)\div 3\,380\times 100\%=-50\%$$

计算结果表明，该公司营业利润增长率为-50%，说明营业利润下降了一半，公司经营效益严重下滑，经营情况很不理想，需要采取有效措施予以解决。

2. 净利润增长率

净利润增长率是指企业本年净利润增长额与上年净利润总额的比率。它反映企业净利润的增减变动情况，也是衡量企业发展能力的重要指标。其计算公式为：

$$净利润增长率=\frac{本年净利润增长额}{上年净利润总额}\times 100\%$$

其中：

$$本年净利润增长额=本年净利润总额-上年净利润总额$$

净利润增长率指标若大于零，则说明企业本年净利润有所增长，指标值越高，说明增长速度越快，企业经济效益和发展前景越好。该指标若小于零，则说明企业经营状况不佳，销售或成本费用等方面出现了问题，应引起重视。

【例10-29】 根据表10-3资料，该公司20×7年度的净利润增长率为：

$$净利润增长率=(1\,350-2\,550)\div 2\,550\times 100\%=-47.06\%$$

计算结果表明，该公司的净利润增长率为－47.06％，说明净利润下降幅度很大，企业经济效益出现严重滑坡，公司需要下大气力予以解决。

（三）资产增长能力分析

资产增长能力分析的指标主要有固定资产增长率和总资产增长率。

1. 固定资产增长率

固定资产增长率是指企业本年固定资产增长额与本年初固定资产总额的比率。它反映企业固定资产的增减变动情况，是衡量企业规模扩大、实力增强以及未来发展能力的重要指标。其计算公式为：

$$固定资产增长率=\frac{本年固定资产增长额}{本年初固定资产总额}\times 100\%$$

其中：

$$本年固定资产增长额=本年末固定资产总额-本年初固定资产总额$$

固定资产增长率指标若大于零，则说明企业本年固定资产规模有所扩大，指标值越高，说明企业扩张的越快，发展潜力越大。该指标若小于零，则说明企业规模收缩，生产经营能力有所下降，发展速度减缓。

【例 10－30】 根据表 10-2 资料，该公司 20×7 年度的固定资产增长率为：

$$固定资产增长率=(1\,920-1\,750)\div 1\,750\times 100\%=9.71\%$$

计算结果表明该公司的固定资产增长率为 9.71％，说明固定资产规模有所扩大，生产经营能力得到增强，企业有适度扩张趋势。

2. 总资产增长率

总资产增长率是指企业本年总资产增长额与本年初资产总额的比率。它反映企业资产的增减变动情况，是衡量企业价值增长和自身发展的重要指标。其计算公式为：

$$总资产增长率=\frac{本年总资产增长额}{本年初资产总额}\times 100\%$$

其中：

$$本年总资产增长额=本年末资产总额-本年初资产总额$$

总资产增长率是从企业资产总量扩张方面来衡量企业的发展能力，表明企业规模增长水平对企业发展后劲的影响。该指标值越高，表明企业一定时期内资产经营规模扩张的速度越快。

【例 10－31】 根据表 10-2 资料，该公司 20×7 年度的总资产增长率为：

总资产增长率＝(6 400－5 200)÷5 200×100%＝23.08%

计算结果表明，该公司的总资产增长率为 23.08%，增长幅度较大，说明企业资产经营规模有较大扩张。

（四）资本增长能力分析

资本增长能力分析的指标主要有资本积累率、资本 3 年平均增长率和资本保值增值率。

1. 资本积累率

资本积累率是指企业本年所有者权益增长额与本年初所有者权益总额的比率。它反映企业当年资本的积累能力，是衡量企业发展能力的重要指标。其计算公式为：

$$资本积累率=\frac{本年所有者权益增长额}{本年初所有者权益总额}\times 100\%$$

其中：

$$本年所有者权益增长额=本年末所有者权益总额-本年初所有者权益总额$$

资本积累率是企业当年所有者权益的增长率，反映了企业资本的积累情况，是企业发展壮大的标志。该指标值越高，表明企业的资本积累能力越强，发展潜力越大。

【例 10－32】 根据表 10-2 资料，该公司 20×7 年度的资本积累率为：

资本积累率＝(4 100－3 300)÷3 300×100%＝24.24%

计算结果表明，该公司的资本积累率为 24.24%，增长幅度较大，说明企业有较强的资本积累能力和较好的发展潜力。

2. 资本 3 年平均增长率

资本 3 年平均增长率表示企业资本连续 3 年的积累情况，在一定程度上体现企业的持续发展水平和发展趋势。其计算公式为：

$$资本3年平均增长率=\left(\sqrt[3]{\frac{年末所有者权益总额}{3年前年末所有者权益总额}}-1\right)\times 100\%$$

其中，3 年前年末所有者权益总额的确定方法同 3 年前营业收入总额的确定方法。

资本 3 年平均增长率指标反映企业资本积累或资本扩张的历史状况，以及企业稳步发展的趋势。一般情况下，该指标值越大，说明企业所有者权益得到的保障程度越大，企业可以长期使用的资金越充足，抗风险和持续发展的能力越强。

【例 10-33】 根据表 10-2 资料,同时假定该公司 20×4 年年末所有者权益总额为 2 800 万元。该公司的资本 3 年平均增长率为:

$$资本3年平均增长率=\left(\sqrt[3]{\frac{4\ 100}{2\ 800}}-1\right)\times100\%=13.56\%$$

计算结果表明,该公司资本 3 年平均增长率为 13.56%,说明公司所有者权益得到的保障程度较高,抗风险和持续发展的能力较强。

3. 资本保值增值率

资本保值增值率是指所有者权益的期末总额与期初总额的比率,反映了企业当年资本在企业自身的努力下的实际增减变动情况。该指标也可作为评价企业财务效益状况的辅助指标。其计算公式为:

$$资本保值增值率=\frac{期末所有者权益总额}{期初所有者权益总额}\times100\%$$

一般情况下,资本保值增值率越高,表明企业的资本保全状况越好,所有者权益增长越快,债权人的债务越有保障,企业发展的后劲越足。该指标通常应大于 100%,如果小于 100%,则意味着所有者权益遭受损失,企业应给予充分的重视。

【例 10-34】 根据表 10-2 资料,同时假定该公司 20×5 年度的年末所有者权益总额为 3 000 万元。该公司 20×6 年度和 20×7 年度资本保值增值率为:

$$20\times6年度资本保值增值率=3\ 300\div3\ 000\times100\%=110\%$$

$$20\times7年度资本保值增值率=4\ 100\div3\ 300\times100\%=124.24\%$$

根据计算结果分析,该公司 20×6 年度和 20×7 年度资本保值增值率均大于 100%,并有一定的增长,表明该公司资本保值和增值状况良好。

(五) 技术投入增长能力分析

技术投入增长能力分析主要是评价企业对研究开发和技术创新的重视程度和投入情况,其指标主要是技术投入比率。

技术投入比率是企业本年科技支出与当年营业收入的比率。它反映企业在科技进步方面的投入,这在一定程度上也能体现出企业的发展潜力。其计算公式为:

$$技术投入比率=\frac{本年科技支出合计}{本年营业收入}\times100\%$$

其中,企业的科技支出一般包括研究开发、技术改造、科技创新和技术转让费等方面的支出。

一般情况下,该指标值越大,说明企业科技投入越多,其发展潜力越好,成长能力越强。

【例 10－35】 根据表 10-3 资料，同时假定该公司 20×6 年度和 20×7 年度的科技支出总额分别为 480 万元和 750 万元。该公司 20×6 年度和 20×7 年度的技术投入比率为：

$$20\times6\ 年度技术投入比率=480\div15\,000\times100\%=3.2\%$$
$$20\times7\ 年度技术投入比率=750\div11\,500\times100\%=6.52\%$$

计算结果表明，该公司 20×7 年度的技术投入比率比 20×6 年度增加一倍多，说明企业重视科技投入，未来可能会有良好的发展潜力。

五、社会贡献能力分析

社会贡献能力主要衡量企业对国家或社会贡献水平的高低，社会贡献能力越大，反映企业为国家和社会所作的贡献越大。社会贡献能力指标主要有社会贡献率和社会积累率等。

（一）社会贡献率

社会贡献率是企业社会贡献总额与平均资产总额的比率，它反映了企业占用社会经济资源所产生的社会经济效益大小，是社会进行资源有效配置的基本依据。其计算公式为：

$$社会贡献率=\frac{企业社会贡献总额}{企业平均资产总额}\times100\%$$

式中，社会贡献总额包括工资（含奖金、津贴等工资性收入）、社会保险费支出、公益救济性捐赠支出、利益支出净额、应交税金、净利润等。

一般情况下，社会贡献率指标值越大，说明企业对国家和社会的贡献越大，企业的社会声誉就越好。该项指标也能从侧面反映出企业盈利能力和发展能力的大小。

【例 10－36】 根据表 10-2 资料及[例 10-20]资料，同时假定该公司 20×6 年度和 20×7 年度的社会贡献总额分别为 3 600 万元和 2 400 万元。该公司 20×6 年度和 20×7 年度社会贡献率为：

$$20\times6\ 年度社会贡献率=3\,600\div[(4\,500+5\,200)\div2]\times100\%=74.23\%$$
$$20\times7\ 年度社会贡献率=2\,400\div[(5\,200+6\,400)\div2]\times100\%=41.38\%$$

计算结果表明，该公司 20×7 年度的社会贡献率比 20×6 年度下降幅度很大，说明公司对社会的贡献能力有较大下降，需要查明原因，改进管理，提高效益。

（二）社会积累率

社会积累率是企业上交国家财政总额与企业社会贡献总额的比率，它反映了企业社会贡献的积累程度。其计算公式为：

$$社会积累率=\frac{上交国家财政总额}{企业社会贡献总额}\times 100\%$$

其中，上交国家财政总额包括应交税金及政府非税收入等。

【例 10-37】 根据[例 10-36]资料，同时假定该公司 20×6 年度和 20×7 年度上交国家财政总额分别为 1 650 万元和 1 150 万元。该公司 20×6 年度和20×7 年度社会积累率为：

20×6 年度社会积累率＝1 650÷3 600×100％＝45.83％

20×7 年度社会积累率＝1 150÷2 400×100％＝47.92％

计算结果表明，该公司 20×7 年度的社会积累率比 20×6 年度有小幅上升，说明企业社会贡献的积累程度有所提高。

第四节 财务指标综合分析

一、财务指标综合分析的概念及特点

（一）财务指标综合分析概念

财务指标综合分析也称综合指标分析，就是将偿债能力、营运能力、盈利能力和发展能力等方面的指标分析纳入一个有机的整体之中，全面地对企业的财务状况和经营成果进行揭示与披露，最终评价企业经济效益的好坏。

（二）财务指标综合分析特点

财务指标综合分析的特点主要表现在对财务指标体系的要求上。而一个健全有效的综合财务指标体系应具备三个基本要素。

1. 指标要素要齐全

这是指所设计的评价指标体系能够涵盖企业偿债能力、营运能力、盈利能力和发展能力等方面的分析考核要求。

2. 主辅指标功能匹配

这里主要强调两个方面：①在确立偿债能力、营运能力、盈利能力和发展能力等方面评价指标的同时，进一步明晰各项指标在总体结构中的主辅地位。②不同范畴的主要考核指标所反映的经营成果、财务状况的不同侧面与不同层次的信息有机统一，应当能够全面而详实地揭示出企业经营理财的实绩。

3. 满足多方面信息需要

这要求评价指标体系必须能够提供多层次、全方位的信息资料，既能满足企业内部管理当局实施决策的需要，又能满足外部投资者和政府经济管理机构决策及宏观调控的需要。

二、杜邦财务分析体系法

财务指标综合分析的方法很多，其中应用比较广泛的有杜邦财务分析体系法和沃尔比重评分法。本书主要介绍杜邦财务分析体系法。

杜邦财务分析体系法是利用各项财务指标间的内在关系，对企业综合经营理财及经济效益进行系统分析评价的方法。它是美国杜邦公司的经理创造的，故称为杜邦财务分析体系法。该方法以净资产收益率为核心，将其分解为若干财务指标，通过分析各分解指标的变动对净资产收益率的影响来揭示企业的获利能力及其变动原因。杜邦财务分析体系如图 10-1 所示。

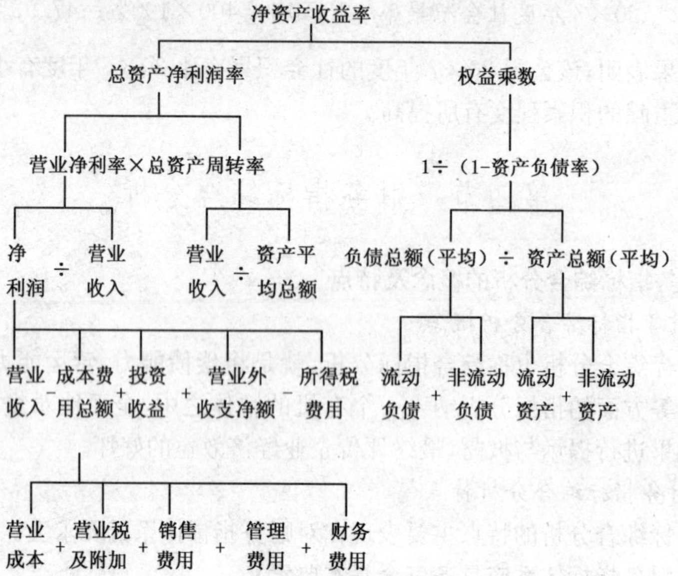

图 10-1　杜邦财务分析体系

杜邦财务分析体系各主要指标之间的关系为：

净资产收益率 = 总资产净利率 × 权益乘数 =
　　营业净利率 × 总资产周转率 × 权益乘数

其中：

营业净利率 = 净利润 ÷ 营业收入

总资产周转率 = 营业收入 ÷ 平均资产总额

权益乘数 = 资产总额 ÷ 所有者权益总额 = 1 ÷（1 − 资产负债率）

【例 10－38】 根据表 10-2、表 10-3 资料，杜邦财务分析体系各指标计算如下：

20×7 年度净资产收益率为 36.49%[例 10-23]

20×7 年度总资产净利率为 23.28%[例 10-22]

20×7 年度权益乘数＝1÷[1－(1 900＋2 300)÷2÷(5 200＋6 400)÷2]×100%＝1.567 6(因权益乘数是存量指标,而其他指标都是流量指标,为了计算口径一致,故在计算年度权益乘数时资产和负债应使用期初和期末平均数)

20×7 年营业净利率＝11.74%[例 10-18]

20×7 年总资产周转率为 1.983 次[例 10-15]

以上指标间的相互关系可验证为:

净资产收益率(36.49%)＝总资产净利率(23.28%)×权益乘数(1.567 6)＝营业净利率(11.74%)×总资产周转率(1.983)×权益乘数(1.567 6)

以上计算过程中,由于小数保留位数原因,有关指标计算结果可能会有微小的误差,属正常情况,不影响指标间相互关系验证。

上例中,杜邦财务分析体系就是把最具有综合性的指标进行层层分解,进而与历史水平相比较或与同行业先进水平相比较,可以指出存在什么问题或有哪些经验,即把净资产收益率发生升降变化的原因具体化以便及早作出改正决策。通过分析可以了解,要想提高净资产收益率,就必须通过扩大销售、降低成本来提高主营业务净利率;通过加速资产的周转来提高总资产周转率;通过改善资本结构来提高权益乘数,以防范风险,提高资产的流动性。

杜邦财务分析体系的指标设计也具有一定的局限性,它更偏重于企业所有者的利益。从杜邦财务分析体系来看,在其他因素不变的情况下,资产负债率越高,净资产收益率就越高。这是因为利用较多负债,可以利用财务杠杆作用的结果,但是没有考虑财务风险的因素,负债越多,财务风险越大,偿债压力越大。因此,还要结合其他指标综合分析。

本章小结

企业财务会计报告分析是以企业财务会计报告反映的财务指标为主要依据,对企业的财务状况和经营成果进行的评价和剖析。财务分析是企业财务管理的重要方法之一。不同的主体对财务分析的目的不同。财务分析的一般方法有趋势分析法、比率分析法和因素分析法。在实际工作中财务分析主要有财务指标一般分析和财务指标综合分析。财务指标一般分析包括企业偿债能力分析、营运能力分析、盈利能力分析、发展能力分析和社会贡献能力分析等。企业偿债能力分析包括短期偿债能力分析和长期偿债能力分析。前者主要有流动比率、速动比率、现金比率、现金流动负债比率等指标,后者主要有资产负债率、产权比率、权益乘数、已获利息倍数等指标。营运能力分析包括人力资源营运能力分析和生产资料营运能力分析,前者主要有劳动效率指标,后者主要有应收账款周转率、存货周转率、流动资产周转率、固定资产周转率和总资产周转率等指标。盈利能力分析包括经营盈利能力分析、资产盈利能力分析、资本盈利能力分析和收益质量分析。其中,经营盈利能力分析主要有营业毛利率、营业利润率、营业净利率、成本费用利润率等指标。资产盈利能力分析主要有总资产利润率、总资产报酬率、总资产净利率等指标。资本盈利能力分析主要有净资产收益率、资本收益率、每股收益、每股净资产、每股股利、市盈率等指标。收益质量分析的指标主要是盈余现金保障倍数。企业发展能力分析主要包括收入增长能力分析、盈利增长能力分析、资产增长能力分析、资本增长能力分析和技术投入增长能力分析。其中,收入增长能力分析主要有营业收入增长率和营业收入3年平均增长率指标。盈利增长能力分析主要有营业利润增长率和净利润增长率指标。资产增长能力分析主要有固定资产增长率和总资产增长率指标。资本增长能力分析主要有资本积累率、资本3年平均增长率和资本保值增值率等指标。技术投入增长能力分析的指标主要是技术投入比率。社会贡献能力分析的指标主要有社会贡献率和社会积累率。通过财务指标的一般分析,可以评价企业的财务状况、经营成果及资金利用效果。

财务指标综合分析也称综合指标分析,就是将偿债能力、营运能力、盈利能力和发展能力等方面的指标分析纳入一个有机的整体之中,全面地对企业的财务状况和经营成果进行揭示与披露,最终评价企业经济效益的好坏。它主要包括杜邦财务分析体系法和沃尔比重评分法等。杜邦财务分析体系法是以净资产收益率为核心,通过分析有关指标对该指标的影响来揭示企业获利能力及其变动原因。杜邦财务分析体系各主要指标之间的关系为:

$$\begin{matrix}\text{净资产}\\\text{收益率}\end{matrix} = \begin{matrix}\text{总资产}\\\text{净利率}\end{matrix} \times \text{权益乘数} = \text{营业净利率} \times \text{总资产周转率} \times \text{权益乘数}$$

复习思考题

1. 什么是财务会计报告分析？它有何作用？
2. 财务分析的一般方法有哪些？
3. 反映企业偿债能力的指标有哪些？如何计算？
4. 反映企业营运能力的指标有哪些？如何计算？
5. 反映企业盈利能力的指标有哪些？如何计算？
6. 反映企业发展能力的指标有哪些？如何计算？
7. 反映企业社会贡献能力的指标有哪些？如何计算？

8. 杜邦财务分析体系中包含的主要指标有哪些？其相互关系如何？

练 习 题

1. 甲公司年初存货为15 000元，年初应收账款为12 700元；年末流动比率为3.0，速动比率为1.3，存货周转率为4次，流动资产合计为27 000元。

要求：

(1) 计算公司的本年营业成本。

(2) 如果本年营业收入为96 000元，除应收账款外的速动资产忽略不计，其应收账款周转期为多少天？

2. 已知某公司2010年会计报表的有关资料如表10-4所示。

表10-4

2010年会计报表资料 单位：万元

资产负债表项目	年初数	年末数
资产	8 000	10 000
负债	4 500	6 000
所有者权益	3 500	4 000
利润表项目	上年数	本年数
营业收入	（略）	20 000
净利润	（略）	500

要求：

(1) 计算杜邦财务分析体系中的下列指标（凡计算指标涉及资产负债表项目数据的，均按平均数计算）：

① 净资产收益率。

② 总资产净利率（保留3位小数）。

③ 营业净利率。

④ 总资产周转率（保留3位小数）。

⑤ 权益乘数。

(2) 用文字列出净资产收益率与上述其他各项指标之间的关系式，并用本题数据加以验证。

案例分析题

资料：海南星亚公司20×7年度资产负债表和利润表如表10-5、表10-6所示。

表 10-5

资产负债表

编制单位:海南星亚公司　　20×7 年 12 月 31 日　　单位:万元

资　产	年初数	年末数	负债及所有者权益	年初数	年末数
流动资产:			流动负债:		
交易性金融资产	500	550	短期借款	1 800	2 100
短期投资	800	400	应付账款	1 100	1 300
应收账款	1 500	1 600	预收账款	300	200
预付账款	50	80	其他应付款	200	100
存货	4 200	4 600	流动负债合计	3 400	3 700
其他流动资产	50	100	非流动负债:		
流动资产合计	7 100	7 330	长期借款	22 000	22 000
非流动资产:			非流动负债合计	22 000	22 000
持有至到期投资	1 500	600	所有者权益:		
固定资产	32 000	33 000	实收资本	13 000	13 000
无形资产	500	870	盈余公积	1 500	1 600
非流动资产合计	34 000	34 470	未分配利润	1 200	1 500
			所有者权益合计	15 700	16 100
资产总计	41 100	41 800	负债及所有者权益合计	41 100	41 800

表 10-6

利　润　表

编制单位:海南星亚公司　　20×7 年度　　单位:万元

项　　目	上年数	本年数
一、营业收入	19 000	22 000
减:营业成本	10 000	11 200
营业税金及附加	1 560	1 800
销售费用	500	500
管理费用	900	1 000
财务费用	300	400
加:投资收益	500	600

（续表）

项　　目	上年数	本年数
二、营业利润	6 240	7 700
加：营业外收入	60	100
减：营业外支出	600	700
三、利润总额	5 700	7 600
减：所得税费用(25%)	1 425	1 900
四、净利润	4 275	5 700

假定公司的其他相关资料如下：

(1) 20×6 年度和 20×7 年度的经营现金净流量分别为 4 800 万元和 5 400 万元。

(2) 20×5 年度的年末资产总额为 38 000 万元、年末实收资本为 12 000 万元(无资本公积)、年末所有者权益总额为 15 000 万元。

(3) 20×4 年度的营业收入为 15 000 万元、年末所有者权益总额为 14 000 万元。

(4) 20×6 年度和 20×7 年度的科技支出总额分别为 680 万元和 900 万元。

(5) 20×6 年度和 20×7 年度的社会贡献总额分别为 18 000 万元和 22 000 万元。

(6) 20×6 年度和 20×7 年度上交国家财政总额分别为 3 200 万元和 4 000 万元。

要求：若你是公司财务人员，你如何运用财务指标一般分析法和财务指标综合分析法，对企业财务状况和经营成果进行评价。

第十一章　企业财务信息管理

【本章学习目的】 本章主要介绍了企业财务信息管理的相关内容，包括财务信息管理的基本概念、企业信息化财务管理、企业财务预警机制和企业财务信息内部公开制度。通过学习，要求了解企业财务信息管理的相关概念、特征以及财务管理信息化系统的特征，熟悉财务预警的基本概念和财务信息内部公开的相关内容，了解财务预警的定性与定量方法。

【本章关键词】 财务信息管理　信息化财务管理　财务预警　财务信息内部公开

第一节　企业财务信息管理概述

一、企业财务信息管理的概念

财务信息管理，是国家综合经济管理部门和企业经营者为提高决策水平和管理效率，运用现代信息技术和管理手段，对企业财务信息进行收集、整理、分析、预测和监督的活动。财务信息管理是企业财务管理的重要组成部分，理解财务信息管理的含义，应正确把握以下几点。

1. 财务信息管理主体

财务信息管理的主体是国家综合经济管理部门和企业经营者。国家综合经济管理部门是指财政部门，主要负责制定财务信息管理规章制度，对企业财务信息进行日常监督。企业经营者负责财务信息的编报工作，并对财务信息的真实性、完整性及合法性负责。

2. 财务信息管理对象

财务信息管理的对象是企业财务信息。企业信息分业务信息和财务信息两大类。业务信息反映企业经营全过程各类资源流入流出的情况，财务信息则以价值量形式反映业务信息。在实际工作中，企业财务信息与会计信息常常被混淆。实质上，两者既相互联系又有区别：会计信息是财务信息的主要来源；财务信息是对包括会计信息在内的信息进行“加工”后形成的反映企业业务活动价值形态的信息。

3. 财务信息管理的总目标

财务信息管理的总目标是提高决策水平和管理效率。具体讲，作为企业经营者主要是通过财务信息管理，提高决策能力，强化内部财务控制，提升企业价值；作为国家综合经济管理部门主要是利用财务信息进行宏观监管。

4. 财务信息管理手段

财务信息管理手段主要是运用现代信息处理技术和管理手段，包括计算机技术、信息处理技术和现代企业财务管理方法等。

二、企业财务信息管理的意义

企业财务信息管理是企业财务管理的基础和要素之一，具有涉及面广、综合性强等特点，它贯穿企业财务管理的全过程，加强企业财务信息管理具有十分重大的意义。

1. 有利于适应市场经济发展

进入20世纪以来，我国的市场经济已经有了较大的发展，企业通过及时转变财务信息管理理念和管理手段，建立灵敏的财务信息反馈机制，可以使自己在市场竞争中立于不败之地。

2. 有利于提高企业财务管理效率

随着世界经济的全球化，我国企业直接面对国际市场竞争，提高企业核心竞争力的一个重要手段就是实现信息全球化。企业运用先进的信息技术手段，可以改造企业固有的、落后的业务流程和财务运作模式，充分利用和挖掘自身优势，对企业资源进行合理有效地配置，不断提高企业财务管理效率。同时，信息化还可以提高企业人力资源的管理水平和员工的工作效率。

3. 有利于企业规范财务管理行为

实施信息化财务管理，企业可以利用网络实现财务监控和远程会计处理，借助财务管理软件开展基础性财务管理工作，这样能大大减少人为因素，逐步实现财务管理标准化、制度化和规范化。

4. 有利于企业控制财务风险

在市场经济条件下，企业必须在追求高利润的同时，加强对风险的防范和规避。通过加强财务信息管理，建立风险监控机制和预警机制，及时采取相应措施，可以有效规避和化解企业财务风险。

5. 有利于转变财政部门对企业财务管理的方式和方法

加强企业财务信息管理，也是财政部门实现企业财务管理事前预测、事中控制、事后监督职能的需要，是对企业财务管理由直接管理转向间接管理，由微观管理转向宏观管理，由行政干预转向依法管理的有效途径。

三、企业财务信息管理的原则

为了提高财务信息质量，建立和完善科学、高效的财务信息管理机制，应遵循以下原则。

1. 合法合规原则

财务信息管理应当符合《会计法》、《企业财务会计报告条例》等法律、法规以及国家统一制定的企业财务、会计制度的规定。

2. 真实及时原则

企业财务信息必须真实、准确、完整，并按规定及时向主管财政机关及有关各方提供财务信息资料，不得借口拖延。

3. 突出重点原则

财务信息管理应根据财务信息的重要程度，采用不同的管理方法，对影响财务信息真实性和可能误导财务信息使用者的重要财务信息，应当充分、准确地披露。

4. 便捷适用原则

财务信息管理必须具有方便、快捷、简单、适用等特点，并能满足有关各方的需要，提高财务信息利用效果。

5. 持续优化原则

实施财务信息化应该充分考虑现行管理体制的延续，寻找改进管理和管理现状的平衡点，充分认识财务管理信息系统建设的长期性、持续性，着力解决财务管理中最迫切的问题，按照先易后难原则，对现有管理模式有针对性的改进，在整体目标指导下，不断推进，达到持续优化、提升企业管理水平的目标。

6. 安全有效原则

企业对外提供财务信息，信息使用者使用财务信息，都应当依法采取切实有效的管理措施，确保财务信息安全，不得非法利用和传播企业财务信息。

四、企业财务信息管理的方法和手段

财务信息管理的方法和手段主要包括企业信息化财务管理、企业资源计划系统、财务预警、财务评价和企业内部财务控制有效性评估等方面内容。

1. 信息化财务管理

信息化财务管理是现代企业财务管理的发展方向，其内涵远远大于会计电算化。它要求企业优化业务流程，建立财务业务一体化信息处理系统。目前企业应根据实际逐步建立起财务和业务一体化的信息处理系统。

2. 企业资源计划系统

企业资源计划系统是现代企业普遍采用的一种企业信息化管理工具，目前，在我国部分企业已开始实施。

3. 财务预警

面对激烈竞争的市场，企业要有危机意识，建立财务预警机制，及时采取措施，化解财务危机。

4. 财务评价

现代企业财务目标是实现企业价值最大化，企业价值最大化不等于企业利润最大化。建立企业财务评价体系不仅是企业微观管理的需要，也是财政宏观管理的需要。因此，必须建立科学合理的企业财务评价体系，以客观公正反映企业经营状况和社会贡献。

5. 企业内部财务控制有效性评估

内部财务控制制度是企业自主开展财务活动的保障。目前，我国大部分企业内部财务控制不健全，因此必须要对企业内部财务控制制度的合法性、健全性和实效性进行评估，并对社会公布，以引导和督促企业建立健全内部财务控制制度。

第二节 企业信息化财务管理

一、企业信息化财务管理的概念

信息化财务管理，也称为网络财务管理，是指企业以现代计算机技术和信息处理技术为手段，以财务管理模型为基本方法，以会计信息系统和其他企业管理系统提供的数据为主要依据，对企业财务信息进行实时处理、预测、分析和判断的活动。其实质是全面实现财务、业务流程数字化和网络化，通过各种信息系统网络加工生成新的财务信息资源，对企业物流、资金流、信息流进行一体化的管理和集成运作，以提高企业整体决策能力和竞争能力。

二、企业信息化财务管理的作用

1. 通过信息化流程实现财务规范管理

企业通过应用管理软件，固化财务管理流程，减少人为控制，使各岗位人员的工作更加规范和高效。规范化的财务管理模式，消除了财务信息传递不规则的问题，能帮助企业提高业务处理效率和财务管理效益。

2. 通过网络化数据实现财务精确管理

对企业采购、库存、销售及相关的成本、费用、收入等提供及时、准确的信息，供有关方面查询。从资金的精确管理，到库存物料价值的准确分析，再到供应链的执行过程，进行信息化处理，实现企业财务的精确管理。

3. 通过信息化决策改善企业经营管理

企业通过运用一定的计算模型，对已信息化的原始财务数据进行科学的加工处理，从而起到对财务管理和决策的支持作用。对经营各环节的状况及时反馈和跟踪，对库存、销售、资金等关键环节进行预警，对关键业务的财务指标进行统计分析，提供企业整体运行的财务系统指标，为经营决策提供可靠的依据。信息化财务管理的作用与目标，如图 11-1 所示。

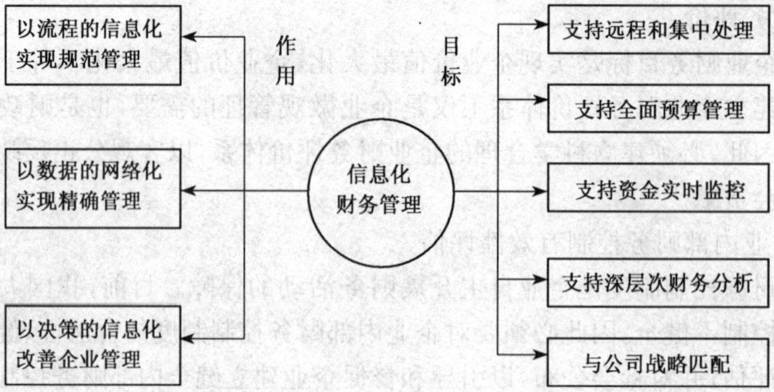

图 11-1　信息化财务管理的作用与目标

三、财务业务一体化信息处理系统

（一）财务业务一体化信息处理系统概念

财务业务一体化信息处理系统，也称为财务管理信息系统或者管理型财务软件，是将财务流程与经济业务流程有机融合，它系统集成了固定资产管理、采购管理、销售管理、存货管理等财务管理功能，并包含了对成本控制和人力资源管理的部分内容。

（二）财务业务一体化信息处理系统的特点

财务业务一体化系统不仅仅是一套软件系统，更重要的是它体现了当代先进的管理思想和经营理念，开启了会计信息化系统由核算型向管理型转变的过程。财务业务一体化系统取代传统的财务信息系统是会计信息化发展的必然趋势，代表了会计信息化未来发展的方向。

具体来说，财务业务一体化信息处理系统有以下特点。

1. 实时、同步的信息处理模式

在财务业务一体化条件下，会计信息的获取与业务的发生同步，会计核算从事后的静态处理发展为事中的动态处理，财务管理从静态管理走向动态管理，财务监控也从间歇性的监控到实现持续性的监控。

2. 各子系统的高度集成

在财务业务一体化条件下，系统内的业务子系统不再是独立的，系统通过物理的和逻辑的手段把业务子系统和财务信息系统集成在一起，所有的业务数据都“同出一门，集中存储”，不仅可以消除数据和信息冗余，生成包括财务信息在内的多元化信息，支持跨组织的财务信息交流，为决策者提供更全面而有效的信息，避免决策的片面性。

3. “业务驱动”的体系结构

财务业务一体化的基本思想是：在包括网络、数据库、管理软件平台等要素的

IT 环境下，通过流程再造，将企业经营中的三大主要流程，即业务流程、财务会计流程、管理流程有机融合，并将计算机的“事件驱动”概念引入流程设计中，建立基于业务驱动的财务业务一体化的信息处理流程，使财务数据和业务数据融为一体。在这种指导思想下，将企业的经营信息按照使用动机不同划分为若干种业务事件。当某一特定的经济业务发生时，相关的子系统将围绕着该项经济业务有序地进行各自的业务处理。在这种体系结构中，系统的运作是基于业务活动的，每一个业务活动都会先在有关的业务子系统中处理，进而触发财务信息系统进行与财务业务相关的业务处理。

通过系统集成，整合成一个统一管理、数据共享的有机整体，为各级管理职能部门及时提供管理、决策上所需要的信息，改变企业运行机制，提升企业的现代化管理水平。

（三）财务业务一体化信息处理系统功能结构

财务业务一体化信息处理系统的功能结构，由以下三个基本部分组成。

1. 财务部分

财务部分主要由总账核算（账务处理）、工资管理、固定资产管理、应付管理、应收管理、成本核算、资金管理和会计报表等子系统组成。这些子系统以总账系统为核心，为企业的会计核算和财务管理提供全面、详细的解决方案。

2. 购销存部分

购销存部分以库存核算和管理为核心，包括库存核算、库存管理、采购计划、采购管理和销售管理等子系统。购销存部分可以处理企业采购、销售与仓库管理等部门各环节的业务事项，有效改善库存的占用情况，控制采购环节的资金占用，加强应收账款的管理，尽可能避免坏账损失。

3. 管理分析部分

管理分析部分一般包括财务预算、财务分析、财务决策支持等子系统。

财务业务一体化信息处理系统功能结构与相关子系统的关系，如图 11-2 所示。

（四）财务业务一体化信息系统的实际应用

1. 财务应用方案

适用于希望解决企业会计核算与资金管理的企业。具体方案是：在总账及工资管理、固定资产管理子系统中完成日常财务核算。在报表系统编制有关的财务报表。在固定资产管理子系统中进行固定资产的日常管理及折旧的计提。在资金管理子系统中进行企业资金运作管理。在财务分析系统中制定各项成本、费用支出计划并进行相应的考核。

2. 整体应用方案

可以全面解决企业会计核算、资金管理和购销存管理的问题。系统的标准构

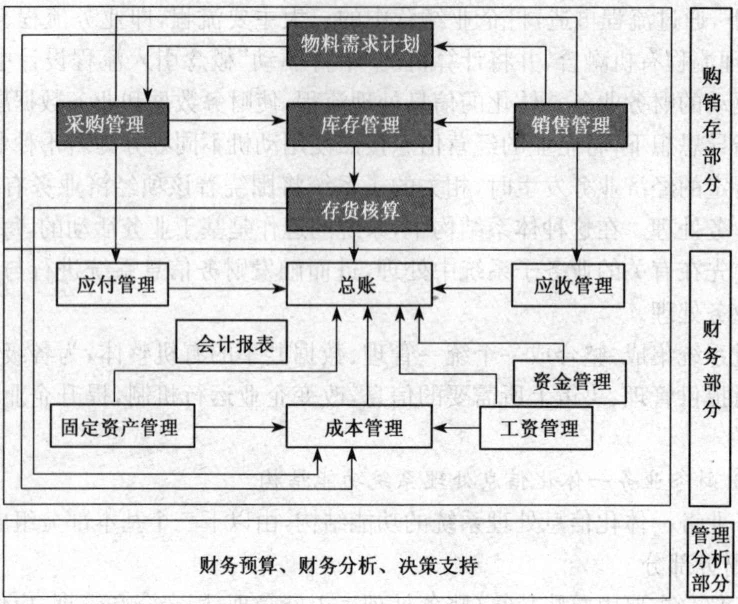

图 11-2 财务业务一体化信息处理系统功能结构

成包括财务应用方案中的各子系统及库存核算、库存管理、采购管理、销售管理、成本核算子系统。其扩展系统为采购计划子系统。具体方案是:在财务应用方案的基础上,针对企业的特点增加了处理购销存业务和成本核算相关的子系统,从而使财务系统与购销存业务处理系统集成运行,实现财务、业务相关信息一次处理和实时共享,提高财务管理效率。

第三节 企业资源计划系统

一、企业资源计划系统的概念

企业资源计划系统(简称 ERP)以业务流程为主线,以人、财、物等资源进行全面整合,是一种可以实现跨地区、跨部门甚至跨公司整合实时信息的企业管理信息系统,实质上是一种高度集成和标准化的企业管理系统。ERP 系统主要有财务管理、物流管理和人力资源管理等三大功能,在企业资源最优化配置的前提下,整合企业内部主要甚至所有的经营活动,包括财务会计、管理会计、生产计划管理、物料管理、销售与分销等主要功能模块,以达到效率化经营的目标。

二、企业资源计划系统与财务管理的关系

财务管理是 ERP 的核心模块和重要职能,财务信息系统一直是企业实施 ERP 时关注的重点。新一代 ERP 系统中,财务管理模块完成了从事后财务信息

的反映，到财务信息处理，再到多层次、全球化财务管理支持的转变；吸收了国际先进企业的财务管理实践，改善了财务管理流程。财务系统不仅在各模块充分集成，与供应链和生产制造等系统也达成了无缝集成；强调了面向业务流程的财务信息的收集、分析和控制；全面地提供财务管理信息，为战略决策和业务操作等各层次支持基于网络的财务信息处理和企业的全球化经营。

ERP状态下的企业资源整合的情况，如图11-3所示。

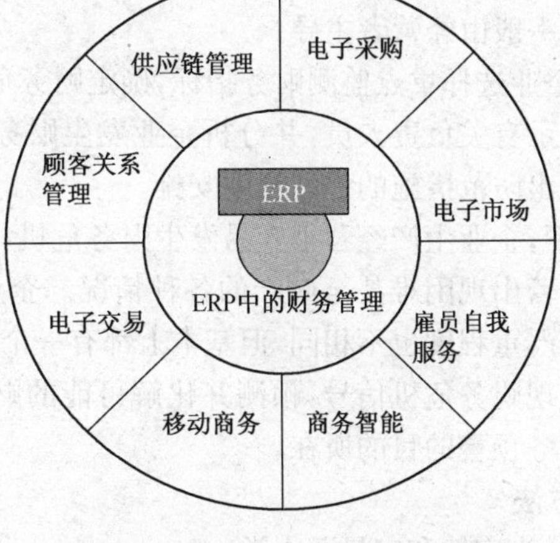

图11-3　ERP状态下的企业资源整合

三、实施企业资源计划系统的必要性

实施企业资源计划系统是企业适应经济全球化、信息全球化的需要，是适应市场经济发展的必然选择，是企业财务管理模式的重大变革。

1. 内部管理的要求

实施ERP可以实现关键数据的标准化、统一化，资源信息共享化，业务流程规范化，操作环节严密化，管理系统集成化，解决传统财务管理模式的缺点引发的一系列问题，合理配置和管理企业资源，强化资金管理，满足企业有效管理供应链，降低风险，完善财务评价体系等重要的内部管理要求。

2. 外部信息公开的要求

企业财务信息的外部使用者要求企业更全面、更精确、更严格地按照国际通行的标准，及时揭示其经营成果，披露财务信息。这一要求也促使企业对财务信息管理系统提出了更高的要求，而ERP的实施可以全面满足这一要求。

3. 企业持续健康发展的要求

企业以市场化发展为基本导向，以保护企业资源，提升企业价值为前提，要求运用信息技术手段对企业资源进行有效管理，以掌握企业资源，保证企业持续健康发展。

第四节　企业财务预警机制

一、财务预警机制的概念

财务预警就是利用财务指标度量企业财务状况偏离预警线的强弱程度、发出财务警戒信号的过程。企业经营者由于掌握的信息最多,使得其具有进行财务预警的先决条件,而且承担着受托责任,也使其有进行财务预警的动力和压力。因此,构建财务预警机制一般由经营者主导。

财务预警机制是企业选择重点监测财务指标,确定财务危机警戒标准,监测和发现财务危机,及时警示有关负责人员,并分析企业发生财务危机的原因、企业财务运行潜在的问题,提出防范措施的一种制度安排。

在市场经济条件下,企业生产经营很容易发生财务危机,即因无力支付到期债务或费用,导致企业经营出现困难甚至破产的各种情况。企业财务危机尽管形成的原因有多种,结果的严重程度也不相同,但基本上都有一个逐步恶化的过程。因此,企业应该及早地发现财务危机信号,预测并化解可能的财务危机,这就是建立财务预警机制,实施财务预警的目的所在。

二、财务预警的方法

财务预警的方法分为定性和定量两大类。

(一) 定性预警方法

定性分析法是依靠人们的主观分析判断进行财务预警分析的方法,比较典型的有“四阶段症状分析法”,即将财务危机区分为潜伏期、发作期、恶化期、实现期四个阶段,通过财务分析进行判断,如表 11-1 所示。此外,定性方法还常用标准化调查法(即风险分析调查法)、“3 个月资金周转表”分析法、流程图分析法、管理评分法等方法。定性分析法相对简单,但具有较强的主观性。

表 11-1

四阶段症状分析法

财务危机潜伏期	财务危机发作期	财务危机恶化期	财务危机实现期
销售额下降 销售额上升,利润额下降	自有资本不足 过分依赖,利息负担过重	经营者无心经营业务,专心于财务周转	负债超过资产,丧失偿付能力
企业资产流动性差	缺乏财务的预警作用	资金周转困难	宣布倒闭
资本结构不合理	债务拖延偿付	债务到期不支付	
财务信誉持续降低			
财务经营秩序混乱			

（二）定量预警方法

定量预警方法主要有以下几种。

1. 单变量分析方法

单变量分析方法，即运用单一变量、用个别财务比率来预测财务危机的方法。主要有以下三种：

（1）比率分析法。不同学者采用的比率不同。最典型的是1966年美国学者威廉·比弗(William Beaver)，通过比较研究1954—1964年期间的79个失败企业和相同数量相同资产规模的成功企业，认为预测财务危机能力最强的比率是现金流量与总负债之比（债务保障率），其次是净利润与总资产之比（净资产收益率），然后是总负债与总资产之比（资产负债率）；并且认为离失败日越近，误判率越低。比弗的研究开创了用统计方法建立财务预警模型的先河。

（2）利息及票据贴现费用判别分析法。这是日本经营咨询诊断专家田边升一提出的。该方法根据企业贷款利息和票据贴现费用占其销售额的百分比来判断企业的财务状况。不同企业标准不一样，具体判断标准如表11-2所示。

表11-2

企业状况变动表

利息及票据贴现费用占销售额的百分比(%)	制造业	3	5	7	10
	批发业	1	3	5	7
企业状况		健康型	维持现状型	缩小均衡型	倒闭型

（3）安全率分析法。即通过分析经营安全率和资金安全率来判断企业的财务状况。其计算公式为：

经营安全率＝安全边际额÷现有或预计销售额＝

（现有或预计销售额－保本销售额）÷现有或预计销售额

资金安全率＝资产变现率－资产负债率

资产变现率＝资产变现金额÷资产账面金额

这里的"资产变现金额"，是指企业立即处理其资产后可以收回的现金数。在计算资产变现值时，要根据资产负债表所列各项资产一一加以估算，例如，现金和银行存款可用账面金额作为变现金额；应收款项不仅要扣除坏账准备，还要将催收账款费用扣除后作为变现金额；存货则须把账面金额扣除一些呆滞和其他损失后作为资产变现金额；房屋及土地则可参考同类产品市价作为资产变现金额。

该方法是根据经营安全率、资金安全率是大于零，还是小于零来判断企业的财务状况。具体方法如图11-4所示。

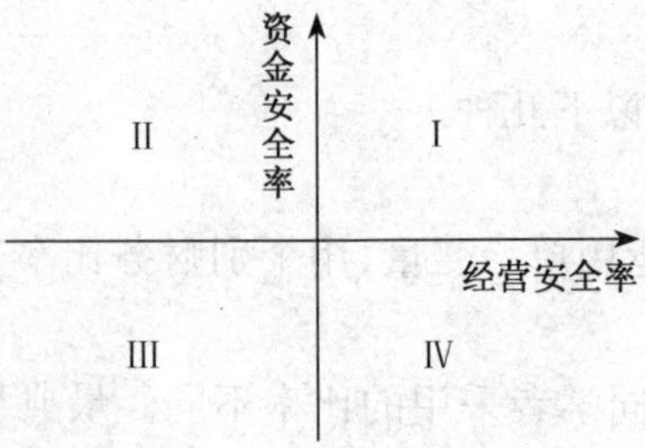

图 11-4　单变量分析方法

当两个指标落在第Ⅰ象限，即两个安全率指标均大于零时，表示企业经营状况良好，应该采取扩张策略；在第Ⅱ象限，即当资金安全率为正，而经营安全率小于零时，表示企业财务状况良好，但营销能力不足，应加强营销管理；当两个指标落在第Ⅲ象限，企业的两个安全率指标均小于零时，表明企业的经营已陷入危险的境地，随时有暴发财务危机的可能；在第Ⅳ象限，经营安全率大于零，而资金安全率小于零时，表示企业财务状况已露出险兆，应积极创造自有资金，改善企业的财务结构。

单变量分析尽管有效，但存在局限性。哪些是最重要的指标，不同的人分析结论不同；尽管对较长一段时期进行的单变量比率分析能说明企业正处于或将处于财务危机，但不能证明企业可能或何时破产；得出的结论可能会受到通货膨胀因素的影响；企业针对所分析变量，能够较容易地通过造假账等手段掩盖其实际财务状况。

2. 多变量分析方法

这类方法是通过建立多元函数来分析预测企业的财务危机。较典型的有 Z 计分模型和巴萨利模型。

(1) Z 计分模型。纽约大学斯特恩商学院教授爱德华·阿特曼(Edward Altman)，1968 年提出了"Z 计分模型"。它是基于会计数据和市场价值的信用风险模型，用以计量企业破产的可能性。其判别函数为：

$$Z = 0.012X_1 + 0.014X_2 + 0.033X_3 + 0.006X_4 + 0.999X_5$$

式中：Z 为判别函数值；X_1＝运营资本÷资产总额；X_2＝留存收益÷资产总额；X_3＝息税前利润÷总资产总额；X_4＝普通股和优先股市场价值总额÷负债的账面价值总额；X_5＝ 销售收入÷资产总额。

一般地，Z 值越低，企业越有可能发生破产。阿特曼提出了判断企业破产的临界值，如果企业的 Z 值大于 2.675，则企业财务状况良好，发生破产的可能性较小；如果小于 1.81，则企业存在很大的破产危险；如果处于 1.81～2.675 之间，企业的财务状况是极不稳定的，称为"灰色地带"。

Z 计分模型后，经理查德·托夫勒、霍华德·蒂斯哈等人进一步发展和完善。

1977年理查德·托夫勒对46家性质相同、规模大小一样的破产公司和有偿债能力的公司进行了对比，并依据调查结果将比率修改为以下四种：

(a)(税前利润÷平均流动负债)×权数

(b)(流动资产÷负债总额)×权数

(c)(流动负债÷总资产)×权数

(d) 现金交易间隔期×权数

前四个比率的总和即为Z计分值。如计分值为负值，则表明公司不景气，有破产风险。实践证明，这四个比率如配上适当的权数，其预测公司破产的准确性可达97.6%，但该模型的不足之处是权数难以确定。

(2) 巴萨利模型。巴萨利模型是后人在Z计分模型的基础上发展出来的，以其发明者亚历山大·巴萨利(Alexander Barthory)的名字命名，此模型适用于所有行业，且不需要复杂的计算。其各项比率如下：

(a)(税前利润＋折旧＋递延税)÷流动负债

(b) 股东利益÷流动负债

(c) 有形资产净值÷负债总额

(d) 营运资本÷总资产

(a)～(d)总和便是该模型的最终指数。低指数或负数均表明公司前景不妙。巴萨利模型是Z计分法更普遍的应用。据调查，巴萨利模型的准确率可达到95%。巴萨利模型的最大优点在于计算简单直接。同时，它还能衡量公司实力大小，模型指数高即说明公司实力强；反之则弱。

三、财务预警的应用

在实际应用时，企业可以从财务指标和财务报表结构两方面进行预警。

(一) 财务指标预警

企业在日常经营过程中，可通过观察现金流量、资产负债率、存货周转率等关键指标的变化，发现企业财务危机的征兆，如表11-3所示。

表11-3

判断企业财务危机的主要指标

财务比率	计算公式	危险公司的特征
到期债务本息偿付比率	经营活动现金净流量÷本期到期债务本金＋现金利息支出	该指标小于1
资产负债率	负债总额÷资产总额×100%	大幅度上升
流动比率	流动资产÷流动负债×100%	降到150%以下 (流动比率的警戒标准因企业而异，150%仅是参考值)

（续表）

财务比率	计算公式	危险公司的特征
自有资本比率	自有资本÷总资本×100％	大幅度降低
存货周转率	销售成本÷平均存货	大幅度下降
应收账款周转率	销售净额÷应收账款平均余额	大幅度下降

注：大幅上升或下降，通常是指20％以上，因企业而异。

（二）财务报表预警

财务报表能够反映企业在一定日期的财务状况和一定时期内的经营成果。由此，可从报表各项目的结构判断企业的安全状况。一般按照资产负债表的平衡关系，可以将企业的财务状况分为稳健型、风险型和危机型三种类型。如表11-4、表11-5和表11-6、表11-7所示。

表11-4

稳健型资产负债简表

流动资产	流动负债
	长期负债
非流动资产	所有者权益

表11-5

风险型资产负债简表

流动资产	流动负债
非流动资产	
	长期负债
	所有者权益

表11-6

危机型资产负债简表(a)

流动资产	流动负债
非流动资产	长期负债
	所有者权益
	未弥补亏损

表 11-7

危机型资产负债简表(b)

流动资产	流动负债
非流动资产	长期负债
	未弥补亏损

表 11-4 表示:流动资产由流动负债和长期负债资金来源满足其需要,非流动资产的资金由权益资本满足其需要,这种资产来源结构无法偿还到期债务的风险较低。表 11-5 表示:流动负债不仅融通全部流动资产的资金需要,还要解决部分长期资产(非流动资产)的资金需要,流动负债的比重较大,这种资金来源结构偿债风险较高。表 11-6(a)表示:亏损已经将一部分资本吃掉,因此可认为该公司处于危险的状态。表 11-7(b)表示:亏损不仅吃掉了全部的资本,而且把负债的一部分也吃掉了,这种公司属于资不抵债的公司,公司即将破产。

第五节　企业财务信息内部公开制度

一、企业财务信息内部公开的概念

财务信息内部公开是企业为了维护职工的合法权益,将涉及职工利益的财务信息,在规定时间内、以一定方式向职工公布。企业应当在内部公开的财务信息,主要是国家有关法律法规和政策明确要求公开的事项,包括涉及职工劳动报酬、福利待遇的政策信息,国有及国有控股企业、集体企业实行民主管理所需的财务信息等。

二、企业财务信息内部公开的作用

企业财务信息内部公开的作用主要体现在以下几个方面:

(1) 有利于保护企业职工的合法权益。将涉及职工利益的信息通过一定方式向职工公开,使职工做到心中有数,有利于贯彻落实国家法律法规及政策的规定。

(2) 有利于增强职工民主意识,调动职工积极性。群众直接了解与自己切身利益相关的信息,能够增强民主参与意识,体现了职工的主人翁地位。财务信息内部公开可以增强职工自我管理、自我服务的意识,有利于提高企业劳动生产率。

(3) 有利于发挥职工的监督作用。财务信息内部公开可以增强生产和经营的透明度,体现了科学理财、民主理财的思想,有利于职工参与企业管理,强化了群众监督机制,提高企业管理水平。

三、企业财务信息内部公开需要注意的问题

企业在建立、完善和实施财务信息内部公开制度的过程中,应注意处理好以下

问题：

（1）正确处理财务信息公开与保护国家秘密和企业商业机密的关系。正确处理这一关系的关键在于把握好财务信息公开的范围，保证财务信息公开带来的好处，避免财务信息公开对企业产生的不利影响。对于相关法律和法规规定必须公开的内容，要如实向职工公开。

（2）建立和完善财务信息内部公开机制、企业应建立和完善财务信息内部公开机制，保障企业职工行使知情权、参与权和监督权。企业不能把财务信息公开当成临时任务，走过场、走形式，隐瞒职工真正关心的财务信息，以保密为由而实际暗箱操作。上市公司不仅要按照中国证监会的规定，向社会公开披露企业财务信息，也应当遵循有关法律法规规定，向公司职工公开相关财务信息。

（3）加强民主理财制度建设。国有及国有控股企业、集体企业应加强民主理财制度建设，实行民主决策，向职工公开经营者报酬实施方案及其职务消费信息、年报审计情况、企业重组涉及的资产评估及处置情况等重大财务事项。

本章小结

财务信息管理，是国家综合经济管理部门和企业经营者为提高决策水平和管理效率，运用现代信息技术和管理手段，对企业财务信息进行收集、整理、分析、预测和监督的活动。加强企业财务信息管理，对提高企业财务管理效率、规范财务管理行为、控制风险、增强企业市场竞争力等方面具有重要意义。为提高财务信息质量，建立和完善科学、高效的财务信息管理机制，财务信息管理应遵循一定的原则，采用科学的方法和手段。财务信息管理的方法和手段主要有企业信息化财务管理、企业资源计划系统、财务预警、财务评价和企业内部财务控制有效性评估等方面内容。企业可以结合经营特点，优化业务流程，建立财务和业务一体化的信息处理系统，在此基础上，实行企业资源计划系统（ERP）。市场经济条件下，企业生产经营很容易发生财务危机，因此应构建财务预警机制，监测和发现财务危机，分析问题，提出防范措施。财务预警的方法主要有定性和定量两大类，其中，定量预警方法又包括单变量分析方法和多变量分析方法。为维护职工的合法权益，企业应当在年度内定期向职工公开涉及职工利益的财务信息，包括涉及职工劳动报酬、福利待遇及企业民主管理需要的财务信息。

复习思考题

1. 什么是企业财务信息管理？加强企业财务信息管理的意义有哪些？
2. 企业财务信息管理的原则有哪些？
3. 什么是财务业务一体化信息处理系统？它有哪些特点？

4. 什么是企业资源计划系统？它与财务管理的关系如何？

5. 什么是财务预警？它有哪些方法？

6. 如何用“Z计分模型”估测企业的财务风险？

7. 如何用“巴萨利模型”估测企业的财务风险？

8. 什么是企业财务信息内部公开制度？它有哪些作用？

附录

附表一 **1元复利**

期数	1%	2%	3%	4%	5%	6%	7%	8%	9%	10%
1	1.010 0	1.020 0	1.030 0	1.040 0	1.050 0	1.060 0	1.070 0	1.080 0	1.090 0	1.100 0
2	1.020 1	1.040 4	1.060 9	1.081 6	1.102 5	1.123 6	1.144 9	1.166 4	1.188 1	1.210 0
3	1.030 3	1.061 2	1.092 7	1.124 9	1.157 6	1.191 0	1.225 0	1.259 7	1.295 0	1.331 0
4	1.040 6	1.082 4	1.125 5	1.169 9	1.215 5	1.262 5	1.310 8	1.360 5	1.411 6	1.464 1
5	1.051 0	1.104 1	1.159 3	1.216 7	1.276 3	1.338 2	1.402 6	1.469 3	1.538 6	1.610 5
6	1.061 5	1.126 2	1.194 1	1.265 3	1.340 1	1.418 5	1.500 7	1.586 9	1.677 1	1.771 6
7	1.072 1	1.148 7	1.229 9	1.315 9	1.407 1	1.503 6	1.605 8	1.713 8	1.828 0	1.948 7
8	1.082 9	1.171 7	1.266 8	1.368 6	1.477 5	1.593 8	1.718 2	1.850 9	1.992 6	2.143 6
9	1.093 7	1.195 1	1.304 8	1.423 3	1.551 3	1.689 5	1.838 5	1.999 0	2.171 9	2.357 9
10	1.104 6	1.219 0	1.343 9	1.480 2	1.628 9	1.790 8	1.967 2	2.158 9	2.367 4	2.593 7
11	1.115 7	1.243 4	1.384 2	1.539 5	1.710 3	1.898 3	2.104 9	2.331 6	2.580 4	2.853 1
12	1.126 8	1.268 2	1.425 8	1.601 0	1.795 9	2.012 2	2.252 2	2.518 2	2.812 7	3.138 4
13	1.138 1	1.293 6	1.468 5	1.665 1	1.885 6	2.132 9	2.409 8	2.719 6	3.065 8	3.452 3
14	1.149 5	1.319 5	1.512 6	1.731 7	1.979 9	2.260 9	2.578 5	2.937 2	3.341 7	3.797 5
15	1.161 0	1.345 9	1.558 0	1.800 9	2.078 9	2.396 6	2.759 0	3.172 2	3.642 5	4.177 2
16	1.172 6	1.372 8	1.604 7	1.873 0	2.182 9	2.540 4	2.952 2	3.425 9	3.970 3	4.595 0
17	1.184 3	1.400 2	1.652 8	1.947 9	2.292 0	2.692 8	3.158 8	3.700 0	4.327 6	5.054 5
18	1.196 1	1.428 2	1.702 4	2.025 8	2.406 6	2.854 3	3.379 9	3.996 0	4.717 1	5.559 9
19	1.208 1	1.456 8	1.753 5	2.106 8	2.527 0	3.025 6	3.616 5	4.315 7	5.141 7	6.115 9
20	1.220 2	1.485 9	1.806 1	2.191 1	2.653 3	3.207 1	3.869 7	4.661 0	5.604 4	6.727 5
21	1.232 4	1.515 7	1.860 3	2.278 8	2.786 0	3.399 6	4.140 6	5.033 8	6.108 8	7.400 2
22	1.244 7	1.546 0	1.916 1	2.369 9	2.925 3	3.603 5	4.430 4	5.436 5	6.658 6	8.140 3
23	1.257 2	1.576 9	1.973 6	2.464 7	3.071 5	3.819 7	4.740 5	5.871 5	7.257 9	8.954 3
24	1.269 7	1.608 4	2.032 8	2.563 3	3.225 1	4.048 9	5.072 4	6.341 2	7.911 1	9.849 7
25	1.282 4	1.640 6	2.093 8	2.665 8	3.386 4	4.291 9	5.427 4	6.848 5	8.623 1	10.835
26	1.295 3	1.673 4	2.156 6	2.772 5	3.555 7	4.549 4	5.807 4	7.396 4	9.399 2	11.918
27	1.308 2	1.706 9	2.221 3	2.883 4	3.733 5	4.822 3	6.213 9	7.988 1	10.245	13.110
28	1.321 3	1.741 0	2.287 9	2.998 7	3.920 1	5.111 7	6.648 8	8.627 1	11.167	14.421
29	1.334 5	1.775 8	2.356 6	3.118 7	4.116 1	5.418 4	7.114 3	9.317 3	12.172	15.863
30	1.347 8	1.811 4	2.427 3	3.243 4	4.321 9	5.743 5	7.612 3	10.063	13.268	17.449
40	1.488 9	2.208 0	3.262 0	4.801 0	7.040 0	10.286	14.974	21.725	31.409	45.259
50	1.644 6	2.691 6	4.383 9	7.106 7	11.467	18.420	29.457	46.902	74.358	117.39
60	1.816 7	3.281 0	5.891 6	10.520	18.679	32.988	57.946	101.26	176.03	304.48

终值表

12%	14%	15%	16%	18%	20%	24%	28%	32%	36%
1.120 0	1.140 0	1.150 0	1.160 0	1.180 0	1.200 0	1.240 0	1.280 0	1.320 0	1.360 0
1.254 4	1.299 6	1.322 5	1.345 6	1.392 4	1.440 0	1.537 6	1.638 4	1.742 4	1.849 6
1.404 9	1.481 5	1.520 9	1.560 9	1.643 0	1.728 0	1.906 6	2.097 2	2.300 0	2.515 5
1.573 5	1.689 0	1.749 0	1.810 6	1.938 8	2.073 6	2.364 2	2.684 4	3.036 0	3.421 0
1.762 3	1.925 4	2.011 4	2.100 3	2.287 8	2.488 3	2.931 6	3.436 0	4.007 5	4.652 6
1.973 8	2.195 0	2.313 1	2.436 4	2.699 6	2.986 0	3.635 2	4.398 0	5.289 9	6.327 5
2.210 7	2.502 3	2.660 0	2.826 2	3.185 5	3.583 2	4.507 7	5.629 5	6.982 6	8.605 4
2.476 0	2.852 6	3.059 0	3.278 4	3.758 9	4.299 8	5.589 5	7.205 8	9.217 0	11.703
2.773 1	3.251 9	3.517 9	3.803 0	4.435 5	5.159 8	6.931 0	9.223 4	12.166	15.917
3.105 8	3.707 2	4.045 6	4.411 4	5.233 8	6.191 7	8.594 4	11.806	16.060	21.647
3.478 5	4.226 2	4.652 4	5.117 3	6.175 9	7.430 1	10.657	15.112	21.199	29.439
3.896 0	4.817 9	5.350 3	5.936 0	7.287 6	8.916 1	13.215	19.343	27.983	40.037
4.363 5	5.492 4	6.152 8	6.885 8	8.599 4	10.699	16.386	24.759	36.937	54.451
4.887 1	6.261 3	7.075 7	7.987 5	10.147	12.839	20.319	31.691	48.757	74.053
5.473 6	7.137 9	8.137 1	9.265 5	11.974	15.407	25.196	40.565	64.359	100.71
6.130 4	8.137 2	9.357 6	10.748	14.129	18.488	31.243	51.923	84.954	136.97
6.866 0	9.276 5	10.761	12.468	16.672	22.186	38.741	66.461	112.14	186.28
7.690 0	10.575	12.375	14.463	19.673	26.623	48.039	85.071	148.02	253.34
8.612 8	12.056	14.232	16.777	23.214	31.948	59.568	108.89	195.39	344.54
9.646 3	13.743	16.367	19.461	27.393	38.338	73.864	139.38	257.92	468.57
10.804	15.668	18.822	22.574	32.324	46.005	91.592	178.41	340.45	637.26
12.100	17.861	21.645	26.186	38.142	55.206	113.57	228.36	449.39	866.67
13.552	20.362	24.891	30.376	45.008	66.247	140.83	292.30	593.20	1 178.7
15.179	23.212	28.625	35.236	53.109	79.497	174.63	374.14	783.02	1 603.0
17.000	26.462	32.919	40.874	62.669	95.396	216.54	478.90	1 033.6	2 180.1
19.040	30.167	37.857	47.414	73.949	114.48	268.51	613.00	1 364.3	2 964.9
21.325	34.390	43.535	55.000	87.260	137.37	332.95	784.64	1 800.9	4 032.3
23.884	39.204	50.066	63.800	102.97	164.84	412.86	1 004.3	2 377.2	5 483.9
26.750	44.693	57.575	74.009	121.50	197.81	511.95	1 285.6	3 137.9	7 458.1
29.960	50.950	66.212	85.850	143.37	237.38	634.82	1 645.5	4 142.1	10 143
93.051	188.88	267.86	378.72	750.38	1 469.8	5 455.9	19 427	66 521	*
289.00	700.23	1 083.7	1 670.7	3 927.4	9 100.4	46 890	*	*	*
897.60	2 595.9	4 384.0	7 370.2	20 555	56 348	*	*	*	*

* > 99 999

附表二 **1元复利**

期数	1%	2%	3%	4%	5%	6%	7%	8%	9%	10%
1	0.990 1	0.980 4	0.970 9	0.961 5	0.952 4	0.943 4	0.934 6	0.925 9	0.917 4	0.909 1
2	0.980 3	0.961 2	0.942 6	0.924 6	0.907 0	0.890 0	0.873 4	0.857 3	0.841 7	0.826 4
3	0.970 6	0.942 3	0.915 1	0.889 0	0.863 8	0.839 6	0.816 3	0.793 8	0.772 2	0.751 3
4	0.961 0	0.923 8	0.888 5	0.854 8	0.822 7	0.792 1	0.762 9	0.735 0	0.708 4	0.683 0
5	0.951 5	0.905 7	0.862 6	0.821 9	0.783 5	0.747 3	0.713 0	0.680 6	0.649 9	0.620 9
6	0.942 0	0.888 0	0.837 5	0.790 3	0.746 2	0.705 0	0.666 3	0.630 2	0.596 3	0.564 5
7	0.932 7	0.870 6	0.813 1	0.759 9	0.710 7	0.665 1	0.622 7	0.583 5	0.547 0	0.513 2
8	0.923 5	0.853 5	0.789 4	0.730 7	0.676 8	0.627 4	0.582 0	0.540 3	0.501 9	0.466 5
9	0.914 3	0.836 8	0.766 4	0.702 6	0.644 6	0.591 9	0.543 9	0.500 2	0.460 4	0.424 1
10	0.905 3	0.820 3	0.744 1	0.675 6	0.613 9	0.558 4	0.508 3	0.463 2	0.422 4	0.385 5
11	0.896 3	0.804 3	0.722 4	0.649 6	0.584 7	0.526 8	0.475 1	0.428 9	0.387 5	0.350 5
12	0.887 4	0.788 5	0.701 4	0.624 6	0.556 8	0.497 0	0.444 0	0.397 1	0.355 5	0.318 6
13	0.878 7	0.773 0	0.681 0	0.600 6	0.530 3	0.468 8	0.415 0	0.367 7	0.326 2	0.289 7
14	0.870 0	0.757 9	0.661 1	0.577 5	0.505 1	0.442 3	0.387 8	0.340 5	0.299 2	0.263 3
15	0.861 3	0.743 0	0.641 9	0.555 3	0.481 0	0.417 3	0.362 4	0.315 2	0.274 5	0.239 4
16	0.852 8	0.728 4	0.623 2	0.533 9	0.458 1	0.393 6	0.338 7	0.291 9	0.251 9	0.217 6
17	0.844 4	0.714 2	0.605 0	0.513 4	0.436 3	0.371 4	0.316 6	0.270 3	0.231 1	0.197 8
18	0.836 0	0.700 2	0.587 4	0.493 6	0.415 5	0.350 3	0.295 9	0.250 2	0.212 0	0.179 9
19	0.827 7	0.686 4	0.570 3	0.474 6	0.395 7	0.330 5	0.276 5	0.231 7	0.194 5	0.163 5
20	0.819 5	0.673 0	0.553 7	0.456 4	0.376 9	0.311 8	0.258 4	0.214 5	0.178 4	0.148 6
21	0.811 4	0.659 8	0.537 5	0.438 8	0.358 9	0.294 2	0.241 5	0.198 7	0.163 7	0.135 1
22	0.803 4	0.646 8	0.521 9	0.422 0	0.341 8	0.277 5	0.225 7	0.183 9	0.150 2	0.122 8
23	0.795 4	0.634 2	0.506 7	0.405 7	0.325 6	0.261 8	0.210 9	0.170 3	0.137 8	0.111 7
24	0.787 6	0.621 7	0.491 9	0.390 1	0.310 1	0.247 0	0.197 1	0.157 7	0.126 4	0.101 5
25	0.779 8	0.609 5	0.477 6	0.375 1	0.295 3	0.233 0	0.184 2	0.146 0	0.116 0	0.092 3
26	0.772 0	0.597 6	0.463 7	0.360 7	0.281 2	0.219 8	0.172 2	0.135 2	0.106 4	0.083 9
27	0.764 4	0.585 9	0.450 2	0.346 8	0.267 8	0.207 4	0.160 9	0.125 2	0.097 6	0.076 3
28	0.756 8	0.574 4	0.437 1	0.333 5	0.255 1	0.195 6	0.150 4	0.115 9	0.089 5	0.069 3
29	0.749 3	0.563 1	0.424 3	0.320 7	0.242 9	0.184 6	0.140 6	0.107 3	0.082 2	0.063 0
30	0.741 9	0.552 1	0.412 0	0.308 3	0.231 4	0.174 1	0.131 4	0.099 4	0.075 4	0.057 3
35	0.705 9	0.500 0	0.355 4	0.253 4	0.181 3	0.130 1	0.093 7	0.067 6	0.049 0	0.035 6
40	0.671 7	0.452 9	0.306 6	0.208 3	0.142 0	0.097 2	0.066 8	0.046 0	0.031 8	0.022 1
45	0.639 1	0.410 2	0.264 4	0.171 2	0.111 3	0.072 7	0.047 6	0.031 3	0.020 7	0.013 7
50	0.608 0	0.371 5	0.228 1	0.140 7	0.087 2	0.054 3	0.033 9	0.021 3	0.013 4	0.008 5
55	0.578 5	0.336 5	0.196 8	0.115 7	0.068 3	0.040 6	0.024 2	0.014 5	0.008 7	0.005 3

现值表

12%	14%	15%	16%	18%	20%	24%	28%	32%	36%
0.892 9	0.877 2	0.869 6	0.862 1	0.847 5	0.833 3	0.806 5	0.781 3	0.757 6	0.735 3
0.797 2	0.769 5	0.756 1	0.743 2	0.718 2	0.694 4	0.650 4	0.610 4	0.573 9	0.540 7
0.711 8	0.675 0	0.657 5	0.640 7	0.608 6	0.578 7	0.524 5	0.476 8	0.434 8	0.397 5
0.635 5	0.592 1	0.571 8	0.552 3	0.515 8	0.482 3	0.423 0	0.372 5	0.329 4	0.292 3
0.567 4	0.519 4	0.497 2	0.476 1	0.437 1	0.401 9	0.341 1	0.291 0	0.249 5	0.214 9
0.506 6	0.455 6	0.432 3	0.410 4	0.370 4	0.334 9	0.275 1	0.227 4	0.189 0	0.158 0
0.452 3	0.399 6	0.375 9	0.353 8	0.313 9	0.279 1	0.221 8	0.177 6	0.143 2	0.116 2
0.403 9	0.350 6	0.326 9	0.305 0	0.266 0	0.232 6	0.178 9	0.138 8	0.108 5	0.085 4
0.360 6	0.307 5	0.284 3	0.263 0	0.225 5	0.193 8	0.144 3	0.108 4	0.082 2	0.062 8
0.322 0	0.269 7	0.247 2	0.226 7	0.191 1	0.161 5	0.116 4	0.084 7	0.062 3	0.046 2
0.287 5	0.236 6	0.214 9	0.195 4	0.161 9	0.134 6	0.093 8	0.066 2	0.047 2	0.034 0
0.256 7	0.207 6	0.186 9	0.168 5	0.137 2	0.112 2	0.075 7	0.051 7	0.035 7	0.025 0
0.229 2	0.182 1	0.162 5	0.145 2	0.116 3	0.093 5	0.061 0	0.040 4	0.027 1	0.018 4
0.204 6	0.159 7	0.141 3	0.125 2	0.098 5	0.077 9	0.049 2	0.031 6	0.020 5	0.013 5
0.182 7	0.140 1	0.122 9	0.107 9	0.083 5	0.064 9	0.039 7	0.024 7	0.015 5	0.009 9
0.163 1	0.122 9	0.106 9	0.093 0	0.070 8	0.054 1	0.032 0	0.019 3	0.011 8	0.007 3
0.145 6	0.107 8	0.092 9	0.080 2	0.060 0	0.045 1	0.025 8	0.015 0	0.008 9	0.005 4
0.130 0	0.094 6	0.080 8	0.069 1	0.050 8	0.037 6	0.020 8	0.011 8	0.006 8	0.003 9
0.116 1	0.082 9	0.070 3	0.059 6	0.043 1	0.031 3	0.016 8	0.009 2	0.005 1	0.002 9
0.103 7	0.072 8	0.061 1	0.051 4	0.036 5	0.026 1	0.013 5	0.007 2	0.003 9	0.002 1
0.092 6	0.063 8	0.053 1	0.044 3	0.030 9	0.021 7	0.010 9	0.005 6	0.002 9	0.001 6
0.082 6	0.056 0	0.046 2	0.038 2	0.026 2	0.018 1	0.008 8	0.004 4	0.002 2	0.001 2
0.073 8	0.049 1	0.040 2	0.032 9	0.022 2	0.015 1	0.007 1	0.003 4	0.001 7	0.000 8
0.065 9	0.043 1	0.034 9	0.028 4	0.018 8	0.012 6	0.005 7	0.002 7	0.001 3	0.000 6
0.058 8	0.037 8	0.030 4	0.024 5	0.016 0	0.010 5	0.004 6	0.002 1	0.001 0	0.000 5
0.052 5	0.033 1	0.026 4	0.021 1	0.013 5	0.008 7	0.003 7	0.001 6	0.000 7	0.000 3
0.046 9	0.029 1	0.023 0	0.018 2	0.011 5	0.007 3	0.003 0	0.001 3	0.000 6	0.000 2
0.041 9	0.025 5	0.020 0	0.015 7	0.009 7	0.006 1	0.002 4	0.001 0	0.000 4	0.000 2
0.037 4	0.022 4	0.017 4	0.013 5	0.008 2	0.005 1	0.002 0	0.000 8	0.000 3	0.000 1
0.033 4	0.019 6	0.015 1	0.011 6	0.007 0	0.004 2	0.001 6	0.000 6	0.000 2	0.000 1
0.018 9	0.010 2	0.007 5	0.005 5	0.003 0	0.001 7	0.000 5	0.000 2	0.000 1	*
0.010 7	0.005 3	0.003 7	0.002 6	0.001 3	0.000 7	0.000 2	0.000 1	*	*
0.006 1	0.002 7	0.001 9	0.001 3	0.000 6	0.000 3	0.000 1	*	*	*
0.003 5	0.001 4	0.000 9	0.000 6	0.000 3	0.000 1	*	*	*	*
0.002 0	0.000 7	0.000 5	0.000 3	0.000 1	*	*	*	*	*

＊＜.0001

附表三 **1元年金**

期数	1%	2%	3%	4%	5%	6%	7%	8%	9%	10%
1	1.000 0	1.000 0	1.000 0	1.000 0	1.000 0	1.000 0	1.000 0	1.000 0	1.000 0	1.000 0
2	2.010 0	2.020 0	2.030 0	2.040 0	2.050 0	2.060 0	2.070 0	2.080 0	2.090 0	2.100 0
3	3.030 1	3.060 4	3.090 9	3.121 6	3.152 5	3.183 6	3.214 9	3.246 4	3.278 1	3.310 0
4	4.060 4	4.121 6	4.183 6	4.246 5	4.310 1	4.374 6	4.439 9	4.506 1	4.573 1	4.641 0
5	5.101 0	5.204 0	5.309 1	5.416 3	5.525 6	5.637 1	5.750 7	5.866 6	5.984 7	6.105 1
6	6.152 0	6.308 1	6.468 4	6.633 0	6.801 9	6.975 3	7.153 3	7.335 9	7.523 3	7.715 6
7	7.213 5	7.434 3	7.662 5	7.898 3	8.142 0	8.393 8	8.654 0	8.922 8	9.200 4	9.487 2
8	8.285 7	8.583 0	8.892 3	9.214 2	9.549 1	9.897 5	10.260	10.637	11.028	11.436
9	9.368 5	9.754 6	10.159	10.583	11.027	11.491	11.978	12.488	13.021	13.579
10	10.462	10.950	11.464	12.006	12.578	13.181	13.816	14.487	15.193	15.937
11	11.567	12.169	12.808	13.486	14.207	14.972	15.784	16.645	17.560	18.531
12	12.683	13.412	14.192	15.026	15.917	16.870	17.888	18.977	20.141	21.384
13	13.809	14.680	15.618	16.627	17.713	18.882	20.141	21.495	22.953	24.523
14	14.947	15.974	17.086	18.292	19.599	21.015	22.550	24.215	26.019	27.975
15	16.097	17.293	18.599	20.024	21.579	23.276	25.129	27.152	29.361	31.772
16	17.258	18.639	20.157	21.825	23.657	25.673	27.888	30.324	33.003	35.950
17	18.430	20.012	21.762	23.698	25.840	28.213	30.840	33.750	36.974	40.545
18	19.615	21.412	23.414	25.645	28.132	30.906	33.999	37.450	41.301	45.599
19	20.811	22.841	25.117	27.671	30.539	33.760	37.379	41.446	46.018	51.159
20	22.019	24.297	26.870	29.778	33.066	36.786	40.995	45.762	51.160	57.275
21	23.239	25.783	28.676	31.969	35.719	39.993	44.865	50.423	56.765	64.002
22	24.472	27.299	30.537	34.248	38.505	43.392	49.006	55.457	62.873	71.403
23	25.716	28.845	32.453	36.618	41.430	46.996	53.436	60.893	69.532	79.543
24	26.973	30.422	34.426	39.083	44.502	50.816	58.177	66.765	76.790	88.497
25	28.243	32.030	36.459	41.646	47.727	54.865	63.249	73.106	84.701	98.347
26	29.526	33.671	38.553	44.312	51.113	59.156	68.676	79.954	93.324	109.18
27	30.821	35.344	40.710	47.084	54.669	63.706	74.484	87.351	102.72	121.10
28	32.129	37.051	42.931	49.968	58.403	68.528	80.698	95.339	112.97	134.21
29	33.450	38.792	45.219	52.966	62.323	73.640	87.347	103.97	124.14	148.63
30	34.785	40.568	47.575	56.085	66.439	79.058	94.461	113.28	136.31	164.49
40	48.886	60.402	75.401	95.026	120.80	154.76	199.64	259.06	337.88	442.59
50	64.463	84.579	112.80	152.67	209.35	290.34	406.53	573.77	815.08	1 163.9
60	81.670	114.05	163.05	237.99	353.58	533.13	813.52	1 253.2	1 944.8	3 034.8

终值表

12%	14%	15%	16%	18%	20%	24%	28%	32%	36%
1.000 0	1.000 0	1.000 0	1.000 0	1.000 0	1.000 0	11.000 0	1.000 0	1.000 0	1.000 0
2.120 0	2.140 0	2.150 0	2.160 0	2.1 800	2.200 0	2.240 0	2.280 0	2.320 0	2.360 0
3.374 4	3.439 6	3.472 5	3.505 6	3.572 4	3.640 0	3.777 6	3.918 4	4.062 4	4.209 6
4.779 3	4.921 1	4.993 4	5.066 5	5.215 4	5.368 0	5.684 2	6.015 6	6.362 4	6.725 1
6.352 8	6.610 1	6.742 4	6.877 1	7.154 2	7.441 6	8.048 4	8.699 9	9.398 3	10.146
8.115 2	8.535 5	8.753 7	8.977 5	9.442 0	9.929 9	10.980	12.136	13.406	14.799
10.089	10.730	11.067	11.414	12.142	12.916	14.615	16.534	18.696	21.126
12.300	13.233	13.727	14.240	15.327	16.499	19.123	22.163	25.678	29.732
14.776	16.085	16.786	17.519	19.086	20.799	24.712	29.369	34.895	41.435
17.549	19.337	20.304	21.321	23.521	25.959	31.643	38.593	47.062	57.352
20.655	23.045	24.349	25.733	28.755	32.150	40.238	50.398	63.122	78.998
24.133	27.271	29.002	30.850	34.931	39.581	50.895	65.510	84.320	108.44
28.029	32.089	34.352	36.786	42.219	48.497	64.110	84.853	112.30	148.47
32.393	37.581	40.505	43.672	50.818	59.196	80.496	109.61	149.24	202.93
37.280	43.842	47.580	51.660	60.965	72.035	100.82	141.30	198.00	276.98
42.753	50.980	55.717	60.925	72.939	87.442	126.01	181.87	262.36	377.69
48.884	59.118	65.075	71.673	87.068	105.93	157.25	233.79	347.31	514.66
55.750	68.394	75.836	84.141	103.74	128.12	195.99	300.25	459.45	700.94
63.440	78.969	88.212	98.603	123.41	154.74	244.03	385.32	607.47	954.28
72.052	91.025	102.44	115.38	146.63	186.69	303.60	494.21	802.86	1 298.8
81.699	104.77	118.81	134.84	174.02	225.03	377.46	633.59	1 060.8	1 767.4
92.503	120.44	137.63	157.41	206.34	271.03	469.06	812.00	1 401.2	2 404.7
104.60	138.30	159.28	183.60	244.49	326.24	582.63	1 040.4	1 850.6	3 271.3
118.16	158.66	184.17	213.98	289.49	392.48	723.46	1 332.7	2 443.8	4 450.0
133.33	181.87	212.79	249.21	342.60	471.98	898.09	1 706.8	3 226.8	6 053.0
150.33	208.33	245.71	290.09	405.27	567.38	1 114.6	2 185.7	4 260.4	8 233.1
169.37	238.50	283.57	337.50	479.22	681.85	1 383.1	2 798.7	5 624.8	11 198.0
190.70	272.89	327.10	392.50	566.48	819.22	1 716.1	3 583.3	7 425.7	15 230.3
214.58	312.09	377.17	456.30	669.45	984.07	2 129.0	4 587.7	9 802.9	20 714.2
241.33	356.79	434.75	530.31	790.95	1 181.9	2 640.9	5 873.2	12 941	28 172.3
767.09	1 342.0	1 779.1	2 360.8	4 163.2	7 343.9	22 729	69 377	*	*
2 400.0	4 994.5	7 217.7	10 436	21 813	45 497	*	*	*	*
7 471.6	18 535	29 220	46 058	*	*	*	*	*	*

*＞9 999

附表四 **1元年金**

期数	1%	2%	3%	4%	5%	6%	7%	8%	9%
1	0.990 1	0.980 4	0.970 9	0.961 5	0.952 4	0.943 4	0.934 6	0.925 9	0.917 4
2	1.970 4	1.941 6	1.913 5	1.886 1	1.859 4	1.833 4	1.808 0	1.783 3	1.759 1
3	2.941 0	2.883 9	2.828 6	2.775 1	2.723 2	2.673 0	2.624 3	2.577 1	2.531 3
4	3.902 0	3.807 7	3.717 1	3.629 9	3.546 0	3.465 1	3.387 2	3.312 1	3.239 7
5	4.853 4	4.713 5	4.579 7	4.451 8	4.329 5	4.212 4	4.100 2	3.992 7	3.889 7
6	5.795 5	5.601 4	5.417 2	5.242 1	5.075 7	4.917 3	4.766 5	4.622 9	4.485 9
7	6.728 2	6.472 0	6.230 3	6.002 1	5.786 4	5.582 4	5.389 3	5.206 4	5.033 0
8	7.651 7	7.325 5	7.019 7	6.732 7	6.463 2	6.209 8	5.971 3	5.746 6	5.534 8
9	8.566 0	8.162 2	7.786 1	7.435 3	7.107 8	6.801 7	6.515 2	6.246 9	5.995 2
10	9.471 3	8.982 6	8.530 2	8.110 9	7.721 7	7.360 1	7.023 6	6.710 1	6.417 7
11	10.367 6	9.786 8	9.252 6	8.760 5	8.306 4	7.886 9	7.498 7	7.139 0	6.805 2
12	11.255 1	10.575 3	9.954 0	9.385 1	8.863 3	8.383 8	7.942 7	7.536 1	7.160 7
13	12.133 7	11.348 4	10.635 0	9.985 6	9.393 6	8.852 7	8.357 7	7.903 8	7.486 9
14	13.003 7	12.106 2	11.296 1	10.563 1	9.898 6	9.295 0	8.745 5	8.244 2	7.786 2
15	13.865 1	12.849 3	11.937 9	11.118 4	10.379 7	9.712 2	9.107 9	8.559 5	8.060 7
16	14.717 9	13.577 7	12.561 1	11.652 3	10.837 8	10.105 9	9.446 6	8.851 4	8.312 6
17	15.562 3	14.291 9	13.166 1	12.165 7	11.274 1	10.477 3	9.763 2	9.121 6	8.543 6
18	16.398 3	14.992 0	13.753 5	12.659 3	11.689 6	10.827 6	10.059 1	9.371 9	8.755 6
19	17.226 0	15.678 5	14.323 8	13.133 9	12.085 3	11.158 1	10.335 6	9.603 6	8.950 1
20	18.045 6	16.351 4	14.877 5	13.590 3	12.462 2	11.469 9	10.594 0	9.818 1	9.128 5
21	18.857 0	17.011 2	15.415 0	14.029 2	12.821 2	11.764 1	10.835 5	10.016 8	9.292 2
22	19.660 4	17.658 0	15.936 9	14.451 1	13.163 0	12.041 6	11.061 2	10.200 7	9.442 4
23	20.455 8	18.292 2	16.443 6	14.856 8	13.488 6	12.303 4	11.272 2	10.371 1	9.580 2
24	21.243 4	18.913 9	16.935 5	15.247 0	13.798 6	12.550 4	11.469 3	10.528 8	9.706 6
25	22.023 2	19.523 5	17.413 1	15.622 1	14.093 9	12.783 4	11.653 6	10.674 8	9.822 6
26	22.795 2	20.121 0	17.876 8	15.982 8	14.375 2	13.003 2	11.825 8	10.810 0	9.929 0
27	23.559 6	20.706 9	18.327 0	16.329 6	14.643 0	13.210 5	11.986 7	10.935 2	10.026 6
28	24.316 4	21.281 3	18.764 1	16.663 1	14.898 1	13.406 2	12.137 1	11.051 1	10.116 1
29	25.065 8	21.844 4	19.188 5	16.983 7	15.141 1	13.590 7	12.277 7	11.158 4	10.198 3
30	25.807 7	22.396 5	19.600 4	17.292 0	15.372 5	13.764 8	12.409 0	11.257 8	10.273 7
35	29.408 6	24.998 6	21.487 2	18.664 6	16.374 2	14.498 2	12.947 7	11.654 6	10.566 8
40	32.834 7	27.355 5	23.114 8	19.792 8	17.159 1	15.046 3	13.331 7	11.924 6	10.757 4
45	36.094 5	29.490 2	24.518 7	20.720 0	17.774 1	15.455 8	13.605 5	12.108 4	10.881 2
50	39.196 1	31.423 6	25.729 8	21.482 2	18.255 9	15.761 9	13.800 7	12.233 5	10.961 7
55	42.147 2	33.174 8	26.774 4	22.108 6	18.633 5	15.990 5	13.939 9	12.318 6	11.014 0

现值表

10%	12%	14%	15%	16%	18%	20%	24%	28%	32%
0.909 1	0.892 9	0.877 2	0.869 6	0.862 1	0.847 5	0.833 3	0.806 5	0.781 3	0.757 6
1.735 5	1.690 1	1.646 7	1.625 7	1.605 2	1.565 6	1.527 8	1.456 8	1.391 6	1.331 5
2.486 9	2.401 8	2.321 6	2.283 2	2.245 9	2.174 3	2.106 5	1.981 3	1.868 4	1.766 3
3.169 9	3.037 3	2.913 7	2.855 0	2.798 2	2.690 1	2.588 7	2.404 3	2.241 0	2.095 7
3.790 8	3.604 8	3.433 1	3.352 2	3.274 3	3.127 2	2.990 6	2.745 4	2.532 0	2.345 2
4.355 3	4.111 4	3.888 7	3.784 5	3.684 7	3.497 6	3.325 5	3.020 5	2.759 4	2.534 2
4.868 4	4.563 8	4.288 3	4.160 4	4.038 6	3.811 5	3.604 6	3.242 3	2.937 0	2.677 5
5.334 9	4.967 6	4.638 9	4.487 3	4.343 6	4.077 6	3.837 2	3.421 2	3.075 8	2.786 0
5.759 0	5.328 2	4.946 4	4.771 6	4.606 5	4.303 0	4.031 0	3.565 5	3.184 2	2.868 1
6.144 6	5.650 2	5.216 1	5.018 8	4.833 2	4.494 1	4.192 5	3.681 9	3.268 9	2.930 4
6.495 1	5.937 7	5.452 7	5.233 7	5.028 6	4.656 0	4.327 1	3.775 7	3.335 1	2.977 6
6.813 7	6.194 4	5.660 3	5.420 6	5.197 1	4.793 2	4.439 2	3.851 4	3.386 8	3.013 3
7.103 4	6.423 5	5.842 4	5.583 1	5.342 3	4.909 5	4.532 7	3.912 4	3.427 2	3.040 4
7.366 7	6.628 2	6.002 1	5.724 5	5.467 5	5.008 1	4.610 6	3.961 6	3.458 7	3.060 9
7.606 1	6.810 9	6.142 2	5.847 4	5.575 5	5.091 6	4.675 5	4.001 3	3.483 4	3.076 4
7.823 7	6.974 0	6.265 1	5.954 2	5.668 5	5.162 4	4.729 6	4.033 3	3.502 6	3.088 2
8.021 6	7.119 6	6.372 9	6.047 2	5.748 7	5.222 3	4.774 6	4.059 1	3.517 7	3.097 1
8.201 4	7.249 7	6.467 4	6.128 0	5.817 8	5.273 2	4.812 2	4.079 9	3.529 4	3.103 9
8.364 9	7.365 8	6.550 4	6.198 2	5.877 5	5.316 2	4.843 5	4.096 7	3.538 6	3.109 0
8.513 6	7.469 4	6.623 1	6.259 3	5.928 8	5.352 7	4.869 6	4.110 3	3.545 8	3.112 9
8.648 7	7.562 0	6.687 0	6.312 5	5.973 1	5.383 7	4.891 3	4.121 2	3.551 4	3.115 8
8.771 5	7.644 6	6.742 9	6.358 7	6.011 3	5.409 9	4.909 4	4.130 0	3.555 8	3.118 0
8.883 2	7.718 4	6.792 1	6.398 8	6.044 2	5.432 1	4.924 5	4.137 1	3.559 2	3.119 7
8.984 7	7.784 3	6.835 1	6.433 8	6.072 6	5.450 9	4.937 1	4.142 8	3.561 9	3.121 0
9.077 0	7.843 1	6.872 9	6.464 1	6.097 1	5.466 9	4.947 6	4.147 4	3.564 0	3.122 0
9.160 9	7.895 7	6.906 1	6.490 6	6.118 2	5.480 4	4.956 3	4.151 1	3.565 6	3.122 7
9.237 2	7.942 6	6.935 2	6.513 5	6.136 4	5.491 9	4.963 6	4.154 2	3.566 9	3.123 3
9.306 6	7.984 4	6.960 7	6.533 5	6.152 0	5.501 6	4.969 7	4.156 6	3.567 9	3.123 7
9.369 6	8.021 8	6.983 0	6.550 9	6.165 6	5.509 8	4.974 7	4.158 5	3.568 7	3.124 0
9.426 9	8.055 2	7.002 7	6.566 0	6.177 2	5.516 8	4.978 9	4.160 1	3.569 3	3.124 2
9.644 2	8.175 5	7.070 0	6.616 6	6.215 3	5.538 6	4.991 5	4.164 4	3.570 8	3.124 8
9.779 1	8.243 8	7.105 0	6.641 8	6.233 5	5.548 2	4.996 6	4.165 9	3.571 2	3.125 0
9.862 8	8.282 5	7.123 2	6.654 3	6.242 1	5.552 3	4.998 6	4.166 4	3.571 4	3.125 0
9.914 8	8.304 5	7.132 7	6.660 5	6.246 3	5.554 1	4.999 5	4.166 6	3.571 4	3.125 0
9.947 1	8.317 0	7.137 6	6.663 6	6.248 2	5.554 9	4.999 8	4.166 6	3.571 4	3.125 0

参考文献

[1] 汤谷良,王化成.企业财务管理学[M].北京:经济科学出版社,2000.
[2] 财政部会计资格评价中心.财务管理[M].北京:中国财政经济出版社,2010.
[3] 财政部注册会计师考试委员会办公室.财务成本管理[M].北京:经济科学出版社,2010.
[4] 卢锐.财务管理[M].北京:科学出版社,2004.
[5] 荆新,王化成,刘俊彦.财务管理学[M].北京:中国人民大学出版社,2002.
[6] 吴安平,王明珠.财务管理学教学案例[M].北京:中国审计出版社,2000.
[7] 张忠寿.高级会计实务考点精讲与案例分析[M].北京:经济科学出版社,2005.
[8] 财政部企业司.企业财务通则解读[M].北京:中国财政经济出版社,2007.